绘本育"五爱"

——特殊教育学校"我与祖国共成长"绘本阅读与活动课程

卢超文　　陈玉梅◎主编

重庆大学出版社

图书在版编目(CIP)数据

绘本育"五爱":特殊教育学校"我与祖国共成长"
绘本阅读与活动课程 / 卢超文,陈玉梅主编. -- 重庆:
重庆大学出版社,2024.2
(幸福特教系列丛书)
ISBN 978-7-5689-4276-8

Ⅰ.①绘…　Ⅱ.①卢…　②陈…　Ⅲ.①特殊教育—德
育—教学研究　Ⅳ.①G76

中国国家版本馆 CIP 数据核字(2024)第 003770 号

绘本育"五爱"
——特殊教育学校"我与祖国共成长"绘本阅读与活动课程
主　编 卢超文　陈玉梅
责任编辑:陈　曦　　版式设计:张　晗
责任校对:邹　忌　　责任印制:张　策

*

重庆大学出版社出版发行
出版人:陈晓阳
社址:重庆市沙坪坝区大学城西路 21 号
邮编:401331
电话:(023) 88617190　88617185(中小学)
传真:(023) 88617186　88617166
网址:http://www.cqup.com.cn
邮箱:fxk@ cqup.com.cn (营销中心)
全国新华书店经销
重庆亘鑫印务有限公司印刷

*

开本:787mm×1092mm　1/16　印张:16.25　字数:311 千
2024 年 2 月第 1 版　　2024 年 2 月第 1 次印刷
ISBN 978-7-5689-4276-8　定价:56.00 元

编委会

主　编：卢超文　陈玉梅

参　编：（按姓氏笔画排序）

马晓雅　毛紫文　朱玲会　朱海英

杨　萍　肖李娟　冷潇潇　张一强

张小辉　赵　娜　徐　静　高微微

程志军　谭笑成　潘　虹

幸福，是人生的一种理想状态、体验过程、追寻方向。幸福，是多元的、个性化的、生态化的，照映着社会发展的普遍规律，体现个体生命历程的独特性。幸福，是对自我、对他人，更是对下一代人最真诚朴实的祝福与寄托。幸福，是当下的我，脚下的路，远方的山。

幸福特教系列丛书，是中山市特殊教育学校在"幸福特校"建设过程中师生、家长及社会相关人员的具象，是对当下幸福生活与教育的提炼，对未来幸福人生的不懈追求。我们将本丛书作为"幸福特教"的载体与支架，期望能引导和支持特殊教育相关群体幸福地走在人生路上，尽展精彩人生！

博爱书香　孕育硕果

中山，是底蕴深厚的伟人故里，是和谐友善的博爱之城，博爱的精神深深根植于这座城市的记忆中，博爱的基因潺潺流淌在每个公民的血脉里。

中山是一座书香之城，形式多样、内容丰富的全民阅读活动广泛展开。全民阅读蔚然成风且成效显著，成为中山的城市新风尚。根据《中山市 2022 年全民阅读大数据》显示，中山人均年阅读量超过 20 本，远远高于全国平均水平。中山全社会形成爱读书、读好书、善读书的浓厚氛围，推动着全民阅读高质量发展。

在这样一所博爱之城、书香之城，儿童阅读受到充分的重视，特殊儿童阅读同样也成为儿童阅读的重要组成部分。中山纪念图书馆、中山市特殊教育学校更是引领、陪伴特殊儿童自觉投身到阅读的热潮中。特殊儿童阅读成为中山具有国际影响、中国特色的重要阅读名片。

在中山市特殊教育学校《绘本育"五爱"——特殊教育学校"我与祖国共成长"绘本阅读与活动课程》（以下简称《绘本育"五爱"》）一书即将付梓之际，作为这项成果的见证者，我倍感自豪、激动和荣幸。这本书是该校建设广东省第一批特殊教育精品课程《"我与祖国共成长"绘本阅读与活动课程》的成果，凝聚了课程建设团队教师们的专业智慧，是他们十年如一日深耕特殊儿童阅读酝酿的香甜花蜜，是该校实施 2016 年教育部颁布三类特殊教育学校义务教育课程标准以来，积极探索课程教学改革和创新的丰硕成果。

2024 年 1 月 1 日起，我国施行《中华人民共和国爱国主义教育法》，这本书的出版适逢其时。爱国主义有着丰富的内涵，爱骨肉同胞、爱英雄烈士和先进模范人物、爱自己国家、爱中华文化、爱祖国壮美山河和悠久历史等。爱国主义是中华民族几千年来自强不息、绵延发展的主旋律，是中华儿女对华夏大地、中华民族、中华文化的归属感、认同感、尊严感与荣誉感的统一，成为中华民族精神的核心。学校是开展爱国主义教育的主阵地，应将爱国主义教育贯穿学校教育全过程。如何针对特殊儿童身心特点开展爱国主义教育，是横亘在特殊教育教师面前的极大挑战，《绘本育"五爱"》一书就是中山市特殊教育学校交出的一份优异答卷。

绘本具有培根铸魂、启智润心的作用，对学生的成长举足轻重，以举重若轻的方式，以童真童趣绘声绘色地传递信息或讲述故事，资源丰富，主题多元，非常适合作为培智学校的课程资源，丰富教育教学内容，增加课堂教学的趣味，并带来教学方式的变革。这套课程将特殊儿童个人成长与国家发展同频共振，基于各类特殊儿童的身心特点,以生态系统理论为指导,依据教育部的课程标准,以受儿童喜爱的绘本为载体,构建起螺旋上升的育"爱"主题课程体系,确定"爱自己""爱家人""爱学校""爱社区"和"爱祖国"为重点内容,以"共研—共读—共演—共成长"等丰富适宜的教学方式开展特殊儿童爱国主义教育。爱国主义教育与学校文化建设、课程实施、主题活动形成有效的联动,增强爱国主义教育的针对性、系统性、亲和力和感染力。这套以绘本阅读课程为基础的爱国主义教育丛书,注重思想引领、教育引导,主题鲜明、确有实效。

《绘本育"五爱"》是由一个善于学习、勤于思考、勇于实践、敢于创新的优秀而专业的团队扎根实践、精心打造的高质量的精品,不仅可以成为特殊教育学校课程教学的重要参考书,对幼儿园和小学的教师也具有重要的启示。我向各位热爱儿童阅读的教师、家长、师范生、阅读推广人和图书馆员们真诚推荐。

西南大学特殊教育学院　副教授
西南大学绘本阅读研究中心主任

江小英

2023 年 12 月 5 日

书香潜德，博爱润福

《绘本育"五爱"》是幸福特教系列丛书之一，是中山市特殊教育学校"幸福特校"建设过程中绚丽多彩的一笔。

为何选择绘本呢？开展和深化全民阅读是社会主义文化强国建设的重要内容，特殊教育学生群体的阅读是全民阅读的重要组成部分。绘本阅读借助绘本图文并茂、丰富有趣、具体形象、富有教育性等优势深受特殊儿童喜爱，是面向其推广阅读的一种有益形式。中山市特殊教育学校2012年开始进行系统多元的特殊儿童绘本阅读教学实践研究，不断发掘优质绘本的育人价值，推进绘本阅读精品课程建设。在广泛的实践和探索中，绘本在生活语文、生活适应、生活数学、绘画与手工、言语语言训练、家校社协同育人等教学康复工作场景中的应用不断丰富、深化。

《绘本育"五爱"》是学校申报立项的广东省首批特殊教育精品课程——"'我与祖国共成长'绘本阅读与活动课程"建设项目的重要成果之一。2021年7月项目立项以来，团队教师在省市教研管理部门和西南大学教育学部等专家管理、指导下有序推进项目进程，完成了课程资源开发、应用、评价、调整及推广等各项工作，取得了良好的实践效果。

本书着眼于培养特殊教育需要学生的爱国主义情感，结合中小学德育一体化思路，依据儿童生态发展理论和身心发展特点及成长规律，以"成长中的我"为原点，将学生不断扩大的生活和交往范围作为构建课程的文化场域基础，依据我与自我、我与家庭、我与学校、我与社区以及我与国家和世界关系的逻辑线条，以"爱自己""爱家人""爱学校""爱社区""爱祖国"五个维度螺旋上升的方式组织和呈现教育主题与内容。全书引导学生在参与、体验以绘本为载体的综合性、实践性的课程活动过程中，强化其对自我、家庭、学校、社会、祖国的认识与认同，使其逐步理解自我成长和祖国发展息息相关，培养他们爱国爱党情感，最终达成"五爱"教育目标。

本书第一部分为前言，阐述课程建设的背景；第二部分为说明篇，主要内容为"我与祖国共成长"绘本阅读与活动课程标准，阐述课程性质、基本理念、课程设计思路、课程目标、课程内容、课程实施建议、课程评价建议等；第三部分为设计篇，分别呈现"爱自己""爱家人""爱学校""爱社区""爱祖国"五个单元，依据主题相关、内容优质、贴近生活、难度匹配等筛选原则，每个单元精选3~4本绘本，并按低、中、高三级难度进行编排，每个单元按照"共研—共读—共演—共成长"呈现活动设计，展示如何通过"阅读体验—分析理解—表演运用—展示分享"实施阶梯式活动课程，逐步拓深阅读活动的难度和广度;第四部分为思考篇,收录"共读 共享 共成长"优秀案例,展示"绘本育'五爱'"的深情教育故事;最后是附录,收录对应本课程内容的能力发展表。

爱是人类永恒的主题,被爱让我们被关注、被理解和被支持;去爱让我们被需要、被认可和被尊重。爱和幸福息息相关,爱是幸福的源泉,而幸福又发展爱的能力。我们希望通过本书系统递进、螺旋上升的阅读活动课程搭建"爱与幸福"的桥梁,帮助孩子体验爱、传递爱,在育"五爱"的过程中,更好地建立自我认知、家庭认知、学校认知、社会认知和国家认知,逐步构建适应社会的必备品格,在爱中幸福成长。

在此,感谢所有参与、指导本书编写的老师和专家们,他们精益求精的工作态度和对特殊教育高质量发展的不懈追求,使本书能够顺利出版。我们也期望本书能够为相关学校借助绘本开展特殊教育需要学生品德教育提供参考、贡献力量。受水平所限,本书可能还存在一些不完善之处,我们诚挚接受各界的批评、建议与指导,促进我们不断完善,更好地为我们的孩子服务。

祝大家幸福!

卢超文

2023 年 12 月于中山

前　言

2012 年 11 月,党的十八大报告提出"把立德树人作为教育的根本任务,培养德智体美全面发展的社会主义建设者和接班人"。2017 年 10 月,习近平总书记在党的十九大报告中指出"要全面贯彻党的教育方针,落实立德树人根本任务,发展素质教育,推进教育公平,培养德智体美全面发展的社会主义建设者和接班人"。2018 年 9 月,习近平总书记在全国教育大会讲话中再次强调,要把立德树人作为根本任务。

2022 年 10 月 16 日,习近平总书记在党的二十大报告中指出:我们要办好人民满意的教育,全面贯彻党的教育方针,落实立德树人根本任务,培养德智体美劳全面发展的社会主义建设者和接班人。

立德树人,德育为先

2022 年中华人民共和国教育部制定了《义务教育道德与法治课程标准(2022 年版)》,强调以习近平新时代中国特色社会主义思想为指导,全面贯彻党的教育方针,遵循教育教学规律,落实立德树人的根本任务,坚持德育为先,提升智育水平,加强体育美育,落实劳动教育。特殊教育学校作为专门对特殊儿童实施基础教育的教育机构,必须全面实施立德树人的根本任务。① 立德树人的核心是德智体美劳全面发展,德育是重中之重。近年来,国家颁布的课程标准成为特殊教育学校开展德育的主要依据,《聋校义务教育课程标准(2016 年版)》《盲校义务教育课程标准(2016 年版)》设置专门的德育课程,如《品德与生活》《品德与社会》《思想品德》来落实德育为先。《培智学校义务教育课程标准(2016 年版)》中并未设置专门的德育课程,而是将德育的内容融入各学科课程中,如生活语文、生活适应、劳动技能等,强调通过课程融合将德育和学科教育有机整合,培养培智学校学生懂得自尊自爱,关心父母、亲友,尊敬师长、友爱同学,关心集体、热爱祖国。在实际的教育教学中,德育与学生的日常生活、学习生活紧密结合,取得了一定的教育效果。同时,也出现了一些问题,比如,受授课时间影响,德育在学科教学中只能蜻蜓点水,缺乏深刻的引导;德育成为学科教学内容的附庸,学生获得的知识、感受到的情感零散无序。同时,德育多以讲授、说教等方式出现,空洞的说教不符合特殊儿童的学习特点,让他们感到无趣。总的来说,特殊教育学校特别是培智学校当前实施的德育普遍存在目标层次不明晰、内容无体系、形式单一等问题。

---

① 雷江华:《谈特殊教育学校全面落实立德树人根本任务》,《现代特殊教育》2021 年第 23 期,第 13-15 页。

爱国教育,根植生活

习近平总书记强调:"爱国是本分,也是职责,是心之所系、情之所归。"党的十八大以来,以习近平为核心的党中央高度重视爱国主义教育。2019年11月《新时代爱国主义教育实施纲要》应运而生。爱祖国是中华民族的民族心、民族魂,是中华民族最重要的精神财富,是中国人民和中华民族维护民族独立和民族尊严的强大精神动力。爱国精神深深根植于中华民族心中,维系着中华大地上各个民族的团结统一,激励着一代又一代中华儿女为祖国发展繁荣自强不息、不懈奋斗。新时代爱国主义教育要面向全体人民、聚焦青少年。特殊儿童是青少年群体的重要组成部分,同样需要爱国主义教育,甚至因其心理发展特点,需要更有针对性的爱国主义教育。爱国是一种高级情感,是特殊儿童参与人际交往的基础,更是他们适应社会的心理基础。

1935年9月,张伯苓在南开大学的开学典礼上,提出了振聋发聩的"爱国三问":你是中国人吗? 你爱中国吗? 你愿意中国好吗? 通过学生对这三个问题的回答,可以了解他们的爱国情况。第一个问题"你是中国人吗",我校的一部分学生可以肯定地回答这个问题,一部分只能通过仿说来回答,另外一部分则完全不能回答,这说明他们中有大部分还不理解什么是国家,更不知道自己的祖国是中国。第二个问题"你爱中国吗",大部分有语言的学生都会响亮地回答"爱",但这一句"爱"有些显得机械和空洞,是条件反射般的回答。第三个问题"你愿意中国好吗",虽同样是肯定的回答,但当问及怎样做才能让祖国好时,有个别学生会有去打仗保卫祖国这样的报国意愿,本意美好但却很难做到。可见他们从认识祖国、爱国情感和爱国行为上都需要引导和学习。以上现象并不代表培智学校学生不爱祖国,只是说明他们很难理解爱国主义这个深刻、抽象的概念。爱国应当是自发的,是自然流露的,而不是被灌输的。那么如何跨越抽象的鸿沟,让特殊儿童自知、自发、自信、自豪地肯定回答:"我是中国人,我爱中国,我愿意为祖国好而努力!"习近平总书记提出:"我们要积极培育和践行社会主义核心价值观,弘扬中华民族传统美德,把爱家和爱国统一起来,把实现个人梦、家庭梦融入国家梦、民族梦之中……"为培智学校学生的爱国主义教育指明了方向,提供了路径。身着戎装,为祖国冲锋陷阵是爱国;手拿扫帚,为大家带来干净的环境也是爱国;献身科学,为祖国科技发展做贡献是爱国;躬身农田,为大家种出瓜果蔬菜也是爱国。因此特殊儿童特别是培智学校学生的爱国教育应遵循学生的身心发展规律,紧密联系他们的个人生活、家庭生活、社会生活实际来开展和落实。

优质绘本,文化融德

绘本是图文合奏的艺术,是指用图画与文字共同叙事,或单独用图画叙事的一类阅读资源;是最受儿童读者喜爱、最受家长和教师关注的儿童读物之一;是面向儿童的优质阅读资源,契合了儿童的心理和欣赏趣味,在培养儿童情感、态度、价值观,发展儿童多元智能等方面具有特别的价值和意义。[①]近年来,随着绘本的阅读热潮,我国的中小学生和幼儿对绘本阅读的需求与日俱增,越来越多的特殊教育学校也将绘本引入教育教学中。国际儿童读物联盟(International Board on Books for Young People,简称IBBY)残疾青少年图书文献中心创始人托迪丝早在1981年就曾提出,所有儿童都需要图书,但特殊儿童比普通儿童更需要图书,需要更丰富更优质的图书。[②]美国阅读研究专家吉姆·崔利斯在《朗读手册》中用多个真实的案例说明:中度、重度的智力障碍儿童也能够从阅读中获得极大益处。教育部颁布的《培智学校义务教育生活语文课程标准(2016年版)》中首次将绘本阅读写入课程标准。第二期特殊教育提升计划(2017—2020年)提出,要加强特殊教育学校图书配备,开展书香校园活动,培养残疾儿童良好阅读习惯。国务院印发的《"十四五"残疾人保障和发展规划》(2021),鼓励残疾人参加"书香中国·阅读有我"等公共文化活动。这些文件中关于特殊儿童阅读的条款,既是对特殊儿童阅读的重要性及意义的认可,也是对特殊儿童阅读的倡导;既提出了阅读的目标和内容,也提出了具体的实施建议。

随着特教研究者和一线教师绘本阅读在特殊教育领域的应用价值的认识不断加深,相关研究成果也日渐丰富。研究发现绘本多以儿童的真实生活为蓝本进行创作,内容贴近学生的生活,题材丰富,涵盖了各个领域的知识。绘本所蕴含的丰富教育教学资源有助于学生综合素养的提升,不仅利于语言的发展,还可以有效促进良好品格和行为的塑造。儿童在阅读绘本时,可以依靠语言、图画来想象陌生的事物,体会陌生的感情,从而建立起一种情感沟通。[③]绘本可以更好地丰富学生的情感认知,促进他们的情感交流,还可以填补学生社会认知的不足[④]。实施绘本德育课程,可以促进价值认知,激发情感体验,从而培育正确的价值观。[⑤]综上所述,绘本是一种优质、丰富的教育资源和载体,利用绘本,开发德育课程,开展多元有趣的阅读活动,生动讲好德育故事,能让学生在阅读中体会中华民族优良品德,在活动体验中理解自己和祖国的关系,从而帮助学生塑造爱国行为,培养爱国情怀,形成适应未来发展的正确价值观、必备品格和关键能力,由此,"我与祖国共成长"绘本阅读与活动课程应运而生。

本书是广东省特殊教育精品课程建设项目"'我与祖国共成长'绘本阅读与活动课

---

①② 江小英、邓猛、杨赛男:《川渝地区中学聋生学校阅读环境调查分析》,《中国特殊教育》2017年第3期,第46-52页。

③ 吴德琴:《儿童红色主题绘本研究》,《陕西学前师范学院学报》2020年第11期,第9-15页。

④ 陈晓欣:《幼儿绘本教学中渗透情感教育的策略探究》,《考试周刊》2022年第12期,第151-154页。

⑤ 孙艳:《巧用多媒体打造英语混合式教学新模式的研究》,《成才之路》2018年第2期,第59页。

程"（项目立项编号：2021tsjyjpkc16）的成果之一。在本书编写过程中，西南大学江小英副教授、广东省教育研究院黄志红老师、何非老师、中山市教师发展中心李姝静部长，中山市阳光学校汤剑文校长以及中山市特殊教育学校陈云华副校长、李园林副校长、何妮娜主任、林开仪主任、芮露主任等专家、领导参与了本书的指导与阶段性检查工作，在此向他们表达最诚挚的感谢。

为了检验本书内容在实际教育教学中的有效性，我们以五所学校合作教研的方式开展了系列阅读教学活动，感谢中山市特殊教育学校、中山市南朗街道云衢小学、潮州市潮安区育智学校、佛山市启聪学校、深圳市宝安区星光学校等单位领导、老师的参与和支持。

目　录

共读　共享　共成长

思考篇

"我与祖国共成长"
绘本阅读与活动课程标准

"我与祖国共成长",其中"我"是成长的主体,包括培智学校学生,同时也包含有需要的融合学校的学生。个体的成长内涵,重点指向学生主体的人格健全、个人品德的建构过程。"我与祖国"强调个体与祖国发展的关系,强调个体在爱国主义教育背景下的成长过程。那如何才能帮助学生理解个人和祖国的关系呢?根据生态系统理论,自我是个体发展的原点,是微观系统的核心,而祖国是影响个人发展的宏观系统,从个体原点到祖国这个宏观系统还需要充分考虑中间系统和外层系统的家庭、学校、社区等环境系统对个体发展的影响。同时结合健全人格的标准、"爱心"的发展层次,从"爱自己"到"爱祖国",中间还应设计"爱家人""爱学校""爱社区"三层阶梯,系统地挖掘特殊儿童的成长内涵,形成以"成长中的我"为原点的"五爱"课程主题系统,帮助学生逐步构建适应社会的核心品德。

一、课程性质

"我与祖国共成长"绘本阅读与活动课程是面向特殊教育学校学生或融合教育学校学生而开设的,旨在构建学生健全人格、良好品德,培养学生家国情怀的一门选择性课程。课程以"五爱"为核心价值理念,以绘本为载体,通过"五共"阅读活动,引导学生以体验、参与的方式认识、理解自我与社会的关系,自我成长与祖国发展的联系,促进学生成为残而有爱、残而有为的好学生,为学生走向社会、融入社会打下坚实的价值观基础。思想性、综合性、实践性是本课程的基本特征。

二、课程开发思路

课程以学生为中心展开课程设计,遵循培智学校学生身心发展特点和成长规律,将学生不断扩大的生活和交往范围作为构建课程的基础,依据我与自身、我与家庭、我与学校、我与社区以及我与国家和世界关系的逻辑,构建课程体系。从"爱自己"逐步扩展到"爱家人""爱学校",进而到"爱社区""爱祖国",构建螺旋上升的育"爱"主题,其中"爱自己"是基础,"爱祖国"是"爱"的最高层次,是最高级的情感表现。课程根据主题相关、内容优质、难度匹配等原则甄选绘本、组织课程内容,并通过通用设计强化课程设计的整体性,以"共读—共绘—共创—共演—共享"的"五共"活动链帮助特殊儿童以体验、参与的方式学习、理解自我与社会的关系、自我成长与祖国发展的联系,培养"爱"的情感和"爱"的行为。

三、课程理念

(一)以"育爱"为根本任务,发挥课程的思想引领作用

课程以中华人民共和国教育部制定的《义务教育道德与法治课程标准(2022年

版)》,中共中央、国务院印发的《新时代爱国主义教育实施纲要》为纲,以中山市特殊教育学校校训"尊重生命尊严,创造生命价值"为领,引导学生形成正确的世界观、人生观、价值观;弘扬和践行社会主义核心价值观,坚定理想信念,厚植爱国主义情怀;通过"爱自己—爱家人—爱学校—爱社区—爱祖国"的"育爱"过程,培养学生的社会适应能力,成为残而有用的中国好公民。

(二)遵循特殊教育生态观,强化课程一体化设计

特殊儿童的爱国主义教育需结合特殊教育生态观,关注"智力与适应能力、环境、功能"的交互影响。面向特殊儿童的爱国主义教育应紧密结合他们的生活,结合儿童生态发展理论,深挖爱国主义教育的内涵和外延。具备热爱伟大祖国、中华民族、中华文化、中国共产党、中国特色社会主义的情感是爱国;热爱大自然、热爱家乡、邻里和谐是爱国;热爱学校、尊敬师长、友爱同学是爱国;注重家庭、关爱家人是爱国;自尊自信、积极向上同样是爱国。知中国应该从知自己开始;爱祖国应该从爱身边的人和物开始;服务祖国应该从身边的小事做起,因此爱国主义教育应该和特殊儿童的生活紧密联系,从微系统的个人生活到中系统的家庭生活、学校生活,再拓展到宏观系统的社区生活、国家与世界,把爱国主义教育和特殊儿童的生态发展有机结合起来。以"成长中的我"为原点,将学生不断扩大的生活和交往范围作为构建爱国主义教育课程的基础,依据我与自身,我与家庭,我与学校,我与社区以及我与国家和世界关系的逻辑,从"爱自己"逐步扩展到"爱家人""爱学校",进而到"爱社区""爱祖国",构建螺旋上升的爱国主义教育主题。

(三)以通用学习设计为理念,注重课程的差异化设计

培智学校学生年龄差异大,残疾类型多样且程度不一,阅读兴趣、阅读经验和水平不同。课程以通用学习设计为理念,面向所有培智学校学生开发螺旋上升的课程资源,以满足每个学生的差异化学习需求。首先是根据螺旋上升的主题,按照主题相关、内容优质、难度匹配等原则甄选绘本,每个单元选择三本(或四本)绘本,绘本按照文本、图画、情感的综合难度分为初级、中级、高级;在同一单元主题内容的学习中,不同的学生可以根据自己的能力、兴趣选择不同的绘本来学习。其次,课程围绕每一本绘本设计了由易到难、层层深入、逐级拓展的"五共"活动,即"共读—共绘—共创—共演—共享"活动,帮助学生通过"阅读体验—分析理解—创作表达—表演运用—展示分享"逐步加深对爱国主义的认识和情感。最后,每一课的学习,设计了不同难度的练习,并使用一星到五星的难度分级,学生可以根据自己对故事的理解程度,选择不同难度的练习,进而循序渐进地完成练习。五级主题、三维目标、五级活动、五星难度的螺

旋上升结构设计(简称 5355),可以灵活匹配低年段、中年段和高年段的学生的能力和需求,实现差异化的爱国主义教育。

(四)依"五共"活动链推进课程实施,注重课程的生成性

爱国主义教育是道德与法治课程的重要内容,道德与法治课程以发展学生核心素养为目标,坚持学科与生活逻辑相统一,主题学习与学生生活相结合。绘本多元阅读即是指借助绘本有机整合爱国主义和各学科领域的知识,通过"五共"活动链构建包括阅读理解、创作表达、演绎升华、分享领悟的综合课程,帮助学生参与知、情、意、行合一的爱国主义教育。

在实施过程中鼓励教师根据学生的实际能力需求对课程目标、课程内容、课程资源以及实施方式进行适当的调整和补充,以适应学生的差异化学习需求。

(五)综合运用多种评价方式,促进知行合一

"我与祖国共成长"绘本阅读与活动课程发挥评价的引导作用,改进结果评价,注重过程评价,关注增值评价。结果评价要结合课程目标体系,全面关注知识、情感和行为的发展,综合分析学生在学校、家庭、社区生活中的日常品行表现。过程评价要关注学生在学习过程中的态度、动机、兴趣,任务的完成情况,相关作业、作品的质量,发挥过程性评价的激励和改进功能。增值评价要关注学生思想品行的发展和进步,注重内化于心,外化于形,培育学生道德素养,促进学生能力全面发展。发挥多元主体作用,坚持学生自我评价、教师评价、同伴评价、家长评价和社区评价相结合,借助专业评估量表、作业单、成长记录袋等定性和定量多种评价方式,提升课程评价的科学性、专业性、客观性。

四、课程目标

"我与祖国共成长"是本课程育人价值的集中体现,课程围绕这一主题,引导学生通过课程学习逐步认识和理解自己、家人、学校、社区、祖国;从五个领域的交互作用中培育"爱自己、爱家人、爱学校、爱社区、爱祖国"的"五爱"目标,进而成为拥有健全人格、饱含家国情怀、残而有用的中国好公民。"五爱"是在特殊儿童生态发展观理念下,在遵循培智学校学生心理特点的前提下,对爱国主义目标的新理解,也是对爱国主义内涵和外延的新梳理,亦是创新培智学校学生爱国主义教育的新路径。

(一)总目标

1.爱自己:学生能够正确地认识自己,接纳自己;能够养成良好的阅读习惯,通过多元阅读活动学会学习,发展自己的社会适应能力;初步养成自尊自信、自强自立、热

爱生活的人格。

2.爱家人:学生能够认识家人;主动参与家庭劳动,分担家庭事务;初步形成感恩家人、关心家人、保护家人的家庭责任感。

3.爱学校:学生能够认识学校;能遵守学校纪律,热爱学习;初步养成尊敬师长、友爱同学、互帮互助的道德品质。

4.爱社区:学生能够认识自己常住社区;能够安全、文明地体验社区活动;初步养成热爱大自然、保护公共环境的意识和行为。

5.爱祖国:学生能够认识中华人民共和国,认识中国共产党;知道自己是中国人;初步了解中国传统文化和中国历史;获得民族认同感、自豪感;认识和践行社会主义核心价值观。

(二)分层目标

在课程总目标的指导下,依据培智学校(含特教班、随班就读)学生的实际情况,制定了五级主题、三维目标、五级活动、五星难度(5355)。五级主题是指根据学生实际将爱国主义目标分解成"爱自己—爱家人—爱学校—爱社区—爱祖国"的螺旋上升的"五爱"目标;三维目标是指按照"知识与技能—过程与方法—情感态度与价值观"三个维度来呈现单元目标;五级活动是指按照"五共"活动链依次从"共读—共绘—共创—共演—共享"的五级活动来呈现过程与方法目标;五星难度是指在每一课的学习中,设计1~5星难度的学习活动,以适应不同能力的学生的差异化学习需求,5355分级、分层设计,让课程目标更符合培智学校学生的能力现状,更具有实操性。

主题	知识与技能	过程与方法	情感态度与价值观
爱自己	1.能认识绘本主人公的基本信息; 2.结合绘本知晓自己的基本信息(姓名、年龄、性别、国籍); 3.结合绘本用多种途径表达自己的兴趣、爱好; 4.知道自己的优点和缺点,能合理地评价自己。	1.通过共读活动,掌握听读、默读等阅读方式,感受主人公的成长故事; 2.通过共绘活动,掌握绘制绘本思维导图的基本方法,梳理主角人物特点及成长路径; 3.通过创作"自我成长故事",回顾、梳理自己的成长经历; 4.通过绘本戏剧表演,体验、表达自己的成长感受; 5.通过分享活动,交流成长心得。	1.能从主题阅读中体会到阅读的快乐; 2.能接纳自己,喜欢自己,获得自尊自信的情感体验; 3.初步养成自尊自信、自强自立、热爱生活的人格。

续表

主题	知识与技能	过程与方法	情感态度与价值观
爱家人	1.能认识绘本中的家庭成员； 2.能认识自己的家庭成员； 3.能结合绘本分析、表达家庭成员的特点； 4.结合生活实际，了解自己可以为家人做的事情。	1.通过共读活动，掌握朗读阅读法； 2.通过共绘活动，掌握绘制绘本思维导图的基本方法，绘制书中的家庭树，分析家庭幸福的原因； 3.通过创作"自我成长故事"，回顾、梳理自己的家庭故事； 4.通过绘本戏剧表演，体验、表达自己的家庭故事； 5.通过分享活动，探讨家庭幸福的关键因素。	1.感受书中营造的家庭氛围； 2.初步形成感恩家人，关心家人，保护家人的家庭责任感； 3.能主动参与家庭劳动，分担家庭事务，在家庭中体会到价值感。
爱学校	1.能认识绘本中主人公的学校及学校中的事物； 2.能结合实际，认识自己的学校和学校中的事物； 3.能结合绘本分析、表达学校人物(老师、同学、自己)的特点。	1.通过共读活动，掌握重复阅读等阅读方法； 2.通过共绘活动，掌握绘制绘本思维导图的基本方法，绘制书中的学校生活； 3.通过创作"自我成长故事"，掌握校园规则、学习交往技能、规范校园行为； 4.通过绘本戏剧表演，体验、表达自己的校园故事； 5.通过分享活动，展示、强化"爱学校"的行为。	1.通过阅读感受上学的乐趣； 2.结合实际生活，感受学校生活的乐趣，形成热爱学校、喜欢上学的情绪情感； 3.初步养成尊敬师长、友爱同学、互帮互助的道德品质。
爱社区	1.能认识绘本中的社区环境； 2.能理解绘本故事中社区游玩注意事项(保护大自然、安全文明等)； 3.能结合实际，了解自己的社区环境、相关人物等。	1.通过共读活动，掌握分享阅读等阅读方法； 2.通过共绘活动，掌握绘制绘本思维导图的基本方法，绘制书中的社区发生的故事； 3.通过绘本创作，掌握保护大自然，安全、文明游玩的行为； 4.通过绘本戏剧表演，体验、表达自己在社区生活中的成长故事； 5.通过分享活动，展示、强化"爱社区"的行为。	1.通过阅读感受社区生活的乐趣； 2.结合实际生活，感受社区生活的乐趣，安全、文明地体验社区活动； 3.初步养成热爱大自然、保护公共环境的意识和行为。

续表

主题	知识与技能	过程与方法	情感态度与价值观
爱祖国	1.能认识绘本中的爱国人物,理解绘本中的爱国事件; 2.认识中国和中国共产党; 3.知道自己是中国人; 4.初步了解中国传统文化和中国历史。	1.通过共读活动,掌握基本的阅读方法; 2.通过共绘活动,掌握绘制绘本思维导图的基本方法,提取爱国关键信息; 3.通过创作"我的爱国故事",将爱国落实到自己的日常生活中; 4.通过绘本戏剧表演,体验、表达爱国故事,巩固爱国行为; 5.通过分享活动,展示、强化"爱祖国"的行为。	1.从爱国主义绘本阅读中获得民族认同感、自豪感; 2.结合日常生活,体会祖国的发展和强大; 3.热爱祖国,热爱中国共产党,能在生活中升华爱国主义情怀。

五、课程内容

"我与祖国共成长"课程内容共包含三部分,第一部分为"序章—爱阅读",在此章节学生广泛阅读"成长""爱国"主题绘本,养成良好的阅读习惯,通过海量的主题阅读,积累基础知识,初步体会"我与祖国"的关系;第二部分为"五爱"主题,包括"我爱自己""我爱家人""我爱学校""我爱社区""我爱祖国";第三部分为"推广—爱分享",即为课程成果的展示、评价、分享与总结。通过"阅读体验—分析理解—创作表达—表演运用—展示分享"实施阶梯式"五共"活动课程,结合学生的真实生活为基础,帮助学生以体验、参与的方式学习认识自身、家庭、学校、社会,进而到认识祖国和中国共产党,理解自我成长和祖国发展息息相关,提升学生社会适应能力,培养良好的道德品质,升华爱国爱党情怀。

课程内容"五爱"主题绘本共16册,拓展阅读共涉及绘本100余册。作为课程内容的载体,绘本的选择尤为重要。绘本书目的选择主要遵循以下原则和流程。

第一,主题匹配。即所选绘本是与课程内容密切相关的,能够承载课程的主要内容,主要按照"五爱"主题来选择。第二,内容优质。在满足主题匹配的前提下,要优中选优,综合考量绘本的价值导向、文学性、艺术性、儿童性、教育性、生活化。要选择富有儿童趣味,贴近特殊儿童生活,文字简洁优美、通俗易懂,图画色彩鲜明、造型生动,有较高艺术性且具有积极正向故事的绘本。将选出的绘本广泛应用到师生分享阅读、亲子阅读中,根据阅读反馈聚焦每个单元的绘本。第三,类别均衡。要既立足中国又面向世界,选择优质"红色主题"绘本和国际经典绘本共同承载"五爱"内容。第四,难度均衡。确定五个单元的绘本书目后,借助文本分析法,参考总字数、平均句长、相异词数等指标,将每一单元的绘本按照难度分级,以满足不同学生能力的学习需求。

单元		课程内容	学习要求	绘本素材
第一部分 爱阅读		分享阅读 亲子阅读	能广泛阅读主题书目; 了解"我与祖国共成长"的主题内容; 初步学习自我成长与祖国的关系。	100 本
第二部分 "五爱" 主题	第一单元 爱自己	认识自己 接纳自己 发展自己	认识自己(姓名、性别、爱好、优点、缺点、国籍……); 接纳自己(特殊性); 发展自己(个人品质、能力提升)。	《我喜欢自己》 《菲菲真的不行吗?》 《比利的书》
	第二单元 爱家人	认识家人 尊重家人 关心家人	认识家人(家庭成员的住所、工作、个性特点等信息); 尊重家人(孝敬父母、兄友弟恭、互爱互敬); 关心家人(承担家庭事务,关心家人,愿意为家人付出)。	《花园》 《团圆》 《各种各样的家——超级家庭大书》
	第三单元 爱学校	认识学校 尊敬老师 友爱同学	认识学校(学校、老师、同学); 尊敬老师,友爱团结同学; 感恩母校。	《大卫上学去》 《我们班的新同学斑杰明·马利》 《谢谢您,福柯老师》
	第四单元 爱社区	认识社区 了解传统 安全游玩	认识绘本及生活中的社区环境; 认识并传承生活中的中国优秀传统文化; 安全游玩,保护美化环境。	《和太阳在一起》 《小熊的神奇画笔》 《放风筝》 《花婆婆》
	第五单元 爱祖国	认识祖国 认识英雄 热爱祖国	认识祖国大好河山; 学习英雄榜样,做时代新人; 培养深厚的爱国情感。	《11 只灰雁往南飞》 《牧童》 《最爱做的事》
第三部分 爱分享		故事分享	积极参加绘本月活动,阅读分享主题书目;展示自己的作品:绘本思维导图、原创绘本、绘本剧表演,在活动中,展示和分享成长故事以及爱国情感。	原创绘本

六、课程实施建议

(一)课程实施安排

课程以发展学生的阅读能力、健全人格、爱国情感为导向,以"我与祖国共成长"为框架,有机融入个体自身、家庭、学校、社区、国家与世界的知识、情感学习内容,并根据学生的身心发展特点,以学生一日学习生活为基础,通过循序渐进、螺旋上升的"五共"活动链落实课程的实施。

第一部分"爱阅读":教师家长利用晨会、课间或晚上陪伴学生共读"五爱"主题绘本,使学生初步体验绘本中的故事和情感,养成良好的阅读习惯,培养浓厚的阅读兴趣,为接下来的"五爱"主题绘本的精读、深读做准备。

第二部分"五爱"主题单元活动:教师通过课程规划,根据学生的特点及绘本内容,灵活借助学科课、社团课、综合实践课、主题班会课,开展五个单元的阅读与教学活动。

第一单元　"爱自己"课程内容及实施安排表

内容要求	绘本资源	教学提示
认识自己 接纳自己 发展自己	《我喜欢自己》	体验:共读绘本《我喜欢自己》,学生了解故事大意,体会认识自我、悦纳自我的情感
		分析:学生指出书中的关键信息(谁在做什么);并尝试按照故事流程将相应的图片排序;说一说或者利用图片表达主角的情绪或感受
	《菲菲真的不行吗?》	体验:共读绘本《菲菲真的不行吗?》,学生了解故事大意,体会菲菲在学校学习的感觉
		分析:学生指出书中的关键信息;分析菲菲的变化及其原因;联系学校生活,说一说自己的成长
	《比利的书》	体验:共读绘本《比利的书》,学生了解故事大意,体会比利成长的过程,感受成长的快乐
		分析:学生指出书中的关键信息(人物、时间、地点、事件);尝试按照故事流程梳理比利成长的过程,用双气泡图对比分析《比利的书》及书中小书《比利的书》的异同点;并用圆圈图梳理比利成长的原因;联系自己的成长经历说一说或利用图片表达自己的成长经历
	拓展活动	原创绘本创作:"我的成长故事"
		绘本戏剧教学、表演:"我的成长故事"

第二单元　"爱家人"课程内容及实施安排表

内容要求	绘本资源	学习内容
认识家人 尊重家人 关心家人	《花园》	体验:共读绘本《花园》,学生了解故事大意,初步了解书中家庭成员的特点
		分析:学生指出书中的家庭成员,并尝试用桥状图对比分析家庭成员的特点;说一说或者利用图片表达书中的家庭氛围或感觉(轻松、愉快、幽默)
	《团圆》	体验:共读绘本《团圆》,学生了解故事大意,体会书中家人团聚和分离的感受
		分析:学生指出书中的关键信息(谁在哪里做什么);尝试按照故事流程将相应的图片排序;分析书中主人公的家庭团圆和分离的原因;联系自己的家庭生活经历说一说或利用图片表达阅读本书后的感受
	《各种各样的家——超级家庭大书》	体验:共读绘本,学生了解故事大意,体会温馨和谐的家庭的故事
		分析:学生指出书中的关键信息(人物、时间、地点、事件);尝试按照故事流程梳理主人公为妈妈做花园的过程;分析概括书中人物是用什么方式向家人表达爱的;并结合自己家庭的实际,说一说如何成为和谐温馨的爱国家庭
	拓展活动	原创绘本创作:"我爱我家"
		绘本戏剧教学、表演:"我爱我家"

第三单元 "爱学校"课程内容及实施安排表

内容要求	绘本资源	学习内容
认识学校 尊敬老师 友爱同学	《大卫上学去》	体验:共读绘本《大卫上学去》,学生了解故事大意,初步了解书中大卫上学的表现和心情
		分析:学生指出书中的人物,并尝试用 T 形图分析大卫在学校的表现;从书中找出大卫的成长或变化,说一说或者利用图片表达大卫上学的不同心情
	《我们班的新同学斑杰明·马利》	体验:共读绘本《我们班的新同学斑杰明·马利》,学生了解故事大意,初步了解认识书中不同的同学
		分析:学生尝试用桥状图梳理班里同学的特征;初步理解不同同学的特点,学会尊重友爱同学
	《谢谢您,福柯老师》	体验:共读绘本《谢谢您,福柯老师》,学生了解故事大意,体会书中师生情感
		分析:学生指出书中的关键信息(人物、时间、地点、事件);尝试按照故事流程梳理特丽莎的转变过程以及每个阶段的心情;分析特丽莎进步的原因;说一说或者用图片描述自己喜欢的老师,表达师生之间发生的故事
	拓展活动	原创绘本创作:"我的学校生活"
		绘本戏剧教学、表演:"我的学校生活"

第四单元 "爱社区"课程内容及实施安排表

内容要求	绘本资源	学习内容
认识社区 了解传统 安全游玩	《和太阳 在一起》	体验:共读绘本《和太阳在一起》,学生了解故事大意,初步感受和朋友去户外游玩的心情
		分析:学生指出书中的人物,并尝试用结构图分析故事进程;认识每一跨页的色彩,并体会色彩和情境变化所营造的氛围
	《小熊的 神奇画笔》	体验:共读绘本《小熊的神奇画笔》了解故事大意,初步体验小熊利用智慧帮助他人、保护自己的感受
		分析:指出书中出现的动物,并尝试用流程图梳理故事发展顺序,通过"困难—办法—解决"脉络来分析故事发展的前因和后果
	《放风筝》	体验:共读绘本《放风筝》,学生了解故事大意,体会传统活动放风筝的乐趣,欣赏国宝风筝,体会传统文化的魅力
		分析:学生指出书中的关键人物;梳理书中提到的国宝风筝;利用流程图学习制作简单的风筝;了解我国传统的风筝流派,感受风筝的美好寓意;初步建立喜欢风筝、热爱传统文化的情感
	《花婆婆》	体验:共读绘本《花婆婆》,学生了解故事大意,体会书中花婆婆让世界变美后的感受
		分析:学生指出书中的关键信息(人物、时间、地点、事件);尝试按照故事流程梳理花婆婆的人生历程,以及每个阶段的心情;分析花婆婆一生中完成的三件事情;联系自己的生活,向别人介绍自己的家乡,并说一说如何让家乡变得更美丽
	拓展活动	原创绘本创作:"美丽的家乡"
		绘本戏剧教学、表演:"美丽的家乡"

第五单元 "爱祖国"课程内容及实施安排表

内容要求	绘本资源	学习内容
认识祖国 学习英雄 热爱祖国	《11 只灰雁往南飞》	体验：共读绘本《11 只灰雁往南飞》，学生了解故事大意，初步了解大雁归家心切的心情
		分析：学生指出书中的人物，并尝试用流程图分析大雁迁徙的过程；了解大雁的习性；结合自己的生活说一说自己的家国情怀
	《牧童》	体验：共读绘本《牧童》，学生了解故事大意，体会小英雄王二小勇敢、坚强、爱祖国、爱人民的精神
		分析：学生指出书中的关键信息；用流程图分析王二小勇战敌人的过程，联系自己的生活实际说一说我们可以学习小英雄的哪些精神或品质
	《最爱做的事》	体验：共读绘本《最爱做的事》，学生了解故事大意，体会袁隆平爷爷刻苦学习、严谨钻研、舍身忘我的科学精神
		分析：学生指出书中的关键信息（人物、时间、地点、事件）；尝试按照故事流程梳理袁隆平爷爷研发杂交水稻的过程及心情；分析袁爷爷的两个梦；说一说袁爷爷为什么不怕辛劳研制出杂交水稻；深入思考我们应该学习袁爷爷的什么精神
	拓展活动	原创绘本创作："我爱祖国"
		绘本戏剧教学、表演："我爱祖国"

第三部分"爱分享"。学生积极参加阅读分享活动，分享阅读的主题书目；展示自己的作品，如绘本思维导图、原创绘本、绘本剧表演等。在活动中，学生通过多样化的分享活动，展示和分享成长故事以及爱国情感，体现阅读成效。

(二)教学策略

在课程实施的过程中，教师通过分享阅读法、支架阅读法、任务驱动法展开教学活动，并以课程内容为载体，引导学生灵活运用体验法（直接体验法、观察体验法）、自主学习法、探究学习法等参与学习。

(三)"五共"活动安排

"我与祖国共成长"绘本阅读与活动课程的实施要求教师能够结合特殊儿童的心理特点，从学生能力、兴趣、需要出发，同时考虑到他们的感知动作学习特点及身心发展需要，注重实践与操作，开创多样化教学形式，设计和组织自主性、生活化、综合性、实践性、个别化的课程。围绕单元内容，开展"共读—共绘—共创—共演—共享"的"五共"活动，循序渐进、螺旋上升地开展绘本阅读活动。

1.共读活动，在阅读中体验情感。活动主题是"共读绘本故事，体验五爱情感"，关键词是"陪伴和感受"，主要目标是以共读绘本为载体培养学生良好的阅读兴趣和阅读习惯，同时引导学生认识祖国、认识中国共产党、认识英雄，了解中华人民共和国的发展历程。在"共读活动"中探索多种共读形式，如组织形式有集体阅读、小组阅读、个别阅读；阅读形式有"听读""共读""导读"还有"自读"；同时引导参加教师、家长渗透科学阅读理念，包括陪伴、尊重以及共读原则。在具体实施过程中，教师制作绘本共读资源，利用视觉提示符号标注关键信息；共读过程注意联系学生实际生活，以学生生活经验为支架帮助学生理解故事内容；依据通用设计理念，设计多层次趣味问答，满足不同学生的学习需求。通过提取分析书中信息，围绕故事内容，绘制故事思维导图，帮助学生梳理故事信息，理解故事内容。

2.共绘活动，在分析中理解情感。活动主题是"共绘思维导图，我与祖国共成长"，关键词是"思考和分析"，主要目标是教师运用思维导图带领学生深读、精读绘本，在阅读过程中提升学生阅读力，发展阅读思维，并引导其思考"我和国家的关系"以及"为什么要热爱国家"等问题。活动流程包括"学习准备—精读创作—绘制收集—展示分享"。通过多种形式的讨论，加深对绘本的理解，同时掌握常用阅读策略，如"文学圈"文本解读的策略、读图的策略、对比阅读的策略、群文阅读的策略。教师利用5W阅读分析法引导学生分析书中主要内容；同时注重阅读方法的指导，帮助学生学会运用多种思维导图分析书中的关键信息；联系学生实际，注重引导学生抒发情感。

3.共创活动，在创作中表达情感。活动主题是"共创我的绘本，表达'五爱'情感"，关键词为"创作和表达"，主要目标是学生通过创作绘本，回顾个人和祖国的成长，培养通过书来表达思想、情感的能力。活动流程包括"学习准备—创作故事—收集整理—展示评价"。教师引导学生以"我的成长故事"为主题，根据自己的成长经历，通过描画、剪贴、摄影等方式创作自己的图画书；在这个过程中教师要注重引导学生通过创作图画书的方式来表达成长过程中体会到的喜怒哀乐等各种情绪情感，并对自身的发展做出初步的展望和规划。

4.共演活动，在表演中升华情感。活动主题是"共演成长故事，升华'五爱'情感"，关键词为"表达和升华"。在活动中鼓励教师引导学生探索多种绘本剧的表现形式，如舞台剧、绘本围裙剧、绘本广播剧等，利用多种表演形式表达绘本故事，培养学生交流与表达的能力，升华"五爱"情感。教师根据本单元主题书目或学生原创图画书的内容改编绘本剧,并组织师生排练、表演。在排练过程中,教师需要根据学生特点和能力分配角色和任务,保障学生全员参与,让学生从表演的过程中体会到成长的快乐,提升综合能力。

5.共享活动,在分享中实践"五爱"。活动主题是"共享学习成果,巩固'五爱'行为",关键词是"总结和分享"。活动通过讲座、分享阅读、访谈沙龙、成果展示、代表发言、参观展览等多种形式来分享展示绘本阅读与活动课程成果,扩大影响范围和效果。教师组织多样化的分享阅读活动,通过主题阅读分享、原创绘本展示、视频展播等多种方式展出学生作品;引导学生参与分享和欣赏,并采用点赞、选拔等方式引导学生对同伴作品和发展情况进行评价。

七、课程评价建议

本课程以课程目标和课程内容为基本依据,坚持多元、开放、整体的评价观,旨在通过评估激励每个学生发展,促进其能力提升。

1.评价内容要点:评价内容的确定要注重共性与个性的结合,既要关注全体学生要达成的共同目标,也要关注每个学生的个别化目标。包括(1)学生学习、参与过程表现评价;(2)共绘共创共演作品点评;(3)学生目标的达成情况;(4)学生的能力水平发展。

2.评价依据:中华人民共和国教育部制定《义务教育道德与法治课程标准(2022年版)》,中共中央、国务院印发《新时代爱国主义教育实施纲要》《培智学校义务教育课程标准(2016年版)》,学校自编《"我与祖国共成长"特殊儿童绘本阅读与活动课程纲要》。

3.评价方式:评价过程注重多元和开放性。评价主体多元,既可以是教师、家长及其他有关人员,也可以是学生;评价方式开放,采取多种形式收集来自家庭、学校、社区等各方面的信息,通过观察、访谈、活动效果反馈表等多种方式对教师、家长、学生各类型主体进行自评、互评来相互验证,如实准确呈现课程目标的达成情况。

4.评价工具:《中山市特殊教育学校课程本位评价教学目标体系》《绘本阅读记录表》《阅读行为记录表》《绘本阅读综合活动效果反馈表》《"五爱"评价表》。

通过评价,教师能够比较客观、全面地了解每个学生的各项发展水平。同时教师应根据评价结果仔细分析每个学生的发展优势及不足,并以此为基础,在随后的绘本阅读教学活动中提供更有针对性的指导,从而帮助学生获得积极的体验,健康自信地成长。

设计篇：

绘本育"五爱"

爱自己

　　第一单元主题为爱自己。这里的"自己"是指个体自身。个体在生态系统中处于原点和核心的位置,包括个体的生理心理特点,如年龄、性别、能力、兴趣爱好等,也包括个体的社会特征,如姓名、家庭住址、班级、学校、国籍等。爱自己是指对自己有深厚真挚的情感。"爱己者人爱之,敬己者人敬之",如果我们爱自己,自然也会爱别人,反之,如果一个人不知如何爱自己,那么他也无法真正地爱他人和世界。何为"爱自己"呢? 尼娜·拉里什-海德尔在《爱自己》这本书中如是说:爱自己就是重视自己,了解自己,完全接纳自己,认识自己的价值,永远对自己诚实。《义务教育道德与法治课程标准(2022 年)》强调对健全人格和个人品德的培养,不断健全自己的人格是爱自己的基本表现,其中健全人格主要表现为"自尊自信""理性平和""积极向上""友爱互助"。具体来说就是要帮助学生正确认识自我、学会学习、学会生活、学会合作,养成积极的心理品质,提高适应社会、应对挫折的能力。提升个人品德是爱自己的核心表现,在教学活动中教师要对学生践行以爱国奉献、自强自律等为主要内容的道德要求,帮助学生在日常生活中养成诚实守信、热爱劳动等个人美德和优良品行。

　　"我与祖国共成长"绘本阅读与活动课程将"爱自己"的内涵梳理为"认识自己、接纳自己、发展自己"三个层次。认识自己,即全面地了解自己,客观地面对自己是爱自己的基础。接纳自己,是爱自己的前提,接纳自己不仅指接纳个体的长处,还要接纳个体的不足和特殊之处。发展自己,是爱自己的最好体现,爱自己最重要的是为自己负责,努力实现自己的人生价值,正如歌德所说"你若要喜爱你自己的价值,你就得给世界创造价值"。在实际的教育教学中发现,培智学校学生不能全面客观地认识自己,对自我要求较低,以为爱自己就是满足自己的所有需求。针对培智学校学生的身心发展特点,活动课程将"爱自己"的目标具化为以下行为:能够主动地认识自己的基本信息;能够接纳自己的生理心理特点和基本的社会特征;有积极的学习态度,能够为了发展自己而不断努力;能够发现自己的优点,并通过参与各种社会活动实现自己的价值。

学会爱自己——《我喜欢自己》

中山市特殊教育学校　张一强

我喜欢自己

——绘本《我喜欢自己》简介

《我喜欢自己》的作者是美国畅销书作家及插画家南希·卡尔森,由余治莹翻译,河北教育出版社出版。

整本书以第一人称讲述的方式为读者呈现出一个从多种角度悦纳自己的人物形象。书中文字内容的呈现仿佛让读者看到一位自信、乐观的小女孩,大方地站在全班同学面前讲述个人故事。全文共 207 个字,平均句长约 15 个字,较多于人教版五年级《生活语文》教材的课时文本,其内容难度较为符合该阶段学生阅读能力水平,同时满足学生阅读能力最近发展区的需求。书中插画以手绘卡通风格为主,书中绘制的人物生动可爱,事物具体明晰,色彩搭配偏暖色,所营造氛围和谐舒适,适合培智学校学生阅读。画面以简约、明快、具体、儿童化的方式,巧妙呈现了不同情境,与书中文字形成了十分和谐的内容布局,容易得到读者的喜爱和接纳。

绘本内容以一位小猪女孩的自我讲述为呈现方式,分享她最好的朋友——自己。小主人公通过分享自己喜爱做的事,以及自己如何照顾自己,展示看起来棒极了的自己,当然还有做错事和受挫,以及心情不好的时候,自己如何鼓励自己,让自己坚强和开心起来的经历。她的讲述向读者展示了一位悦纳自己、乐观积极、自信坚强又聪慧善良的女孩形象。特殊需求孩子自我意识相对较弱,往往较容易忽略从自己内心出发形成对自身积极、良性的认识和驱动。通过阅读本书,孩子们能够从小猪如何看待自己的故事中逐渐认识到爱自己的重要性,明白"爱自己"是能够真正带给自身快乐和幸福的。例如在家庭生活中,学会自我照顾,掌握基本的生活习惯,会让自己的生活更加健康、舒心;学会接受自己的模样、形象,能够让自己变得更加自信阳光,学会用积极的心态应对生活中的困难挫折,能够让自己变得更加坚强、勇敢;学着发现生活中的美和乐趣,能够陶冶情操等。

本书以温馨简约的图文内容,向读者呈现出主人公在生活中的每个生动情景。每一幅图中的小主人公都是开心面对一切,橙色、粉红、黄色等暖色调为主的色彩搭配将氛围渲染得温馨又和谐。书中的每个生活情境也都是读者生活中常见的,无论是卧室布局,还是日常的洗漱、饮食环境等都能够带给读者熟悉的感觉。书中的图画采用视觉聚焦的手法,能够让读者很快关注到每个内容的核心点,有助于读者更有效地寻找到每一页的"重点",如卷卷的尾巴、圆圆的肚子等。同时,对于遇见生活中挫折困难时的对比性呈现,则能够让读者们很快找到自己值得学习的地方,进而学会像主人公一样勇敢尝试,积极应对。书中情境的生动呈现,有理由赢得读者的喜欢。

每一个孩子在学会爱身边一切美好的过程中,一定不能忽略对那个最重要角色发自内心的爱,那就是自己。我相信,《我喜欢自己》会用最亲切、温柔、舒心的方式带领读者们找到爱自己的最佳方式。

共读

我真的很棒

——《我喜欢自己》教学设计

一、设计理念

《培智学校义务教育课程标准(2016年版)》在学科指导建议中明确提出"应遵循学生认知发展规律,培养学生生活自理、从事简单家务劳动、自我保护和适应社会的能力;帮助学生养成健康的生活方式等"。《义务教育语文课程标准(2022年版)》中同样提出要"重视提高学生的品德修养和审美情趣,使他们逐步形成良好的个性和健全的人格,促进德、智、体、美的和谐发展"。结合省精品课程《"我与祖国共成长"绘本阅读与活动课程标准》第一单元爱自己的单元目标及内容,通过绘本《我喜欢自己》,引导学生在绘本阅读和学习过程中学会认识自己、接纳自己、喜欢自己。通过结合学生日常生活情境及需求,引导和帮助学生学会表达如何"爱自己",如何在生活中具体做到"爱"自己。通过组织开展多样的阅读活动,启发学生发现"爱自己"的意义和价值。

二、教学对象分析

培智学校4~6年级多以中重度智力障碍、孤独症、脑瘫及语言障碍学生为主。学生自身语文学科相关能力的总体情况是,一般情况下能认识常见的人物、事物、动物图片,能理解简单的画面或故事情节,能通过词汇、简单句等表达自己的需求及感受。学生在日常生活中对自身的关注主要体现在基本的生理性需求方面,如饮食、玩乐等方面,而对于自身的认识,如个人形象、个人休闲以及日常生活中遇到挫折、困难或心理需求时则仍需要进一步引导学生认识到"爱自己"的重要性。通过"喜欢自己,悦纳自己"这一主题的学习,帮助学生体会到爱自己很重要,让学生明白爱自己体现在生活中的方方面面;让学生了解和学习如何在生活中做到"爱自己",最终形成自尊、自爱、自信的积极生活态度。

三、教学目标

(一)知识与技能目标

1.认识绘本中所呈现出的"喜欢自己"的不同生活情境;*①

2.掌握绘本中不同情境下包括的具体活动内容。**

(二)过程与方法目标

1.能通过参与小组活动,学习运用自我表达性句式;*

2.能够阅读和观察,对绘本相应内容进行辨识和关联;**

3.能够借助思维导图讲述主人公是如何喜欢自己的。***

(三)情感态度与价值观目标

1.在阅读学习绘本过程中,能够结合书中情境感受主人公的情感变化;*

2.在了解绘本主人公的活动内容后,能够初步建立"爱自己"的意识;**

3.能够将绘本中的"爱自己"表现与实际生活情境进行结合和运用。***

四、教学重点、难点

(一)教学重点

通过教学引导学生认识、分辨绘本《我喜欢自己》中的不同情境,了解主人公在相应情境下的感受及表现。引导学生通过了解书中内容,形成对自我的认识,懂得如何"爱自己"。

(二)教学难点

引导学生在相应情境下对不同内容做匹配以及在模拟情境中根据不同的内容判断、选择和表达"爱自己"的方式。

(三)教学策略

1.引导学生通过师生共读、内容提问、情景延伸等阅读策略,帮助学生提取书中对

---

① *代表难度,*越多,难度越大。

应信息,理解与"爱自己"有关的内容。

2.利用图片、动态图文、思维导图等为学生提供视觉支持,帮助学生清楚认识绘本内容和脉络。

3.联系生活实际,运用具体情境,引导学生思考为什么要"爱自己",如何"爱自己"。

4.结合学生能力水平开展分组教学,设计适当的学习目标和材料,为不同组学生安排不同的学习任务。

5.为有特别需求学生提供个别化支持,设计个性化的学习材料,利用图片、步骤图帮助语言障碍学生在辅助提示下有效参与课堂互动。

五、教学准备

1~2课时。绘本《我喜欢自己》12本,自制绘本电子版本,电子课件(教学活动),绘本《我喜欢自己》朗读和讲读视频,学生个人生活照,学生参与日常居家、在校活动相片,相应情境图片,思维导图图卡素材。

六、教学过程

(一)启发思考,引入主题

1.在多媒体页面展示人教版生活语文三年级下册第4课《镜子里的我》的内容,引导学生再次熟悉课文内容。

2.教师拿出一面镜子,向学生提出问题:"镜子里的是谁? 是否喜欢镜子里的那个人(自己)?"

3.思考:我会怎么做?(引导学生思考,为引出绘本铺垫)

引出核心概念:"喜欢自己"。

【设计意图】衔接教材有效拓展,运用设施巧妙发问引导学生聚焦"自己",引出主题"学会爱自己"。

(二)沉浸阅读,体验书中情感

1.绘本聆听和共读体验。

● 教师为学生播放绘本朗读视频,引导学生跟随视频初步阅读绘本。

● 师生共读绘本,感受书中情感。

2.引发思考和积极表达。

● 集体讨论:对小猪的生活,你有怎样的感受?(小猪喜欢自己)请说说你自己最喜欢小猪做的一件事，你自己有没有和它一样做呢？

- 教师展示小猪"自我欣赏"页面，请学生模仿小猪的动作在镜子前进行展示。

- 教师请学生选择书中自己熟悉的生活情境，说一说自己看到小猪做了什么。

3.师生共同观看绘本讲读视频。

- 通过视频讲读，引导学生认识喜欢自己的六种情境（做好玩的事、照顾好自己、看起来棒极了、心情不好时、跌倒时、做错事时）。

- 观看结束后，请学生思考表达：小猪为什么这样做？它愿意这样做吗？感到开心吗？

【设计意图】通过多种阅读形式，为学生营造沉浸阅读的氛围，并通过阅读感受温暖的家庭氛围；通过提问策略，帮助学生分析理解绘本内容背景，并培养相应阅读能力。

(三)深入分析，激活情感表达

1.逐层归类，形成思维导图。

- 教师首先引导学生对绘本中六种情境进行指认和表达。

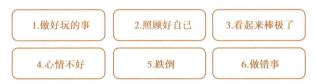

- 教师请学生根据书中内容，选择不同情境下对应的活动内容，引导学生了解具体的"喜欢自己"的表现途径（做法），并完成思维导图。

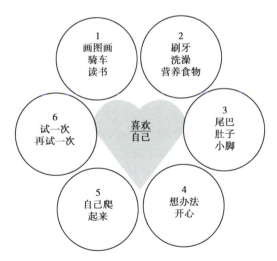

2.通过结合主人公的生活感受，引导学生思考和讨论我们自己怎样做就是"喜欢自己"的表现。

教师通过课件内容先后向学生展示绘本中的活动内容图片及学生个人日常生活中其他行为表现的图片（包含日常生活中积极行为和负面行为），引导学生进行选择，并运用相应句式进行表达。（……是喜欢自己的做法/喜欢自己，我会……）

- 你能从图片中找出小猪"喜欢自己"的活动内容吗？（请学生到屏幕前选取，协同教师为 C 层学生提供纸质图卡进行指认练习）

要求：学生上前选取卡片，向同学老师进行介绍，并做出相应活动的模仿动作。

- 你觉得这些活动是"喜欢自己"的表现吗？（呈现学生生活照，引导学生进行判断和评价）

- 小结："喜欢自己"在生活中有很多表现，小猪通过它乐观积极的做法，让它拥有了最喜欢的一个朋友——那就是它自己。同学们同样也可以在生活中选择做那些让你能够开心、舒服、自信、坚强和勇敢的事情，你也会越来越喜欢自己。

提示：教师对绘本中的每部分活动进行提炼归纳，帮助学生理解。

【设计意图】通过图文形式，引导学生通过判断和选择回答问题，并引导学生将行为进行扩展延伸，充分贴合实际生活。借助思维导图帮助学生更明确地认识绘本内容。引导学生分析和感受到"喜欢自己"需要的品质。

七、教学反思

通过教学开展，以分层形式促进不同能力水平学生参与到绘本内容的理解和体验过程中，让学生能够充分了解、熟悉绘本中人物在"喜欢自己"这件事中的所做所想，同时将本节课需要传递的知识和情感内容逐渐内化，形成对自我新的认识。教学活动过程可以深入贴合学生具体的在校在家生活情境，将绘本和实际生活进行有机衔接，促进学生理解和运用。思维导图的建构在学生熟悉内容的基础上，也提供自主表达的机会，使学生得到充分练习。以"教材-绘本-实际"三元途径引导学生感受"爱自己"的重要性，能够帮助学生形成良好的自我认识，帮助学生形成积极的价值观。

共演

做更好的自己

——《我喜欢自己》戏剧教学设计

一、设计思路

特殊儿童的教学形式往往需要老师进行更为贴近学生能力水平和需求的设计，以满足特殊学生在感知、体验、表达、理解及运用方面的需要。对于特殊儿童而言，采用将音乐、美术及特别设计的教学用具有机融合的教学形式，可以让学生们感受音乐节律、体验音乐氛围、捕捉音乐动感，运用美术设计的作品或角色进行角色扮演、个人模仿和展示，掌握特殊用具的使用方法等，让学生在综合的互动坏境中得到更为饱满的教学体验。本次戏剧活动来源于绘本《我喜欢自己》，旨在通过具体的、递进的、有目的性、趣味性的活动目标与戏剧人物设置，促进学生对绘本内容和角色的理解，辅助学生提高对绘本内容的感知，丰富学生的认知表达内容，提高学生的音乐艺术感受能力。

二、教学对象分析

培智学校 4~6 年级多以中重度智力障碍、孤独症、脑瘫及语言障碍学生为主。根据学生自身语文学科相关能力的总体情况，一般情况下能认识常见的人物、事物、动物图片，能理解简单的画面或故事情节，能通过词汇、简单句等表达自己的需求及感受。学生在日常生活中对自身的关注主要体现在基本的生理需求方面，如饮食、玩乐等，而对于自身的认识，如个人形象、个人休闲以及日常生活中遇到挫折、困难或心理需求时则仍需要进一步引导。通过"喜欢自己，悦纳自己"这一主题的学习，在戏剧教学设计的内容中引导学生通过多样的形式体会到"爱自己"很重要，让学生明白"爱自己"体现在生活中的方方面面；让学生了解和学习如何在生活中做到"爱自己"，最终形成自尊、自爱、自信的积极生活态度。

三、教学目标

1.根据故事线索，引导学生尝试根据音乐背景和绘本的特定情节，以绘本中具体活动为动作原型，在老师示范引导下用简单的肢体动作对绘本内容进行表达。

2.鼓励学生结合个人生活经验和认知基础进行联想发散，运用自身动作或借助物品模型进行绘本中具体事物的动态呈现，表达个人对内容的感知和理解。

3.学生能积极且投入地参与戏剧表演活动，在活动中能随情境的变化、音乐的律动、教师的表达阐述表演内容，感受戏剧表演与创作带来的快乐。

四、教具准备

绘本书籍、教师自行录制的《我喜欢自己》配音讲读视频、音乐《This little piggy》《杜鹃圆舞曲》《美国巡逻兵进行曲》、绘本图卡、画纸和画笔、自制车把手、牙刷、毛巾、餐具、镜子、小黑板、生活常见活动图卡等。

五、教学过程

(一)热身游戏部分

通过"我的身体"游戏活动,引导学生初步感知本次戏剧活动的内容,并熟悉自己和自己的身体。

游戏规则:跟随音乐的节奏,活动和展示自己的身体部位,与其他小朋友进行互动。音乐进行过程中,老师首先进行引导和示范,带孩子们感受音乐节奏并跟随歌曲内容挥动和展示相应的身体部位,鼓励学生用夸张、吸引人的动作进行个性化展示。例如,教师说"我的头,我的肩,这是我的手……",需要学生在身体部位名称唱出时跟随节奏进行点动,在伴奏旋律阶段师生手拉手进行互动。

(二)故事导入部分

教师讲述人物与绘本内容:小猪有一个最要好的朋友,在生活中陪伴它做了好多好多事情,而且和小猪很像很像,孩子们你们想知道它是谁吗?对啦!它的好朋友就是它自己。我们每个同学同样也是你们自己的好朋友。那让我们一起去看看,小猪的这位好朋友平时会和小猪做什么事情吧!

(三)故事发展部分(播放《This little piggy》)

教师采用"情景链"的呈现方式,先组织学生围坐成一圈。老师利用手中的图卡,逐个为学生呈现绘本中这只小猪平时做的自己喜欢的事情,并邀请学生根据图片的呈现上前进行对相关内容理解后的动作展示。

"情景链"即兴表演:

1.小猪喜欢做一些好玩的事:拿起画笔,在画板上尽情地填涂颜色;骑着自行车,在公园里开心地玩耍;躺(坐)在舒适的地板(椅子)上翻看喜欢的书本。

2.小猪喜欢照顾自己:拿起牙刷和杯子开心地刷牙;拿起毛巾开心地洗澡,擦擦身体;拿起餐具品尝美味的食物,大口咀嚼。

3.小猪鼓励棒棒的自己:面对着镜子,展示自己卷卷的尾巴;摸摸自己圆圆的肚子;踮起自己细细的小脚尖。

(四)故事创作部分

教师:小猪好喜欢自己呀!你们看它有好多自己喜欢做的事情,还喜欢照顾自己,并且会经常鼓励自己,我们也要像小猪一样对自己。孩子们,接下来我们一起看看,当小猪在生活中遇到小困难的时候,会怎样应对吧!

1.心情不好的时候（播放《Raimond Lap》）。

教师：孩子们，天空中下起了雨，小猪不能出去玩了，你们看，现在的它好失落呀！同学们你们能表演出小猪失落的样子吗？

活动描述：教师邀请学生上前表现失落的样子，并且对学生进行提示和指导——低头、摇头、托腮、瘪嘴、垂胳膊、拖脚步等。

教师：孩子们，你们看，虽然外面下了雨，但是小猪还是会想办法让自己开心。

活动描述：教师引导学生观察小猪的活动，用手端起小杯，和自己的小伙伴围成一圈相互碰杯，和小伙伴手拉手一起转圈。

2.跌倒的时候（播放《美国巡逻兵进行曲》）。

教师运用"融合情境"表演的方式，结合学生在校生活轮滑情境，在视频中播放滑轮滑摔倒的情景，提示学生结合小猪滑轮滑摔倒的绘本内容进行情境延伸。

教师：小猪去参加旱冰鞋表演，它的表演真精彩！

活动描述：教师引导学生进行自主轮滑表演（想象），围绕场地用小脚步转圈……

教师：哎呀！小猪摔倒了……这可怎么办呀！

活动描述：教师模仿小猪动作坐在地上，引导学生也进行模仿，并和学生想办法。随后教师展示小猪自己爬起来的内容，鼓励学生模仿小猪勇敢站起来，并继续进行动作发散：可以用手扶着地面慢慢直起身子，并且拍拍自己的屁股和小手，抬起头，继续一步步向前滑步。

3.做错事的时候。

教师：小猪是一个很懂事的孩子，但有时候也会做错事情，当它不小心犯错的时候，它会怎么做呢？

活动描述：教师展示小猪弄坏蛋糕的情景，并模仿小猪端起蛋糕，不小心把蛋糕掉在地上，眼睛看着掉在地上的蛋糕，表情中露出失落和自责。教师鼓励学生想办法帮助小猪。教师鼓励学生上前安慰老师（小猪），拉起老师的手一起模仿重新制作蛋糕的动作：一只手扶住盆子，一只手搅拌，停下时加点水，动作重复三遍，然后同学们一起端起蛋糕放进烤箱，随后手叉腰，伸出脑袋用鼻子使劲嗅一嗅并一起伸出大拇指表扬。

4.我喜欢自己（播放《杜鹃圆舞曲》）。

教师：小猪真是一个乐观积极的好孩子！让我们再去看看小猪还做了哪些自己喜欢的事情吧！

活动描述：教师运用"动态呈现"的教学策略进行小猪日常生活情景的创作。

教师带领学生原地踏步向前走，并根据情景提示，分别模仿小猪外出购物的情景

(怀抱礼物、手提物品蹦跳走路);模仿小猪划船的情景(坐在凳子上,两手前后滑动);模仿小猪游泳的情景(两手挥动,脑袋上升下沉)。

(五)讨论与反思部分

1.小猪做了哪些自己喜欢的事情?

教师:小猪最好的朋友就是它自己,在生活中,小猪会做很多自己喜欢的事情,你们还记得都有哪些事吗? 现在我们一起看着绘本视频,然后把你听到和看到的表演出来吧!

活动描述:教师播放绘本视频,学生起立,在绘本视频进行过程中,学生根据听到和看到的内容做出自我理解后的表演,老师也从旁参与,引导部分学生进行模仿。

2.你喜欢自己吗? 喜欢怎样的自己?

教师:小猪喜欢绘本中的自己,和自己做了好多好多喜欢的事情。同学们,你们喜欢自己吗? 你们喜欢和自己做什么呢? 让我们一起说一说吧! 如果你想不到自己喜欢的事情,老师请你在黑板上选出一个你喜欢的事情告诉大家吧!

活动描述:教师先鼓励学生结合自己的生活经历,回想和表达自己喜欢的事情,在表达时可以做出相应的动作。对于不会表达的孩子,教师在黑板上提供生活相关的情景图片,请学生进行选择,并对图片观察后进行相应动作的表演展示。

3.我们都喜欢自己——集体活动。

教师:孩子们,现在让我们和小猪一起表演一下自己喜欢的事情吧!

活动描述:教师播放音乐和绘本讲读音频,引导学生根据绘本内容做出相应表演。在绘本内容表演结束后,鼓励学生根据黑板图片提示,进行个人生活相关的情景表演。情景表演结束后,老师进行总结:小猪喜欢自己,无论遇到怎样的事情,都会开开心心面对。同学们也喜欢自己,在生活中也要做一个乐观、阳光的孩子。

六、教学延伸

1.引导学生在校在家与父母共同阅读绘本《我喜欢的自己》。

2.在老师引导和启发下,从反面思考,如果我不喜欢自己,会不喜欢什么? 引导学生思考和总结自身需要注意和改正的生活行为习惯——我们要努力帮助那个"不喜欢的自己"养成良好的习惯,最终成为"喜欢的自己"。

爱世界，也爱我自己

　　我从没有想到过绘本在特殊孩子的眼中如此有魅力，直到我拿起绘本，坐在孩子们中间，用夸张的语气、有趣的声音为他们讲述绘本中的故事……过程中，我看到的是一双双好奇的眼神停留在绘本的每个页面，一副副期待的表情等待着绘本接下来的讲述……

　　2021年10月中旬的一天，在学校图书室的书架上，一本红蓝绿搭配的绘本进入我的视线，封面上有一只对我开心笑着的小猪仿佛在迫切地招呼我，让我把它介绍给班上的孩子们。我看到五个可爱的白色汉字举在小猪的上方——《我喜欢自己》，联想到班里那些可爱的、需要爱的孩子们，我决定尝试将这本打动我的绘本带去我的班级，与孩子们一起分享。

　　"同学们，这周的绘本阅读课，老师想给大家介绍一本新书。它的名字叫——《我喜欢自己》。请大家看看这本书的封面上有什么呀？"我将绘本拿起，展示给孩子们看。"小猪！""花朵！""红色！"孩子们很快将封面的信息告诉了我。欣慰之余，我便给孩子们卖起了关子："那……同学们你们想知道小猪是怎样喜欢自己的吗？"班里喜欢阅读的孩子们欣然点头，还有几个孩子看着我的眼睛等待答案。

　　"我有一个最要好的朋友。"我捧起书先读出书中的第一句话。班里"唐宝"沛峰调皮地说："我的朋友是张老师！"我微笑着摸了摸沛峰的脑袋："你也是我的朋友。""这个好朋友就是我自己！"我指着书中翻跟斗的小猪，"原来小猪最好的朋友是自己呀！那你们是不是自己的好朋友呢？""是！"班里的脑瘫儿建成大声蹦出一个字。"我自己会做好玩儿的事。"爱画画的子希拉着我的手指了指小猪手中的画"我爱画画"。"是的，小猪也会画漂亮的画。"子希看着书中的小猪开心地笑了起来。"我骑车骑得很快！"子恩听我读到这里，坐在自己的小凳子上摆出一副手握把手、脚蹬踏板的动作："张老师，我也会骑自行车！"

　　……

　　"我喜欢照顾自己……"我翻开下一页带孩子们继续读下去，"同学们看看小猪是怎么照顾自己的呢？"他们看着书中的内容，一起告诉我：刷牙，洗澡，吃饭。"很好，你们看，小猪很会照顾自己，它自己在家会刷牙，会洗澡，能自己吃饭，你们在家里能做到吗？"孩子们信心满满地点点头，我看到平时被爷爷一手"包办"的秉育不好意思地低下了头。"秉育，你也可以做到对不对？"他羞涩地点点头，小拳头紧紧握着，似乎在做一个重要的决定。

　　……

　　最后，当读到"不管我去哪里，不管我做什么事，我都要做我自己，而且我喜欢我自己"时，我鼓励孩子们要相信自己很棒，努力做自己喜欢的事情，一起努力做最棒的自己……看着在心形图案中开心笑着的小猪，孩子们告诉我，他们喜欢小猪，也喜欢自己。

第二天晨读的时候，我准备好了提前裁剪制作的思维导图素材，带着孩子们再次阅读这本书。在整本书的阅读过程中，每出现一个新的角色，我都会让孩子们把书中的内容放在思维导图相应的位置，不知不觉，这本书的思维导图完成了。

"现在老师想请同学来给我们讲讲绘本《我喜欢自己》，有没有同学来试试呀？"令我意想不到的是，班里有几个孩子竟然愿意举手来尝试，于是我怀着试一试的念头，请手举得最高的子恩上来展示：只见她学着我拿起小教棍，看着已做成的思维导图，一边表演，一边说出相应的内容……讲到最后，子恩拍了拍自己的胸口，说道"我喜欢我自己！"然后一脸开心地回到了自己的座位。我高兴地和孩子们为子恩的表现送上阵阵掌声，我也为子恩的表现激动不已。

回想这次绘本共读，因为一次偶然的相遇，让孩子们有幸阅读到了这本书。因为被书中的内容温暖到，我便尝试将这种温暖传递给孩子们。没有想到在我们的共读中，我发现了孩子们对绘本的浓厚兴趣，看到了孩子们在趣味互动中对绘本的理解，也感受到了绘本带给孩子们内心的改变，帮助孩子们更好地认识自己、悦纳自己、喜爱自己。

我想，这次共读的尝试是在无意中给了我一个方向，也是在无形中给了我鼓励，共读的经历告诉我，特殊儿童的绘本阅读仍有一定的挑战，但在正确方向下的坚持和尝试一定会收获值得欣慰的成果，其中的温情也会在时间的陈酿中更加浓烈。

绘本《我喜欢自己》思维导图设计

我一定能行——《菲菲真的不行吗？》

珠海市特殊教育学校　徐静

共研

相信自己，我能行

——绘本《菲菲真的不行吗？》简介

国际绘本大师莫莉·卞带着我们熟悉的好朋友菲菲又和大家见面了，这次的绘本讲述了菲菲在老师的帮助下从自我怀疑到自我肯定的一个成长故事。在尝试新领域的过程中遇到挑战和挫折也是培智学生经常会面临的场景，尤其是中低年级的学生，他们对新事物充满好奇，但受自身能力局限，在缺少成人支持的情况下可能较难体验到成功。加之他们尚不具备正确的自我评价机制，很容易被他人的消极性评价所打击而失去信心，自我否定。

这天，菲菲单手托腮，似乎陷入了苦思不解的境地，原来是菲菲在尝试把七巧板拼成一个大正方形时遇到了难题。正当菲菲在这个新领域尝试时，姐姐不经意的出现突然打断了这个探索的过程。姐姐轻而易举地拼对了七巧板，临走时扔下一句"你不够聪明啊"。第二天，面对课堂上老师给出的拼图题目，菲菲一开始便想要放弃。很显然，昨天姐姐的评语给菲菲带来了巨大的心理暗示——我不行、我不够聪明、我永远学不好数学。然而，莫瑞老师是一位擅长鼓励和启发孩子的好老师，她教给孩子们一句最有魔力的话——快了！"快了"就是在努力尝试的过程中即将接近正确答案的瞬间。只要不放弃，你就能行；只要积极思考，头脑就会越来越聪明。莫瑞老师用这句"快了"打败了姐姐的"你不够聪明"，在菲菲和朋友们用各种不同的方式解决问题、给出多种答案的那一刻，画面中孩子们的表情和肢体动作洋溢着自我肯定的成就感，甚至连空气中都充满了成功的喜悦。经过这一次成功的体验，菲菲拥有了自信。在故事的最后，菲菲还用这句话鼓励了遇到难题的爸爸，共同解决了又一个困难。

这两句截然不同的话就是作者想传递的两种思维模式——固定型思维和成长型思维。对于融合课堂中的孩子来说，成长型思维尤为重要。如果孩子们认为自己的智力和能力仅限于此，那就给自己放弃努力的行为找到了一个说辞——我很笨，我再怎么费劲都是没有用的。而当孩子们相信我能行，通过坚持不懈努力就能提升自我时，孩子就会不断成长。

绘本配图延续了菲菲系列前两本的风格,莫莉·卞擅长用大片的背景色彩和轮廓线条来表达故事中人物的情绪。在这个故事中,姐姐出现的那一页使用了大面积的红色来暗示情节冲突。姐姐的人物轮廓线是平静的绿色,看上去云淡风轻,而菲菲在这里的人物轮廓线变成了红色。当菲菲趴在桌上时,线条变成虚线和波浪线,菲菲备受打击后的颤抖、失落时的啜泣跃然纸上。她头顶上"I CAN'T"几个大字有着锯齿形的轮廓,好像一个狰狞的怪兽在嘲笑菲菲不行。当读者读到这里时,心情就如同菲菲身旁的小猫咪,对菲菲满是担忧。

绘本中色彩鲜明的配图、简洁的对话、详细的人物内心独白和熟悉的教室场景,能很容易让小读者代入到菲菲的角色中去,和主角同悲同喜。因此,这本绘本非常适合采用戏剧教学的方式带领学生剖析人物,学习使用成长型思维进行自我评价,建构更加丰富的自我认知。

共读

<h2 align="center">直面挑战　战胜挫折</h2>

——《菲菲真的不行吗?》教学设计

一、设计理念

《培智学校义务教育课程标准(2016年版)》中提出要培养学生正确对待他人的评价、调控自己的情绪、塑造勇于面对困难、解决问题的品质。《义务教育道德与法治课程标准(2022年版)》中提出要培养学生不怕困难的精神,使其具有一定的抗挫能力,能不断完善自我,保持乐观的态度。"爱自己"的单元目标指出要培养学生接纳自己,获得自尊自信的情感体验。综合以上课程标准,以绘本《菲菲真的不行吗?》为载体,以体验式学习理论为活动设计依据,引导学生通过沉浸式阅读,体验绘本中菲菲在面对挑战时的心理变化;通过联结生活场景,归纳和学习战胜困难的"魔法句子";通过创设情境,引导学生利用正向的暗示性语言进行自我心理建设。

二、教学对象分析

培智学校7~9年级多以轻中度智力障碍、孤独症及发育障碍学生为主。学生有一定的阅读绘本的经验,能阅读图文并茂、内容贴近生活的绘本,初步理解故事大意。在老师引导下,能在阅读过程中获得基础的情感体验,也能通过简单句表达自己的观点。在平时的生活中,他们对新事物往往会表现出强烈的好奇心,但同时他们在尝试新事物的过程中也容易因一些小困难而轻易放弃。通过这一主题的学习,帮助学生树立不怕困难、勇于挑战的品质,同时学习一些可操作性强的技巧,应对生活中出现的挑战场景。

三、教学目标

(一)知识与技能目标

1.掌握故事的人物、脉络等关键信息;*

2.在阅读中能大胆地用语言表述自己的观察、推测与想象;**

3.面对挑战情境时,能使用合适的正向语言来激励自己。***

(二)过程与方法目标

1.能通过小组讨论学习表达个人观点的技巧;*

2.借助演绎情境与绘本人物产生共情;**

3.通过视频示范初步建立起面对挑战时应具备的成长型思维。***

(三)情感态度与价值观目标

1.在阅读绘本及联结生活经验的过程中感受挫败和成功的情绪对比;*

2.初步树立勇于挑战,不怕困难的品质。***

四、教学重点、难点

(一)教学重点

借助演绎情境与绘本人物产生共情,体验挫败和成功的情绪对比。

(二)教学难点

面对挑战情境时,能使用合适的正向语言来激励自己或他人。

(三)教学策略

1.运用"观察—讨论—演绎"策略,帮助学生梳理人物的心理变化历程,理解故事内容。

2.利用句子条提供视觉辅助,帮助学生加深记忆。

3.借助视频示范策略,促进技能的学习,帮助学生将行为从视频转移到现实。

4.通过多个场景的大量呈现,使学生了解多种挑战情景下魔法句子的应用案例。

五、教学准备

1~2课时。绘本《菲菲真的不行吗?》10本,PPT课件,绘本《菲菲真的不行吗?》讲读视频,录制好的示范视频。

六、教学过程

(一)课前导入

1.人物重现。PPT出示学生曾读过的绘本《菲菲生气了》中的几张重点图片,提问"这个小女孩是谁?""她看上去心情怎么样?""她为什么生气了?"

2.设置疑惑。出示《菲菲真的不行吗?》绘本封面,引导学生观察图片,解读菲菲的表情动作和环境信息。菲菲单手托腮,似乎在费劲地思考着什么。菲菲遇到了什么难题吗?和桌上的七巧板有关吗?

【设计意图】回忆已读过的绘本,调动学生的已有经验。通过熟悉的角色引出全新的故事,让学生对角色命运产生好奇,对即将阅读的绘本充满兴趣。

(二)讲读绘本

1.初读绘本:教师引导学生完整读绘本,了解故事梗概。

2.情境再现:

场景一:(家中)菲菲在拼七巧板的时候,姐姐突然走过来

观察:姐姐做了什么,说了什么?菲菲的表情和动作是什么样的?

讨论:菲菲心里是什么感受。

演绎:师生共同表演菲菲挫败的表情和肢体动作。

场景二:(教室)老师布置数学拼图作业后

观察:菲菲、小安和宝儿各自的反应。

讨论:菲菲认为自己能拼出来吗?宝儿和小安是怎么鼓励菲菲的。

演绎:师生共同表演思考难题时伤脑筋的表情和肢体动作。

场景三:(教室)同学们成功做出了数学题

观察:老师用了什么魔法句子来鼓励同学?三个同学分别用了什么方式来找到答案?

讨论:这个魔法句子是什么意思?成功做出数学题后,大家的心理是怎样的?想对自己说什么?

演绎:师生共同表演解题成功时的表情和肢体动作。

【设计意图】在初步了解故事梗概的基础上,摘选出书中的几个关键场景。通过"观察—讨论—演绎"的方式梳理人物的心理变化历程,深度理解绘本,并把学生代入故事情境中,与人物角色产生共情。

(三)拓展迁移

指导语:每个人在生活、学习中都会遇到各种各样的困难,遇到困难时该怎么办?

1.视频示范:学习魔法句子。

播放提前录制的视频,视频内容为学生遇到困难→想放弃→受到鼓励→最终成功的场景。

- 同学 A 在玩华容道时解不出来,想要放弃。
- 同学 B 下周要进行国旗下讲话,很紧张。

讨论:你认为视频中哪句话是能打败困难的魔法句子。用句子条进行展示(我应该再试试别的方法/多练习一定可以的)。

2.小组活动:创编魔法句子。

将学生分为三个小组,分别抽签选择一个场景。分析场景中的卡通人物面临什么样的挑战,可以用什么样的魔法句子鼓励他战胜困难。

教师巡回指导,小组派代表展示讨论成果,教师进行修正总结。

(只要用心,每个人都能学会/虽然这次失败了,坚持学习,下次就会成功的/你并不是不擅长,只是需要练习更多时间)

【设计意图】通过视频示范策略让学生直观地获取成长型思维的例句,并感受这些句子是怎样帮助角色树立信心的。借用学生熟悉的卡通人物形象,激发学生共情,进而创编合适的句子激励人物角色直面挑战。

(四)总结归纳

1.拓展思考:

绘本中,姐姐对菲菲说"唉,你不够聪明啊!"你觉得姐姐说得对吗?

如果有人对你说这样的话,你应该怎样回应他?

2.归纳延伸:

借助板书句子条回顾本节课所学的魔法句子,并鼓励学生在生活中使用这些句子来激励自己和他人战胜困难,不要轻易放弃。

【设计意图】引出拓展思考——如何恰当应对他人做出的片面评价。总结课堂上所学的成长型思维例句。

七、教学反思

课堂上学生参与度较高,对绘本的故事情节、人物情感理解到位。能够积极进入演绎场景和思考过程,初步感受到了成长型思维的正向含义,学生常见的一些自我认知偏差得到了纠正,树立起相信自己、激发无限潜能的观念。这节课只是向学生初步介绍了成长型思维,更重要的是要将这种思维模式应用在课堂之外,抓住学生生活中的真实瞬间,发自内心地相信儿童的潜力,专注于成长的过程,助力学生沉着应对挑战。

共演

做最好的自己

——《菲菲真的不行吗?》戏剧教学设计

一、设计思路

绘本和教育戏剧都是极易调动儿童兴趣的事物,在二者的结合中,儿童跟随老师的引领,沉浸式地参与到课堂互动中。他们观察、投入并感受角色外在行为和深层次的心理活动,从而在这种轻松的过程中借鉴与反思,达成语言、社交、情绪情感等多方面的成长。在绘本《菲菲真的不行吗?》中,菲菲因姐姐的片面评价而陷入阴影中,并对自身的数学能力和聪明与否产生了错误的认知,这种经历在培智学生的生活中并不鲜见。教育戏剧以其独到的形式,使得学生对菲菲的遭遇加以共情,更好地理解绘本的故事内容。绘本后半段,莫瑞老师借助成长型思维帮同学们重塑自我、获得肯定的场景,也非常适合通过戏剧游戏来让学生从中吸取积极的成长能量。

二、教学对象分析

培智学校7~9年级的绝大部分学生有语言表达能力,乐于参与课堂,和他人积极互动。他们对绘本课感兴趣,喜欢听老师讲故事,也能自己阅读绘本,通过图片线索提取部分重要线索,但大多停留在浅层信息上。他们往往无法独立总结绘本所要传递的内核,需要老师提供大量的辅助。通过前序课时的学习,学生初步获知了"面对困难要勇于挑战"这一道理,但还停留在较粗浅的阶段。

三、教学目标

1.能积极且投入地参与戏剧表演活动,提升与同伴的协作能力。 *
2.学生通过戏剧游戏及讨论加强对自己及别人的肯定。 **
3.借助绘本戏剧加强自信心及自我形象,拥有面对逆境的心理素质。 ***
4.学生通过活动理解故事角色的内在情绪,并借由仪式治疗情绪。 ***

四、教学准备

2 课时。绘本《菲菲真的不行吗?》PPT 课件,轻音乐,律动视频《我真的很不错》,情绪卡片、软质球、吹龙、拍手板、礼花枪等氛围道具。

五、教学过程

(一)暖身活动

教师通过情绪图片大卡介绍不同的情绪,引导学生共同为这些情绪表情命名,熟悉四大基本情绪和几种衍生情绪。

1.抛球说心声:一人将球抛给另一人,接球者要说出一种情绪名称。可以说老师刚才展示的情绪,也可以说出更多的情绪。

2.百变小小脸:教师播放轻柔的音乐,学生在音乐中闭上双眼。当音乐停止,老师说出需要表演的表情时,学生跟随老师做出不同的面部表情并定格,直至音乐再次响起。游戏第二轮,老师邀请单个学生出来扮演小老师,带其他同学做面部表情。表情可以从易到难,也可有表情的转换,如大笑、激动、害怕、陶醉、笑转哭、愁转怒等。

(二)主体活动一:菲菲在家里

1.教师入戏:教师采用故事圈的形式,让学生围圆圈坐下,引导学生做几次深呼吸,平静下来,然后"教师入戏"。教师用女孩手偶扮演伤心的菲菲,助教上前询问:"菲菲,你看上去很难过,发生了什么事啊?"教师以菲菲的语气讲述事情发生的经过。

2.故事发展:教师用"故事棒"点出一位同学,变成故事中的人物"菲菲",开始表演。窗外,大雨哗啦啦地下,菲菲只好待在家里。她想把七巧板拼成一个正方形,她不停地试啊试。教师用"故事棒"点出另一位同学,变成故事中的人物"姐姐",开始表演。姐姐走过菲菲身边,她动了动拼板,一下子就拼对了。"啊,你不够聪明啊!"她说完就走开了。菲菲趴在桌上啜泣。

此时,矛盾冲突被推至一个高潮,立即定格画面。接下来老师引导学生进行思路追踪,引出扮演者角色的观点和立场,从而使参加者更了解角色的心理动机。

提问1:菲菲,你刚才一开始拼七巧板的时候是不是特别想把它拼出来?

提问2:所以你拼得认真吗?

提问3:姐姐过来拼好后,你觉得心情好还是不好,为什么?

提问4:姐姐,你为什么要去拼菲菲的七巧板?

提问5:姐姐,你是想帮她吗?

提问6:为什么菲菲没有对你说谢谢,反而哭了呢?

教师用"故事棒"让两位同学交换身份,进行角色互换,重新演绎故事。完成演出后,老师与同学进行思路追踪,学生通过投入到别人的角色世界中,从角色的形态和内心世界中反观自我。师生共同探讨参与者从两种角度经历事件后各自的感受。

3.时光闪回:课前录制某生练习拍球(或其他事件)的视频,并现场表演,结合生活经验和故事场景的表演,理解面对困难时不放弃的坚持精神。

(三)主体活动二:菲菲在学校

教师继续朗读绘本:……我们成功了! 你们很努力……你们试了一次又一次,相互帮助——终于破解了难题! 你们的小脑瓜肯定更灵了!

1.提线木偶:将学生分成两人一组,一人当牵线者,另一人当木偶。"牵线者"牵引"木偶"依次做出三个动作。

- 菲菲垂头丧气走在上学路上;
- 菲菲在努力地思考老师布置的拼图题;
- 菲菲成功破解了难题。

学生从这三个动作中体会菲菲的心情变化过程。

2.仪式:观察绘本中所有人破解难题的大跨页图片。师生共创仪式——"我们成功了"。让所有同学变身绘本角色通过庆祝来标注破解难题的重要时刻。教师引导学生从三个方面进行仪式创作。

- 语言:耶,我们成功了、太棒了、我能行、你真厉害、谢谢你的帮助……
- 肢体动作:高举双手、拥抱、击掌、碰拳、单手握拳跳跃……
- 道具:尝试使用教师提供的吹龙、拍手板、礼花枪等道具烘托成功的氛围。

(四)放松活动

邀请学生一起唱跳舞蹈《我真的很不错》。在积极的氛围中结束课程,并将这种正能量延续到课堂之外。

(五)延伸活动

鼓励学生在课后进行艺术创作,把自己和好朋友成功的样子画出来,并互相欣赏及讨论。

点亮自信,收获成长的力量

当孩子遇到挑战时,是逃避放弃还是勇往直前? 当孩子遇到阻碍时,是采取自我保护还是积极尝试的应对模式？当孩子面对他人的批评或否定时，是给自己打上"我很笨"的标签，还是从批评中找到前行的方向？这是固定型思维与成长型思维的区别，也是《菲菲真的不行吗？》这本书想要传递给孩子的信息。

这堂绘本课在培养学生直面挑战、战胜挫折这一品质的基础上，也将成长型思维这种思维模式介绍给学生。课堂采用了"1+X+Y"的方式串联活动链。1是一本绘本，展开精读，学习使用魔法句子进行自我激励；X是联结菲菲系列的其他绘本，回顾本书中菲菲从生气到平静、从难过到欢喜、从自我怀疑到自我肯定的过程，学习管理、掌控自我情绪；Y是联系学生生活创设情境，让学生在生活中去发现和应用魔法句子。教学过程中，教师通过互动提问、活动体验等策略帮助学生了解绘本故事情节，通过角色扮演、小组讨论让学生深入感受故事中的人物情绪和心理动作。

故事中，当菲菲拼不出七巧板、解不出数学题时，她开始怀疑自己："我不行！"低落的情绪阻碍了她积极思考的脚步，幸运的是莫瑞老师告诉她大脑是可以锻炼的，聪明不是天生的。虽然现在还没做出来，但是"快了！"这两个字的暗示就是，我们面对挑战时能力不足的状态只是暂时的，现状和目标之间，有一条可以努力的道路。也就是说，困难只是暂时的，挫折可以归因为一个暂时的、特定的原因，而不是"我天生就不行"。

莫瑞老师无疑是一个爱孩子、懂孩子的老师，她更是一个具备成长型思维的老师。莫瑞老师和菲菲姐姐的对比也让我不禁深思，在教育教学中，我们究竟扮演的是谁？我们有没有不知不觉甚至满怀热情地扮演了菲菲姐姐的角色？带着绘本中延伸出的这一问题，我们在班级教师中开启了一项行动——重塑教师的语言评价体系。在表扬学生时，关注过程而非结果。我们尽量不使用"真聪明""你真棒"这样笼统的、过于夸大天赋的语言，而是挖掘某件事或者是某个具体的点，有针对性地表扬，让学生清晰地接收到自己哪个方面做得好。比如"你观察得很仔细，躲在树叶后的变色龙都能发现""你背得很流畅，一定练习了很多遍吧！"当学生做得不够好时，不用标签化的语言评价学生，而要肯定学生在过程中付出的努力，寻找学生的闪光点。

一本好的绘本可以让孩子在其中找到自己的影子，给孩子成长的力量；也可以帮助老师更好地理解儿童，审视自己的教学行为。读这样一本好绘本是师生共同的成长契机！

成长的幸福——《比利的书》

中山市特殊教育学校　朱玲会

共研

成长中的感悟与惊喜

——绘本《比利的书》简介

《比利的书》是一本由威廉·乔伊斯绘著,王志庚翻译的绘本。作者从四岁就开始创作写书,这本书向我们讲述了他在创作第一本书时的真实故事。故事描述了一个酷爱幻想和漫画的男孩的成长故事片段,他对漫画的酷爱程度让老师和家人都感觉到头痛与担心。在一次学校举办的图书制作大赛中,比利费尽心思准备的作品却以失败告终,但他故事中的奇思妙想却受到了同学们的欢迎,他又重拾信心继续他的幻想探索之旅,本书以"他人"为主人公的视角展开,奇幻地描述了对自己童年的追忆。

《比利的书》故事的表现形式非常多样,书中有书,图中有图,故事中有故事。所谓大书嵌套小书,也就是大故事嵌套小故事。比利创作的小书,是从鼻牛的视角,利用鼻牛讲述故事的口吻表达了比利数学成绩糟糕,希望拥有"数学"超能力,想要成为"万能"男孩,拯救世界的愿望。

从比利的大书里,可以找到许多比利创作的"源泉"。比利喜欢看漫画书、冒险书、搞笑画报。比利创作的小书中的故事灵感来自他看的书。他热爱画画,想象力一流,数学试卷被画成了漫画画报。"书中书"在横向上表现了比利想象力的丰富,在纵向上加深了我们对比利的认识。大书小书互为补充,完善了比利的人物形象。大书是比利童年的回忆,小书是比利童年的作品。

《比利的书》讲述了作者对童年的追忆,利用书中"书",故事中"故事"的表现形式展示了孩子在童年时期应该拥有的变幻莫测、五光十色的欢乐时光,同时也映射出爱好和兴趣对一个孩子成长的重要性! 无论是老师还是家长应以理解和宽容的态度待之。

共读

品书中书，悟事中事

——《比利的书》教学设计

一、设计理念

本课程根据"爱自己"的单元目标及内容，以绘本《比利的书》为载体，以建构主义学习理论为活动设计依据，引导学生通过沉浸式阅读体验绘本中故事的魅力和感悟自身的成长；通过联结故事场景，帮助学生认识自己、接纳自己；通过自作"比利"创作属于自己的书，引导学生在实际生活中肯定自己，勇于做自己，进而发展自己。

通过阅读绘本，让学生感知《比利的书》的故事内容，欣赏精品绘本中的图画与色彩，激发学生的阅读兴趣。教师利用思维导图梳理故事脉络，与学生共同深度感知故事的魅力。学生在精读绘本时感受故事带来的启发，体验认知自己、接纳自己、发展自己进而肯定自己的积极情感。

二、教学对象分析

教学对象为培智学校 5~6 年级的中重度智力障碍学生。他们能认识常见的图片，能理解简单的故事，能通过简单句表达自己的需求及看法。他们对自己有粗浅的认识，但很难落实在思想与行动统一的层面上。通过"认知自己、感悟成长"这一主题的学习，教师指导学生体会自身个体存在的意义和感悟成长的内涵，进而培养学生勇于做自己、发展自己的优良品质。

三、教学目标

（一）知识与技能目标

1.通过观察图片信息发现故事线索，了解故事发生的时间、地点、人物、事件；*

2.能够借助思维导图或者关键词句，说出故事主要内容；*

3.初步理解主人公是一个怎样的人，如何面对成长中的挫折。＊＊＊

（二）过程与方法目标

1.能够借助思维导图复述比利比赛前后的故事事件；＊＊

2.能够观察、总结故事内容，描述比利在比赛前后的心理感受。＊＊＊

（三）情感态度与价值观目标

1.初步理解接纳自己、肯定自己的含义；＊＊

2.以实际行动践行坚持做自己、发展自己。＊＊＊

四、教学重点、难点

(一)教学重点

分析与感悟《比利的书》中比利的成长故事,并通过阅读理解接纳自己、肯定自己的含义。

(二)教学难点

分析比利在比赛前后的事件与心理变化并联系至自身,学习如何在生活中接纳自己、肯定自己、发展自己。

(三)教学策略

1.综合运用朗读、提问等阅读策略,帮助学生提取书中信息,理解故事内容。

2.利用思维导图提供视觉辅助,帮助学生理解和记忆书中爱的表达方式。

3.通过联结学生的实际生活,帮助学生分析比利在比赛前后的心理状态;帮助学生分析和理解接纳自己、肯定自己的含义。

4.进行异质分组教学,提出适当的学习要求,安排不同的学习任务。

五、教学准备

绘本《比利的书》10本,PPT课件,绘本《比利的书》讲读视频,绘画纸,笔若干。

六、教学过程

(一)阅封面,入故事

1.图片导入:用比利的头像图片导入阅读活动,简单介绍主人公比利。

教师解释:这个男孩非常爱读书,他看过有关鼻子的功能、蝌蚪的成长日记、冒险小子、强尼和他的叔叔等书籍,而且特别喜欢漫画,他从四岁就开始自己写书,并绘制了好多本。我们一起来听听男孩比利的故事。

2.引出书名并齐读。

3.阅读封面:书名、插图、作者、翻译者等。

【设计意图】从教材出发,以绘本主人公的形象引入故事,吸引学生阅读兴趣与明确阅读的主旨。

(二)进绘本,识比利

1.阅读扉页:PPT展示绘本扉页和插图页并阅读其中内容。

教师解释:这些都是主人公比利看书后的一些奇思妙想,例如我们应该学的科目、有趣的运动、改造更豪华的学校、激光下的一切、我的发明创造、神奇机器等。

2.观察插图页:展示插图页并仔细阅读,老师对比利读过的每本书描述的内容进行讲解。

教师解释:比利看过很多书籍,都有哪些呢？比如蝌蚪的成长日志、鼻子的功能、冒险小子、强尼和他的叔叔等。这些书籍都为他的创作提供素材和灵感。

3.故事听听:教师录制共读视频并播放,学生初步感知故事内容,了解主人公的故事。

教师解释:在父母眼中,这个男孩是一个爱鼓捣的孩子,在校长和老师心里他是个让人头疼的孩子,在同学心目中他是个富有超能力的小伙伴。他是一个脑袋里装满幻想的男孩,非常热爱漫画并且喜欢创作书,他参加了学校举办的图书创作大赛,虽然没有获奖但是却得到小伙伴的肯定。

(三)品故事,解人物

1.逐页讲解:教师分页共读绘本,教师在有声朗读的基础上结合插图解释故事内容,阅读时要求学生不仅理解绘本中文字的含义,还要学会阅读插图。

2.重点讲解:将故事分情节、分片段地搭配相应页面的插图品味故事,教师在导读的过程中,挑选重点分析主人公生活的时代背景、赛前的比利、赛后的比利等。将故事内容分为6个片段精细阅读。

● 比利生活的年代(故事概要:比利生活在黑白电视的年代,户外玩耍是当时孩子们的主要活动。)

● 比利的爱好(故事概要:比利喜欢看怪兽电影、动画片,尤其酷爱漫画书。一到星期天,他可以连续看一整天。他想把上学这件事变成漫画书那样有趣,比如数学课和体育课,配合插图详细介绍比利奇思妙想创造的数学试卷和他发明的体育运动。)

● 备赛的比利(故事概要:学校要举行图书创作大赛,比利兴奋极了,并积极备赛。他在图书馆借阅了好多主题的书籍,家人对他读书的认真程度感到很惊讶。)

● 比赛结果(故事概要:大赛获得前三名分别是《超级可爱的猫咪》《木头牙》《和小狗一起拯救世界》,而《比利的书》并没有获得任何奖项,也没有老师的评语和校长的谈话,比利非常非常失望,对任何事情都失去兴趣,他的表现回到了大人们所谓的"常态"。)

● 心目中的参赛书(故事概要:学校里的同学非常喜欢比利创作的书,而且给出很高的评价。)

● 重拾信心的比利(故事概要:学校图书管理员还把他的书收藏在图书馆里,成为了最受欢迎的那本书,比利重拾信心继续他充满奇妙的幻想世界。)

【设计意图】营造阅读的氛围,开展深度阅读,感受比利的童年故事;通过多种教学策略,帮助学生分析理解故事,发展抽象思维能力与言语与表达等能力。

(四)理脉络,做"比利"

1.纵观绘本,梳理故事。

在了解故事的基础上,教师通过思维导图帮助学生梳理故事脉络,使得阅读的程度更深、更有趣。

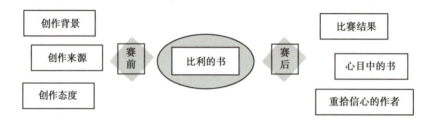

2.借助活动,拓延知识。

以图书分享会的形式开展延伸活动,让学生创作属于自己的书,教师引导学生分享自己的故事。

【设计意图】借助思维导图帮助学生复述比赛前后发生的故事与比利的心理状态,以开展图书会的形式引导学生表达自己看法。

(五)拓阅读,悟主题

课程以亲子共读的形式深化绘本的精髓,通过向家长发出亲子共读邀请函的方式开展亲子阅读活动。教师向家长导出绘本另一面意图,即成人(父母和老师)应对孩子的行为有所包容和鼓励。如比利喜欢看漫画书,甚至在书上乱涂乱画,但是作为比利的父母并没有干涉和反对;比利的"捣蛋"行为并没有受到父母的批评,反而得到了父母的包容和理解;比利的创作书虽然没有获奖,但图书管理员依然把他的书拿到了图书馆收藏等。作为家长不要为孩子设置过多条条框框的规则,要让孩子学会观察生活,了解孩子当下的需求,顺从孩子的内心,给予孩子更好的成长空间。

【设计意图】设置拓展亲子阅读作业,引发家长与学生思考,将课堂内容延伸到家庭和生活。

七、教学反思

本设计从学生已有知识经验出发,通过入绘本、听故事、品绘本等教学过程,强调理解绘本的阅读方式、阅读要点,将多层次的阅读活动有效地渗透故事的主旨与精髓。

学生课堂参与度较高,表现出积极的阅读兴趣。

(一)借助图文优势,激发阅读兴趣

绘本作为教学材料,其趣味性优于其他材料。在活动过程中,教师利用绘本中的关联性图片导入阅读活动,指导学生阅读绘本的封面及扉页,在理解故事内容的同时,掌握绘本阅读的元素,更好地激发学生的阅读兴趣。

(二)以故事为蓝本,丰富感知能力

在绘本阅读过程中,以故事为蓝本带学生走进绘本阅读,要坚持由简入难,循序渐进的原则。教师带领学生观察图画中的形象、色彩、细节等要素,让学生结合故事内容展开想象;注重引导学生对绘本文字的表述学习,在感受故事情节与语言的魅力的同时,将故事所引发的思考升华、迁移到自身与生活中。

(三)巧借思维导图,提升理解能力

绘本为特殊需要学生开辟新的学习领地,可以训练学生阅读、理解、分析等能力。可借助思维导图对故事情节进行梳理,帮助学生深入理解故事内容,进而发展学生的抽象思维、语言理解能力等。

(四)多元化阅读,拓展学生想象

教师采取多元化阅读形式,鼓励学生将绘本故事讲述给父母和同伴,根据故事内容进行改编或者续编并扮演故事角色,让他们从中发展抽象思维能力、想象力和言语表达等能力。

共成长

勇敢做自己

——找寻规范与自由的平衡点

一本蕴含着童年趣事的故事书套着一本天马行空的小书,是绘本《比利的书》的特别之处。故事的表现形式不仅变换多样,而且新颖独特。书中讲述了一个非常富有想象力的小男生,他喜欢看书,喜欢有趣的事,喜欢尝试,喜欢自创……就是这样一个被认为是"最难管"的学生,却是同伴中最受欢迎的小伙伴。不仅我被比利的故事所吸引,我的学生也爱上了比利创作的小书,"绿鼻牛""陨石""超能力""黏液"……都是孩子们想说却被所谓的规范、规则、合理所钳制的词语。我想比利受同伴欢迎的理由大概是:这样一个戴着眼镜,看上去斯斯文文的男孩,他表达出了所有孩子们不敢公开讲述的、更不敢去实践的天马行空的想象。其实每个孩子都有属于自己的成长空间,作

为家长、老师、学校,我们应该怎么做呢?我想阅读《比利的书》后会给大家一些启示:我们每个人都应该寻找他人或自己在成长过程中规范与自由的平衡点。

作为残障孩子,他们怎么来找寻故事中的真谛呢?我们以主题为中心,设计"五共"活动链,让孩子在细细品味绘本中美好的基础上去感悟其中的真谛,而后在生活中去践行。

与孩子们讲读了比利的故事,孩子是被比利创作的小书所吸引,他们被逗得咯咯笑,而我是被比利的家人和图书管理员行为所感动。在共创和共演活动后,均同学说:"比利不认真学习数学课程是不对的,他编造的体育游戏非常危险,我不想演他。但是他创作的书我喜欢……"然而,经过了一系列的共读、共绘、共创、共演、共绘等活动深入阅读绘本,似乎我和孩子们都对比利书中的人物有了新的认识。班级学生对电脑的痴迷程度可以让他们听不见铃声、听不见老师的指令,这曾经让我很头疼。自从与孩子们举行了"如何勇敢做自己"的阅读活动,我意外地发现他们已经意识到:在羡慕比利幸运的同时,无论是做事情还是思考问题,我们都要找寻到自由与规则的平衡点,既不要遏制自己的想象,也不能故意去违反规则。此后,我还发现每次上课铃声一响,班级电脑会立即回到主界面,孩子们也会自动散开。如此头疼的事就这样解决了,学生们有了新的进步与成长,这也许就是好书所给予的能量吧!

儿童文学家波罗·福克思说:当你把一本书交到孩子手上时,你便带给孩子无限人生的可能性,你便成为一个启发者。那么就让我带领孩子们走进书香的世界,走进人类文明的殿堂,走进人性深处最柔软的地方吧!

爱家人

　　第二单元主题为爱家人。家人指家庭成员或具备家庭成员间的情感的相关人或事物,强调成员间的关心、宽容,体现了一种博爱的精神。爱家人,是指对家庭成员的深厚情感,具体包括尊老爱幼、相互尊重、互相关爱、相互扶持,以及做家庭的好成员等家庭美德。家庭是个体参与的最小社会单元,在生态系统理论中属于微观系统的范畴,对个体的影响是密切而又深远的。培智学校学生因身心发展迟缓的问题,在生活和学习中,更加依赖家人的照顾,且对家人的付出觉得理所应当,鲜有感恩、关爱的情感和行为,家庭的意识淡薄。培养学生爱家人的美德,能够帮助学生更好地体会家人的爱,有助于他们经历从感性体验到理性认知的过程,和家人建立良好的亲子关系,构建友爱、和谐、发展的家庭关系,为他们走向社会打好坚实的基础。"爱家人"的主要目标为:学生能够认识家庭成员;能够主动参与家庭劳动,分担家庭事务;初步形成感恩家人、关心家人、保护家人的家庭责任感。

充满爱的家园——《花园》

中山市特殊教育学校　陈玉梅

爱在于行动

——绘本《花园》简介

《花园》是启发文化 2022 年 5 月推出的新书,由美国儿童文学作家伊夫·邦廷与中国新锐画家董肖娴共同创作,陈静翻译,北京联合出版公司出版。书中以温暖平和的方式将小朋友为妈妈准备生日礼物——一个小花园的故事娓娓道来。文本以儿童视角,用散文诗展开叙述,语言富有韵律感,朗朗上口,代入感强。全文共 258 个字,平均句长约 16 个字,在符合学生阅读能力水平的基础上,满足了最近发展区的需求。插画以写实风格为主,画面中的事物具体、边界清晰,适合培智学校学生阅读;画面运用大面积的灰色调的同时,巧妙运用暖色调——亮黄色,推进故事情绪情感的发展,一冷一暖的色调共同营造了一种宁静而又温暖的氛围。

小男孩努力为妈妈准备生日礼物——一个美丽小花园的过程是本书的主要内容,也是最打动人的部分。他先是在日历上记录了妈妈的生日,然后用心地列清单、准备工具;接着冒雨去买花,搬花回家;然后专注地种花、放花,最后写上贺卡。整个过程很不容易,但是爱的力量让小朋友不怕辛苦、努力坚持,用心准备,开心地做好了"花园"。和书中主人公一样,培智学校学生也很爱妈妈,但是在实际生活中他们却不太会表达爱,相信通过阅读这本书,他们一定能从主人公及其家人身上学到一些表达爱的方式。比如,为家人准备一个有仪式感的生日会;给予家人温暖的陪伴,一起赏花、一起阅读、一起游戏;尊重并支持家人的决定,互相鼓励、互相关心……

除了小男孩做花园的故事主线,插画中还有很多有趣的细节:一缕缕黄色的光,像冬日暖阳一样温暖着我们;蔬菜居然也有五官,各种各样的表情向我们传达着它们的心情;后一页小男孩急急忙忙地去帮妈妈开门,回到前一页真的能看到妈妈向家走来的身影……这样有趣的细节还有很多,每一个都让我们获得了更多的爱和快乐。

爱是一种会传染的情感,更是一种可传承的技能,当我们手捧《花园》,一起共读的时候,爱渐渐从书中喷涌而出,感染了每一位读者,流淌到每一个家庭中,让无数个小家庭成为一个个美好的花园。

共读

感受爱　表达爱

——《花园》教学设计

一、设计理念

《义务教育道德与法治课程标准（2022 年版）》中提出要培养学生的家庭美德，做家庭的好成员。《培智学校义务教育课程标准（2016 年版）》中提出要引导学生孝顺父母，尊重、关心家庭主要成员。基于以上国家课程标准的要求，结合"爱家人"的单元目标及内容，以绘本《花园》为载体，以体验式学习理论为活动设计依据，引导学生通过沉浸式阅读感受绘本中温暖的"爱的表达"；通过联结生活场景，帮助学生分享自己对"爱的表达"的理解和行动；通过小组讨论，归纳和学习"表达爱"方式；通过创设节日情境，引导学生在实际生活中实践"爱的表达"。

二、教学对象分析

教学对象为培智学校 4~6 年级的中重度智力障碍、孤独症、语言障碍学生。他们能认识常见的图片，能理解简单的故事，能通过简单句表达自己的需求及看法。在平时的生活中有依赖心理，不懂得心疼父母，很少主动向家人表达爱，还未掌握表达爱的方法。"感受爱，表达爱"这一主题的学习，可帮助学生体会到家人对自己的关爱，明白自己不仅需要被爱，也需要表达爱；帮助学生学习一些具体的方法，提升爱的表达力，增进和家人之间的情感交流。

三、教学目标

（一）知识与技能目标

1.认识《花园》及同伴分享中的 3 种及以上的爱的表达方式；（贺卡、做花园、做美食、语言和动作、做家务等）*

2.初步理解为什么要表达爱；（因为我爱家人，家人也爱我，爱可以让我们的家庭变得更美好）＊＊

3.能用句式"谁用什么方式表达爱"来概括和描述绘本中家人表达爱的方式。＊＊＊

（二）过程与方法目标

1.能通过小组式分享和互动学习轮流表达的技巧；*

2.能够运用观察、推测等策略对绘本内容进行推论；＊＊

3.能够借助流程图复述主人公制作花园的过程;＊＊＊

4.能够借助沟通句条表达自己的"爱的表达计划"。＊

(三)情感态度与价值观目标

1.在阅读《花园》及联结自己生活经验的过程中体验爱与被爱的感受;＊

2.初步建立"大胆表达爱"的意识;＊＊

3.在实际行动中践行"爱的表达"。＊＊＊

四、教学重点、难点

(一)教学重点

分析、学习《花园》及主题绘本阅读中爱的表达方式,并通过阅读解决问题——为什么表达爱?

(二)教学难点

分析弟弟做花园过程中的难点,理解、分析这种表达爱的方式好在哪儿。

(三)教学策略

1.综合运用朗读、提问、预测等阅读策略,帮助学生提取书中信息,理解故事内容。

2.利用思维导图提供视觉辅助,帮助学生理解和记忆书中的爱的表达方式。

3.用学生生活场景搭支架,通过联结学生的实际生活,帮助学生分析为什么要表达爱;用情境体验来帮助学生分析和理解爱的表达方式。

4.进行异质分组教学,将能力不同的学生分为一组,提出适当的学习要求,安排不同的学习任务。

5.提供个别化支持、个性化的学习材料,利用图片、步骤图帮助个别口语不佳的孩子参与课堂沟通活动。

五、教学准备

1~2课时。绘本《花园》10本、PPT课件、绘本《花园》讲读视频、母亲节学生表达爱的照片、学生做贺卡的视频。

六、教学过程

(一)联结生活,导入情感主题

1.PPT呈现人教版生活语文五年级下册第8课的内容及学生的贺卡,播放视频

《用贺卡表达爱》。

2.学生代表分享:贺卡送给了谁? 他/她收到贺卡的心情是怎样的?

3.思考:为什么要送贺卡? (我们做贺卡送给家人,是因为我们爱他们,我们在用贺卡表达爱)

引出核心概念:"表达爱就是让家人知道我们爱他们。"

【设计意图】联结教材,并挖掘学生的生活经验,用学生的生活经验搭支架逐步引出主题"感受爱,表达爱"。

(二)沉浸阅读,体验书中情感

1.聆听和体验。

教师引导学生完整读绘本,感受书中情感。

2.思考和表达。

●集体讨论:阅读的过程中你有什么感觉? (开心、感动)找出最打动你的那一页,并说一说为什么?

●出示跨页13,示范表达:我感觉很温暖和感动,一家人在一起庆祝生日,多么开心和幸福呀!

●分组朗读,再次感受温暖的家庭氛围。

3.提取和分析。

●这一天是谁的生日吗? (妈妈)你是怎么知道的? (寻找书中信息回答问题)

提示:跨页14中,花园的右下角有一张卡片。学生朗读卡片上写的是:"亲爱的妈妈,生日快乐,这个花园是送给您的。"因此从卡片上的信息我们可以知道"这一天是妈妈的生日"。

●妈妈的生日是几月几日呢? (5月18日)

提示:跨页6中有一本台历,台历上有个日期被圈出来了,这一天是5月18日,所以我们可以推测妈妈的生日是5月18日。

【设计意图】通过多种形式的阅读,营造沉浸阅读的氛围,并通过阅读感受温暖的家庭氛围;教师利用提问策略,帮助学生分析理解故事背景,锻炼信息提取能力和逻辑分析能力。

(三)深入分析,激活情感表达

1.用思维导图搭支架,分析"做花园"的过程。

教师引导学生阅读前环衬及跨页1~10、跨页14,并提出问题。

●美丽的花园是如何做出来的?

● 利用流程图做简单复述,回顾弟弟做花园的过程。

2.由"做花园的难"衬托"爱之深"。

分组讨论(将学生异质分成两组,强调轮流表达,引导学生用指、说、做动作等方式参与表达)。

● 如果是你来做花园,你觉得最难的是哪一步?（主教负责第二组、协同负责第一组）

要求:首先选出自己觉得最难的步骤,然后从书中找到相应的页面,最后再来说一说"具体难在哪儿"。

● 请学生分享自己的观点,"我觉得_____最难,因为_____。"

● 小结:原来每一步都不容易。这么不容易,弟弟还是开开心心地把花园做好了。为什么他能做到呢?

提示:因为他爱妈妈,所以用做花园的方式来表达爱。还因为他有决心、有勇气、有行动力才能把花园做好。

【设计意图】运用图片搭支架,引导学生通过观察图文信息,回答问题,学习"推测"这一阅读策略。教师借助思维导图帮助学生复述"做花园"的过程。用分组探究的方式鼓励学生感受弟弟做花园的不容易,并表达自己的观点。

3.小组讨论:归纳书中爱的表达方式。

<u>弟弟</u>用<u>做花园</u>表达爱。

<u>爸爸</u>用<u>做美食</u>表达爱。

<u>妈妈</u>用<u>陪伴</u>表达爱。

利用双循环图小结:弟弟一家在互相表达爱:弟弟用做花园表达爱。爸爸用做美食表达爱。妈妈用陪伴表达爱。

【设计意图】用视觉化的思维导图和结构化的句式帮助学生理解和记忆爱的表达

方式。

（四）"双节情境"，践行情感表达

1.联结"母亲节"，发现表达爱的行为。

出示学生在母亲节向妈妈表达爱的图片视频；分别引导学生用句子"谁用什么方式表达爱"来表达。

"妍妍用做家务表达爱。""轩轩用做美食表达爱。""巍巍用音乐表达爱。""婷婷用画画表达爱。"

【设计意图】以学生生活经验搭支架，引导学生发现生活中的爱的表达。

2.以父亲节搭支架，创设表达爱的情境。

出示父亲节日历图，引导学生思考：在父亲节的时候，我们可以用什么方式向爸爸表达爱呢？准备爱心卡，请学生选择自己喜欢的爱的表达方式，然后说一说"我想用_____表达爱"。

【设计意图】创设父亲节情境，鼓励学生自然表达。

（五）思辨与总结，泛化情感表达

1.情境思辨。

天天说："过节的时候，我要向爸爸妈妈表达爱。等节日过了，就不用表达了。"你觉得天天说得对吗？除了向家人表达爱，还可以向谁表达爱？

2.总结拓展。

借助板书及绘本思维导图回顾表达爱的方式，并鼓励学生用心去感受家人的爱，用心去向家人表达爱，通过感受爱和表达爱，让自己的小家庭变成一个幸福"花园"。

鼓励家长开展单元主题绘本亲子阅读，在生活中践行"感受爱，表达爱"。

【设计意图】设置拓展阅读作业，引发学生思考，将课堂学习内容延伸到学生家庭生活中。

七、教学反思

教学过程中，教师通过大量的思维导图帮助学生理解故事内容；通过创设情境、任务驱动等策略有效激发了学生表达动机；并用填空、重复等策略帮助学生熟练掌握表达技巧。课堂上学生参与度高，能够说出3~5种向家人表达爱的方式，初步建立了向家人表达爱的意识，体验到了爱与被爱的幸福感。部分同学能够将爱的表达拓展到学校领域，用语言和分享行为向老师和同学表达爱。此外，应以绘本《花园》为载体，开展多学科融合的多元阅读活动，如结合共演绘本剧的活动继续加深对爱家人的理解，强

化爱家人的行为。

 共 演

造一个温暖的家

——《花园》戏剧教学设计

一、设计思路

绘本戏剧教学以绘本为载体开发戏剧游戏。在绘本戏剧教学活动中创设生活情境,构建特殊场景,能帮助学生更深入地思考绘本内容,实现启发思维,培养情感态度价值观的教育功能。在绘本《花园》的共读过程中,学生初步了解了故事内容,理解了什么是家人;体验了温馨友爱的家庭氛围;学习了家人之间表达爱的方式;初步建立了爱家人、护家人的意识。为了帮助学生更进一步内化尊重家人、关爱家人、保护家人的意识,形成良好的家庭行为,以绘本《花园》为来源,设计有目的性、趣味性、层次性的戏剧游戏活动,培养学生的家庭美德,做家庭的好成员。

二、教学对象分析

教学对象为培智学校 4~6 年级的中重度智力障碍、孤独症、语言障碍学生。他们能认识常见的图片,能理解简单的故事,能通过简单句表达自己的需求及看法。通过"感受爱,表达爱"这一主题的学习,学生理解了什么是家人;能通过对比分辨家庭氛围;掌握了一些简单的表达爱的方式。但家庭美德方面还存在停留在口头表达或是单一行为上,如会经常说"我爱妈妈"。但在行动上却什么都依赖妈妈,没有主动性。因此我们期望通过绘本戏剧教学帮助学生在体验中深入思考怎样才是家庭的好成员,如何从一日生活的方方面面去内化家庭美德,通过入戏体验不断地练习和巩固良好的家庭行为;从思想到行动上去尊重家人、关爱家人、保护家人。

三、教学目标

1.能根据绘本内容,尝试用肢体动作、表情想象、创编、表演"花园"的样子,感受主人公做花园的不容易;*

2.能根据故事线索,尝试用肢体动作和声音表演场景中的配角,如:蝴蝶、瓢虫、仓鼠等小动物,感受花园的美好;＊＊

3.能根据故事线索,尝试用肢体动作和语言创造性地想象、创编、表达"小男孩做

花园""爸爸做美食""妈妈的生日会"等主要故事情节,感受、思考、练习做一个好的家庭成员;＊＊＊

4.能积极且投入地参与戏剧表演活动,通过戏剧创作与表演体验温馨的家庭氛围,内化尊重家人、关爱家人、保护家人的家庭美德。＊＊＊

四、教学准备

1~2课时。课件:绘本《花园》PPT;音乐:《菊次郎的夏天》《卡农》《生日快乐》《听我说谢谢你》;道具:花朵、生日蛋糕等。

五、教学过程

(一)暖身活动

以戏剧游戏《美丽的花园》活动,引导学生了解本次戏剧活动主题,并认识"花园"中的花儿及小动物。

游戏规则:随音乐自由活动全身各个部位,就像花儿在风中摇摆。当音乐停止,老师说出需要表演的花儿或小动物名称,并展示照片,学生根据花儿的样子用动作表情表演出来,并定格,直至音乐再次响起,游戏进入第二轮。老师可以随机请学生个别表演或集体表演,如"请 A 同学表演郁金香、请 B 同学表演蝴蝶围绕花儿飞舞"。

(二)主体活动

1.故事导入。

教师引导学生回顾故事内容:妈妈的生日快到了,小男孩想要为妈妈准备一份特别的礼物。他想呀想,终于想到了一个好办法,就是亲手为妈妈制作一个花园。

2.故事发展。

场景 1:买花(PPT 切换到超市场景);戏剧策略——广告时间。请学生扮演花店老板,提供选花建议,用动作、表情表演出花的姿态,并尝试用语言介绍这种花,说明选择理由。

场景 2:坐公交车;戏剧策略——合作演绎。PPT 切换到公交车的场景,请同学们表演依次坐上公交车,请一位同学表演抱着花坐公交车,其他同学想象在公交车上看到小男孩抱着花的情境,说出自己的感受,并用表情表达这种感受。

场景 3:爬楼梯;戏剧策略——时光闪回。准备小楼梯,请学生表演抱着花园上楼梯,体会费力的感觉;回忆自己搬重物爬楼梯的经历,并现场表演,结合生活经验和故事场景的表演,理解小男孩的努力和坚持。

场景4：种花；戏剧策略——补白。根据故事内容模仿种花的动作，利用动作、表情、语言的补白创编，表演出专注、认真以及用心的感觉。

3.故事创作。

场景1：设计戏剧游戏"快乐生日会"，戏剧策略——仪式和故事棒。用故事棒的方式，请学生集体创作生日会的场景。如将故事棒指向一位同学："你现在是爸爸，你会对妈妈说些什么？做些什么？"引导学生表演对妈妈说："亲爱的，生日快乐，这些好吃的都是为你做的，希望你每天都健康快乐！"故事棒指向另外一位，请她演妈妈来回应爸爸的表演。故事棒指向另外一位同学，请他演小男孩为妈妈送上花园，并用拥抱等动作表达对妈妈的爱。同样故事棒指向另外的同学（不局限一个），请她想象收到小男孩礼物的感受，并用表情、动作、语言等元素将这些感受表达出来。

场景2：设计戏剧游戏"花园聚会"，戏剧策略——合作演绎。将学生分成3人一组，每组3位同学分别扮演小男孩、爸爸、妈妈，并讨论他们会在美丽的花园旁做什么游戏，小组创编并表演出来。

4.讨论与反思。

教师引导学生讨论刚才的小组表演，并评价同伴的表演，说一说在表演过程中感受到了什么样的家庭氛围，自己的心情是怎样的。

（三）放松活动

PPT展示班级学生的家庭合照，请学生带着参与戏剧游戏的愉悦心情一起唱跳《听我说谢谢你》，将绘本中的尊重家人、关爱家人、陪伴家人的行为内化到自己的家庭生活中。

（四）延伸活动

1.阅读《花园》《团圆》《我爸爸》《我妈妈》《超级家庭大书》等绘本；

2.回家和爸爸妈妈一起演绎书中的场景，并学习书中爱的表达方式，向家人表达爱。

勇敢表达爱

——造一个美好的家

"家是最小国，国是千万家"，世界上有各种各样的家，每一个家庭都是独一无二的，家是心灵港湾，给个人带来支撑和力量。一句温暖的问候，一顿精心准备的美食，一个温暖的拥抱,一份充满心意的礼物,一次敞开心扉的沟通都可以让家变得更加温馨美好。看似简单的行为却是让家庭变得美好的密码,这个密码就是"爱的表达"。

绘本《花园》课例,围绕主题"爱的表达"设计"五共"活动链,用"1+X+Y"的方式串联课堂活动。教师在课堂中通过大声朗读故事内容、与学生分享阅读、学生小组讨论等策略帮助学生把握绘本主旨;通过大量的图式帮助学生理解了故事中的人物关系及爱的表达方式;通过创设情境、任务驱动等策略有效激发了学生表达动机;用填空、重复等策略帮助学生熟练掌握表达技巧,并借助戏剧游戏帮助学生内化家庭美德。

在课堂中,学生认识了3种以上"爱的表达方式",掌握了预测、推论等阅读方法。但是他们是否真正理解什么是爱的表达,是否真正有将爱家人的情感内化于心呢?教学效果评价不仅要看课堂表现,还要延伸到生活中。我们可以从学生课后生活中的表现来评价学习效果。这节课后,一个孩子跑来办公室送了我一盒牛奶,我知道他每天只有一盒牛奶,给了我他就没得喝了,所以我感谢他后婉拒了,但他没有离开,似乎有话要对我说。于是我停下手里的工作,准备好好听他说,他又酝酿了一会儿,终于略带羞怯地说:"老师,我跟你分享牛奶是不是在向你表达爱啊?"听了他的话,我没忍住红了眼睛,抱了抱他,收下了这个爱的礼物。我知道孩子心中那颗爱的种子已经发芽了。另外一个孩子,能力很好,但在这堂课中却没有太多表达,我以为这个内容对他来说太难了,但很快就发现我想错了。送他回宿舍的时候,他拉着我的手问:"陈老师,读这本书的时候,我想到如果我一个人待在一个地方,是不是就没有人爱我了?如果没有人爱我,我可不可以自己爱自己。"听了他的话,我先是心酸而后是惊喜。心酸的是这个孩子的敏感和忧虑,惊喜的是他深入的思考和正向的情感。我想这样的情感源于孩子的生活经验,源于来自绘本故事的浸润,更有赖于"爱的表达"课堂的学习。相信每一个孩子都能从中获得情感的触动,明白每一个家庭成员都很重要,每一个家庭成员都可以让家庭变得更好。

一堂课的结束是其他课堂的开始。主题阅读还可以延伸到生活中其他领域的学习,比如在生活适应课中,学习去市场买花;生活数学课中学习利用日历记录重要日期;在绘画与手工课中学习"爱的表达"艺术创作;在劳动技能课中,学习"种花"技能;在唱游与律动课中学习表达爱的歌曲;在综合实践课和社团活动中整合应用多学科的知识与技能,最终让学生真正从认识到行动上学会"爱的表达"。

幸福的期待——《团圆》

中山市特殊教育学校　张小辉

共研

幸福的期待

——绘本《团圆》简介

绘本《团圆》一书的作者是作家余丽琼和画家朱成梁。此绘本于2009年荣获第一届"丰子恺儿童图画书首奖",被美国纽约时报评为2011年十大绘本之一,也是《纽约时报》开评此项活动以来首部入选的中国作品。它是一部将民族传统文化、现代生活内涵、儿童心理情感恰当而有机地融为一体,具有人情味、历史感、艺术美的感人作品。

《团圆》文字故事自然朴素,情感表达细腻。要过年了,爸爸回家了,他为家人带来了快乐和温暖,爸爸很能干,会补窗户缝、刷新门漆等。故事中的"我"享受着爸爸特有的关爱,去高高的屋顶看灯笼,在汤圆里包入一枚好运硬币。可是,很快爸爸就要离开了,短暂的团聚之后又是长长的离别,"我"郑重地把好运硬币交到爸爸的手中,期待着下一次的团圆。

绘本用了全景、中景和近景三种视角来呈现故事场景。三张全景画,第一张是爸爸刚到家门口的时候,描绘了家乡的特色,过年的喜庆。第二张是夜晚家乡张灯结彩的样子,展现了独具特色的建筑风格和装扮特色。第三张是小女孩骑在爸爸肩上看到街上舞龙的全景。中景描述的是爸爸回家之后的各种活动安排。近景图中可以看到女孩和父母之间关于红包和好运硬币的对话。绘本把中国特色的建筑、风土人情表现得十分真实,值得我们细细品味与珍藏。

亲情是一切情感的基础,只有爱父母,才会爱老师、爱学校、爱我们生活的这个世界,学生才能真爱永驻,形成质朴健全的人格。特殊孩子是有丰富情感的,但是随着年龄的增长,学生中出现了越来越冷漠现象,没有用真情打动他们是原因之一。一直以来,母亲的爱洋溢在不同形式的书中,然而,我们也不能漠视如山般厚重的父爱,尤其是在特别的日子里,温情而朴实的语言洋溢着幸福的气息,这一种发自内心的最朴实无华的语言却最能打动人。

《团圆》中爸爸对家、孩子深深的爱以及孩子对爸爸的爱,与爱家人主题吻合,非常适合特殊孩子阅读。为此,我们以此绘本为载体,通过共读、共演、共绘活动,抓住教育契机,使学生品味、体验亲情的珍贵,唤醒学生爱的心灵,润泽他们的亲情世界,培养其感恩意识。

<h1 align="center">相亲相爱一家人</h1>

<h2 align="center">——《团圆》教学设计</h2>

一、设计理念

《义务教育道德与法治课程标准(2022 年版)》道德修养部分明确提出要让学生感知父母的辛劳,体会父母的养育之恩,养成孝敬父母,懂得感恩的良好品质。而《培智学校义务教育生活适应课程标准(2016 年版)》中提出让学生懂得体谅父母生活、工作的艰辛以及对家庭的付出。依据皮亚杰认知发展理论,低年级培智学生的认知处于前运算思维阶段,这一阶段的突出表现是思维的具体形象性。这一时期也是学生道德认知、道德情感、道德判断形成的重要阶段。基于以上国家课程标准的要求和培智学生的认知特点,结合"爱家人"的单元目标及内容,教学活动以绘本《团圆》为载体,根据学生的阅读能力和学习特点,引领学生反复阅读,不断品味,启发想象,感悟内化,帮助学生读懂理解家人的爱,从而珍惜家庭幸福生活。

二、教学对象分析

教学对象为培智学校 2~3 年级智力障碍、孤独症、语言障碍学生。他们认识常见的图片,能阅读背景简单的图画,阅读情节简单的图画故事书并了解大意,在老师的指导下能通过简单句表达自己的需求及看法。他们的情感体验长期处于低级阶段,大部分学生以自我为中心,常常依赖父母,感受不到父母对自己的付出,较难向父母表达爱和感恩。"相亲相爱一家人"这一主题的学习,帮助学生体会到家人对自己的关爱,感受亲情的温暖,感知父爱和母爱的伟大,懂得用实际行动感恩父母。

三、教学目标

(一)知识与技能目标

1.认识《团圆》家庭成员之间珍惜团聚及关爱的方式;(买礼物、陪伴,动作、语言及表情等)*

2.初步理解一家人在一起的幸福感;(因为时刻有父母的陪伴和爱)＊＊

3.能用"谁怎样做"的句式来概括和描述绘本中家人表达爱的方式。＊＊＊

(二)过程与方法目标

1.能通过小组式分享和互动学习轮流表达的技巧;＊

2.能够运用观察、推测等阅读策略对绘本内容进行推论;＊＊

3.能够借助流程图复述爸爸的春节假期。＊＊＊

(三)情感态度与价值观目标

1.在阅读《团圆》及联结自己生活经验的过程中体验爱与被爱的感受;＊

2.初步建立"我爱父母"的意识;＊＊

3.在实际行动中践行感恩父母。＊＊＊

四、教学重点、难点

(一)教学重点

分析、学习《团圆》及主题绘本阅读中家庭成员间为家庭做了哪些事,并通过阅读解决问题——为什么要这样做?

(二)教学难点

揣摩妈妈的爱体现在哪里,从而升华爱父母的情感。

(三)教学策略

1.用情境教学法激发学生的共读兴趣。

2.运用朗读、看图、质疑等阅读策略,帮助学生提取书中信息,理解故事内容。

3.利用思维导图提供视觉辅助,帮助学生理解爸爸为家人做的事情。

4.提供个别化支持、个性化的学习材料,利用图片、步骤图帮助个别口语不佳的孩子参与课堂沟通活动。

五、教学准备

1~2课时。绘本《团圆》12本、PPT课件。

六、教学过程

(一)激趣导入,引入课题

1.播放《让爱住我家》歌曲视频,随着感人的画面将学生带入情境中。

2.讨论：看了这个视频，你们想到了谁？

3.在教师的引导下，学生说出家庭成员。

4.引出一家人要相亲相爱的主题。

【设计意图】教师创设情境，并运用谈话法导入课题的学习，能使学生的心灵与绘本故事产生共鸣，获得移情效应。

（二）初读绘本，掌握方法

1.引导学生从以下方面解读绘本关键信息，掌握相关阅读方法。

● 观察封面

探讨：从封面上，你看到了什么？团圆是什么意思？一般在什么时候，家里人会在一起团圆呢？

● 关注扉页的日历：除夕

看到这页日历，我们知道这一家三口是在除夕团聚的。除夕是中国的四大传统节日之一。每到过年的时候大家都在干什么呢？是买新衣服，等爸爸妈妈一起回家过年吗？

师生交流。

● 关注封底

封底图片包含哪些信息？

除了全家福外，还有卷尺、对讲机、安全帽、笔记本，好像瓶子里还有一枚硬币，猜猜这些东西都是谁的？什么人会有这些东西啊？

2.让学生带着问题阅读。

● 边读文字边欣赏图画，看看每一幅图上都画了些什么，图中的人都在干什么？

● 小主人公叫什么名字？家里有几口人？

● 初读故事，你有什么感受？

【设计意图】授人以鱼不如授人以渔，让学生学会阅读绘本关键信息不仅能掌握一定的学习方法，还能启发想象，激发学生学习欲望。

（三）精读绘本，深入品读爱

1.借助思维导图，分析爸爸的春节假期。

教师引导学生阅读绘本中与爸爸有关的文字，并提出问题。

● 爸爸在家一共几天？每一天都做了哪些事情？

● 利用流程图做简单的复述，回顾爸爸对家人的爱。

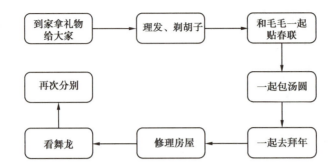

【设计意图】通过绘制思维导图,不仅能促进学生自主学习,便于清晰地理解故事情节及爸爸爱家爱孩子的高大形象,还可以促进学生观察、比较与思考能力的发展。

2.想象阅读,感受母爱。

教师引导学生观察绘本插图,阅读绘本中与妈妈有关的文字。

学生分小组展开想象,讨论思考以下问题。

•爸爸不在家的日子里,妈妈可能为家、为"我"做了哪些事情?

•交流:妈妈是个怎样的人?

请学生说说:我觉得妈妈是个＿＿＿＿＿＿＿＿＿＿。

•妈妈默默一个人为家付出的同时,可能会遇到哪些困难?

小结:大部分时间都是妈妈照顾家、照顾我,是多么不容易,她为什么能为我付出这么多?

提示:因为妈妈爱家,妈妈爱爸爸,也很爱我。

3.走近小主人公,聚焦爱的表达。

教师引导学生透过绘本文字及图画,体会小主人公"毛毛"对爸爸爱的表达。

引导思考:主人公"毛毛"对于爸爸、妈妈给予无私的爱,是怎样做的? 怎样表达的?

学生自由回答,教师加以辅导得出:

毛毛很爱爸爸、妈妈。

毛毛很珍惜爸爸在家的日子。

毛毛舍不得爸爸离开。

毛毛把好运硬币送给爸爸。

4.归纳文中所表达的情感。

出示绘本中最为经典的插图——一家三口依偎在一起,归纳出文中真挚的情感:相亲相爱一家人。

小结:书中毛毛的幸福不是住大房子,不是有鼓鼓的大红包,而是在拥挤的床上,一边听爸爸妈妈说着悄悄话一边迷迷糊糊地睡着。一家人相亲相爱,一屋三餐四季一起走过,幸福就是如此简单:爸爸爱我和妈妈,妈妈爱我和爸爸,我爱爸爸妈妈,这就是相亲相爱的一家人。

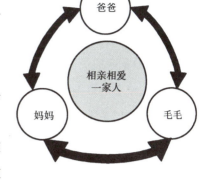

(四)学习迁移,情感升华

1.播放视频《世界上最难的工作》,理解父母之爱。

●师解说视频内容,并提问:你们猜猜这份最难的工作是什么? 如果让你做你愿意吗? 有人愿意做这份最难的工作吗?

●学生活动:猜一猜

若学生猜不出来则继续播放视频,揭示谜底:这份工作妈妈和爸爸都愿意做。

2.分享交流父母对孩子的爱。

引导学生从生活上、学习上分享父母对自己的爱。

学生活动:上台谈一谈父母对自己的付出。

3.表达爱。

●交流:面对父母的爱,我们可以做些什么?

●引导:可以向父母表达感谢:爸爸,妈妈,谢谢你们!

可以帮父母做家务(扫地、洗菜、收拾房间等)。

可以多陪伴父母,与父母聊天。

听父母的话,不做让父母伤心的事。

【设计意图】本环节旨在通过交流、讨论、表达,引导学生懂得用多种方式向父母表达爱。鼓励学生大胆在同伴面前表达自己的观点,提醒学生在说出自己看法的同时注意倾听别人的观点并进行讨论与交流,教师及时进行小结,给学生广阔的思维空间,使孩子在仔细倾听、主动思考、总结概括、语言表达的过程中加深对父母爱的表达。

4.总结延伸。

结合学生实际,课后让学生根据自身特点用不同形式向父母表达爱。

小结:爱父母,并不是为父母做轰轰烈烈的大事,一个祝福、一句问候、一个拥抱,甚至是一个微笑,帮父母扫扫地、捶捶背、洗洗衣服,努力学习都是对父母感恩的报答,感恩不是一时的,需要大家长期用感恩的心对待我们的父母。

七、教学反思

读到这本《团圆》绘本时,我就在思考班上的孩子看了这本绘本后能否更深刻地感受到父母对自己的爱,又能否学会如何爱父母,以及怎样回报父母的爱。带着疑惑,我和孩子们一起共读了此图画书。

从整个活动实施的过程来看,活动目标的达成度较好,学生在看看猜猜说说中知道了故事中家庭成员间分别为家庭做了哪些事,在不断理解故事内容、绘制思维导图的过程中,孩子们逐渐懂得了亲情的可贵、父母的爱。个别孩子能大胆地表达自己内心的想法,这也是整个共读活动的价值所在。当然,本共读设计趣味性还可加强。

共演

爱子情深,反哺意切

——《团圆》戏剧教学设计

一、设计理念

《培智学校义务教育课程标准(2016 年版)》强调全面发展、德育优先的教育理念,要培养学生爱祖国,爱家人等思想感情,逐步形成正确的人生观、世界观和价值观。可见,特殊孩子的性格、社交、情感及认知能力的发展颇为重要。作为人类最美好的情感,亲情是智力障碍孩子情感教育的起点,而绘本《团圆》具有浓厚的亲情教育元素,符合学生身心发展需求。本教学尝试以绘本为载体开展学生的亲情教育,带领他们充分感受亲情与关爱,以期促进特殊孩子爱家人、爱父母的情感。课标还强调自主、引导实践的教学理念。而绘本戏剧教学是一种创造性的、互动的教育方式,是通过游戏、假扮、利用绘本与戏剧的基本元素来打造的一种系统的、体验式的教与学的方式。这种支持性的、以完成任务为目的的学习方式,能够鼓励学生以多个视角来看待事物,使学生在绘本戏剧中融入集体,建立良好的人际关系,引导学生热爱亲人与感恩亲人,奠定他们正确的人格基础,能推己及人,爱人、爱社会,帮助其了解未来生活的角色,并形成积极稳定的乐观情绪与情感,从而推动亲情教育目标的实现。

二、教学对象

本课教学对象为培智第一学段学生。根据学生的认知水平、接受知识的能力及学习特点分为两层。A 层学生的认知和语言理解能力较好,对绘本阅读有一定的兴趣,接受知识能力较强,形象思维活跃,求知欲强,在老师的引导下能完成各项学习任务。学生已初步了解绘本阅读的基本方法,有角色扮演经验,这是学习的有利条件。B 层学生自控能力较差,课堂上难以集中注意力,表达能力还很稚嫩,对学习有畏惧的心理,形象思维为主,对于本课所要学习的内容难以理解,需要在老师的指导下才能初步完成学习。因此,课堂上不能死板地进行教学,要设计灵活多样、新颖的活动,激发起学生的学习欲望。

三、教学目标

(一)知识与技能目标

能结合绘本分析、表达家庭成员的特点。

A层:能用肢体语言或口头语言熟练表达绘本内容中爸爸、妈妈、我的特点。

B层:能通过图片渲染在教师引导下初步知道绘本中家庭成员的形象。

(二)过程与方法目标

根据故事内容,能用肢体动作、表情等想象、创编团圆、离别的故事情节并表达自己的家庭故事。

A层:通过小组合作探究学习,创编出绘本主要故事情节,并能通过绘本戏剧表演,体验、表达自己的家庭故事。

B层:在同伴协助下,能参与角色扮演。

(三)情感态度与价值观目标

能感恩父母,关心家人,有保护家人的家庭责任感。

A层:懂得感恩父母,能主动为家人分担家务。

B层:懂得爱父母、感恩父母。

四、教学准备

1~2课时。课件:绘本《团圆》PPT;音乐:《新年到》《让爱住我家》等。

五、教学过程

(一)暖身活动

1.播放《新年到》儿歌视频。

新年到,新年到,新年到,穿新衣,戴新帽,小朋友们哈哈笑;新年到,新年到,贴对联,放鞭炮,噼里啪啦吓一跳;新年到,新年到,包饺子,蒸年糕,全家团圆乐陶陶。

畅聊:这首儿歌,让你想到了哪些词语?

预设:新年、热闹、喜庆、团圆。

2.热身活动"团圆坐"。

教师讲解,指导示范如下动作。

所有学生紧密围成一个向心圆,半面向右转,队长左脚不动,每人左脚脚尖紧挨前人脚后跟,所有人左脚形成一个封闭的圆。双脚适当靠拢,双手放前一位同学肩上,在统一口令下坐在后一位同学腿上。

(二)主体活动

1.故事导入。

师生一起回忆《团圆》故事及人物。

2.故事发展。

时光闪回,学生分别描述故事中的爸爸、妈妈、我的形象。

关于爸爸:爸爸有很多胡须,他最喜欢用刚长的胡茬扎毛毛的脸;爸爸有最强壮的肩膀,"我"可以骑到他肩膀上看舞龙灯;爸爸记性特别好,每次回家都不会忘记给"我"和妈妈带礼物;爸爸有神奇的魔法,他把好运硬币包进汤圆里,吃到好运硬币的总是我;爸爸非常能干,每次他回来家里就会焕然一新。

关于妈妈:妈妈很漂亮,平时不爱打扮。但是爸爸回来那天,妈妈起个大早打扮自己;妈妈很幸福,穿上爸爸买的大棉袄,脸上洋溢着幸福的笑容;妈妈很温柔,无微不至地照顾"我",无尽地包容"我";妈妈很坚强,她不轻易流泪,就算哭也是偷偷地不让"我们"知道。

关于毛毛:一年回家一次的爸爸对"我"来说有点陌生,一开始"我"总不太敢靠近;剪了头发的爸爸真的回来了,"我"不再害怕;晚上"我"依偎在爸爸妈妈中间,在爸爸妈妈的说话声中睡着了;爸爸又要外出工作了,"我"掏出小心保管的好运硬币交给他,爸爸紧紧地搂着"我"没说话;最后"我"和妈妈一起送别爸爸,"我"一直挥手,直到看不见车尾。

3.故事创作。

场景1:陌生、抗拒

定义空间:准备进入爸爸回家路上的故事情景(将学生分角色演绎故事)。

学生分别扮演爸爸、妈妈、小女孩毛毛。通过角色扮演感受到小女孩对一年只回一次家的爸爸的陌生感。

演绎内容:爸爸拉着个大箱子走在回家的路上,我远远地看着爸爸,躲了起来,不肯走近。爸爸走过来,一把抱起我。"妈妈……"我吓得大哭起来。

场景2:熟悉、团圆

镜子游戏:集体做各种各样春节时会做的动作,一起回忆春节的感觉。

新闻联播:报道春节时的各种习俗。

分组演绎:四人一组,教师在旁边做旁白,动词则要清晰地表达,可以重复。

爸爸组：理发、贴春联

妈妈组：买菜等

毛毛组：跟妈妈买菜、帮助贴春联等

场景3：寻找丢失的好运硬币

广告时间：在整个春节中，爸爸送的好运硬币成了毛毛最大的骄傲。发现硬币丢了的时候，她在院子里四处寻找无果，最后只能坐在地上哇哇大哭，你们有什么办法帮助毛毛找回硬币吗？

会议：学生以毛毛朋友的角色参加寻找好运硬币会议，筹划行动，讨论解决方案。

论坛剧场：小组演绎寻找好运硬币。

场景4：离别、不舍

良心小径：与爸爸短暂团聚后，爸爸又要离开了，假如你是毛毛，你舍得爸爸离开吗？你想对爸爸说什么？

师生演绎：爸爸与妈妈、毛毛分别的片段（收拾东西、送爸爸到村口）。

4.讨论与反思。

教师引导学生讨论刚才的小组表演，并评价同伴的表演，说一说在表演过程中感受到了什么样的家庭氛围，自己的心情是怎样的。

（三）放松活动

1.说一说。

爸爸妈妈为我们做了哪些事？

教师旁述：世上最无私的爱就是父母对孩子的爱，相信你们的爸爸妈妈一定很爱你们，说一说你们的父母为你们做了哪些事？

学生围成故事圈进行交流，分享自己的家庭故事。

2.想一想。

我们可以为父母做点什么？

3.金话筒活动。

爸爸妈妈，我想对您说。

（四）延伸活动

1.学生为父母制作感恩礼物；

2.阅读绘本《爱心树》《奶奶来了》。

感父母之恩，拨亲情之弦

首次采用戏剧教学设计绘本《团圆》一课，由于自身没有戏剧教学的经验，也没有太多的范本可以借鉴，我是忐忑的。幸运的是遇上了这本充满浓浓亲情的好绘本，书中流淌的温暖和简单纯粹的幸福很适合学生阅读和创编，让我对此次教学有了如下的思考。

绘本解读的多元化。《团圆》是一本将民族传统文化、现代生活内涵、儿童情感恰当而有机地融为一体，具有人情味、历史感、艺术美的感人作品。通过阅读《团圆》绘本既能从中感受亲情的温暖，感知父母之爱的伟大，又能了解春节的传统习俗，感受传统佳节的喜庆，体会江南水乡的别样风情。为此，可以从中挖掘多元的教育元素，把它作为爱家人单元进行戏剧教学，侧重点是围绕亲情主题展开；也可以把它作为爱祖国单元进行戏剧教学，围绕中国传统文化展开。

教学策略的多元化。使用绘本资源进行戏剧教学，要讲究科学性，将绘本教学的作用充分发挥出来。教师可采用多元化的教学策略和生动有趣的教学方式，教会学生感受爱、体会爱。本课充分调动了学生学习积极性，采用了多样的教学策略：定义空间、镜子游戏、新闻联播、角色扮演、广告时间、良心小径等，让学生通过亲身的情感体验来加深他们对社会及人物的观察、了解，从而习得相关的社会经验与解决问题的能力。

纵观本次戏剧课，我首先运用谈话法唤起学生对生活中经验的回忆，并通过集体热身活动合作完成"团圆坐"动作，为接下来的小组创编活动奠定默契有序的基础。接着我通过时光闪回方式，让学生回顾故事内容及人物形象，很好地再现温馨的一家人短暂团聚的快乐，能激起情感的共鸣，从中体验亲人之间默契的爱，让学生知道爱不仅仅是索取和获得，还应该理解父母对自己的关爱，懂得付出和感恩。我通过定义空间、镜子游戏、新闻联播、角色扮演等策略，让学生对角色特点及故事情节有了进一步的体验，使得学生在与周围人的沟通交流中，逐步认识理解不同角色的义务、职责，体验不同角色的情感需要，逐步摆脱"自我中心"的意识，进而让他们的感恩之心得到相应的发展。通过前两个环节情感经验的积累，学生已有了想表达的欲望，教师积极引导学生参与讨论、交流，鼓励学生大胆表述，积极表达不同的想法和做法，不仅有利于学生语言表达能力的发展，还升华了感恩心理，将气氛推向高潮，从而让学生学会表达爱意。

　　课后从学生和家长的反馈来看，我们发现孩子们是有丰富情感的，我们要重视亲情教育，把握情感教育的特殊性，通过各种渠道，抓住教育契机，让学生去体验亲情，从而激发他们对父母的关爱之情，并以活动为载体，让孩子在活动中用心灵去回味、体验父母的养育之恩，在不知不觉中拨动亲情之弦，从而受到感染和熏陶。

让家变得更好——《各种各样的家——超级家庭大书》

中山市特殊教育学校　陈玉梅

共研

多样的家　多元的家庭文化

——绘本《各种各样的家——超级家庭大书》简介

每个人都有一个"家",每个人都有独一无二的"家",什么是"家",或许每个人的答案都不同。对于培智学校学生来说,认识家人、理解家庭,能帮助他们成为一个好的家庭成员,进而更好地适应家庭生活,提升家庭幸福感。

《各种各样的家——超级家庭大书》将家庭讲得生动、全面又有趣。这本书的文字作者是英国畅销书作家玛丽·霍夫曼,插画作者是英国插画家罗丝·阿斯奎思,由北京联合出版公司出版。这本书的正文内容从家庭类型、住所、上学方式、假期、宠物、家庭氛围以及家庭成员等方面呈现了世界上多种多样的家庭。每一个跨页介绍了家庭的一个方面,结构规范,内容丰富;环衬页的设计非常巧妙,为书中涉及的家庭各个方面的主要内容都设计了相应的图标,并按照正文内容的顺序逐行呈现,既完整地总结了书中内容,又具有结构化的特点。这种结构化的表达方式非常适合培智学校学生去阅读和学习。更为重要的是故事的文本语言简洁但充满温暖和智慧,结合丰富灵动的水彩画,精彩描绘了家庭的方方面面,向读者传达着尊重多元,以"爱"筑家的家庭理念。

在实际的阅读教学中,教师可以引导学生借助这本书去认识世界上多种多样的家庭,以书为线去和全世界的家庭成员做朋友,同时试着按照书中的结构来认识和分析自己的家庭,认识自己的家人、住所、上学方式、假期、宠物等,并通过家庭树的方式来介绍自己的家庭。在这个过程中,学生会逐渐建立正确的家庭观,包括但不限于"每一个家庭都是独一无二的""家庭中的每一个成员都很重要""家庭情况随时都在改变,每一个家庭成员都有可能让家庭变得不好或是更好""幸福家庭需要全体家庭成员一起努力"。最终学生学会"爱家人",以"爱"为出发点,去学习关爱家人,成为一个更好的家庭成员;学习承担家庭事务,尝试为家庭做贡献。

各种各样的家

——《各种各样的家——超级家庭大书》教学设计

一、设计理念

习近平总书记多次在重要讲话中提及"家庭"的重要性，强调"注重家庭、注重家教、注重家风"。营造优良家风，收获美满家庭，是我们每一个人的愿望。从《花园》《团圆》两本绘本的学习中，学生初步认识了什么是家人，自己都有哪些家人，初步建立了关爱家人的意识。结合"爱家人"的单元目标及内容，本课程以绘本《各种各样的家——超级家庭大书》为载体，分享阅读教学设计，帮助学生在对自身家庭认识的基础上拓展认识世界上各种各样的家庭，并从家庭类型、家庭成员、家庭假期等方面理解家庭的多元性和可塑性，引导学生树立正确的家庭观，承担家庭事务，学习做一个好家人。

二、教学对象分析

教学对象为培智学校7~9年级的中重度智力障碍、孤独症、语言障碍学生。他们能认识常见的图片，有一定的识字量，具备独立阅读的习惯，能理解中等难度的绘本故事，能通过多种途径表达自己的阅读感受。他们认识自己的家人，掌握一些简单的向家人表达爱的方式，初步具有重视家人的意识，但对家庭的内涵认识不全面，不懂得从多方面来看待自己的家庭。对"各种各样的家"这一主题的学习，能帮助学生认识世界上各种各样的家庭，建立多元包容的家庭观，更全面地理解家庭的内涵。

三、教学目标

（一）知识与技能目标

1.认识书中介绍的家庭的各个方面（家庭成员＊、出行工具＊、食物＊；住所＊＊、学校＊＊、宠物＊＊；工作＊＊＊、感觉＊＊＊）；

2.能根据书中介绍家庭的句式结构用简单的一段话来介绍自己的家庭情况；＊＊

3.能够列出自己能参与、承担的家庭事务。＊＊＊

（二）过程与方法目标

1.能通过小组式分享和互动学习轮流表达的技巧；＊

2.能够绘制自己的家庭树；＊＊

3.能够借助思维导图总结概括书中家庭的各个方面。＊＊＊

（三）情感态度与价值观目标

1.在阅读绘本及联结自己生活经验的过程中体验家庭的多样性；＊

2.初步建立"做一个好家人"的意识；＊＊

3.建立"关心家人"的行为,在实际生活中能够主动承担家庭事务。＊＊＊

四、教学重点、难点

（一）教学重点

分析、学习绘本中介绍的家庭的各个方面,并通过绘制思维导图理解家庭的多样性,创作自己的家庭树,并根据图示内容介绍自己的家庭。

（二）教学难点

建立"关心家人"的行为,在实际生活中能够主动承担家庭事务。

（三）教学策略

1.综合运用朗读、提问、预测等策略,帮助学生提取书中信息,理解故事内容。

2.利用思维导图提供视觉辅助,帮助学生理解和记忆家庭的各个方面。

3.用绘本内容做支架,通过联结学生的实际生活,帮助学生全面认识、介绍自己的家庭。

4.进行异质分组教学,提出适当的学习要求,安排不同的学习任务。

5.提供个别化支持、个性化的学习材料,利用图片、步骤图帮助个别口语不佳的孩子参与课堂沟通活动。

五、教学准备

1~2 课时。绘本《各种各样的家——超级家庭大书》10 本、PPT 课件、绘本讲读视频、家庭树背景卡纸 10 份、班级学生全家福、"我是好家人"家庭事务清单 10 份。

六、教学过程

（一）联结生活,导入课题

1.出示班级学生全家福照片,请学生分别简单介绍哪一幅是自己家的全家福,引导学生发现同学家庭成员的异同,引出课题——各种各样的家；

2.引出绘本:世界上还有很多很多家庭,这些家庭是什么样的？引导学生一起从绘本《各种各样的家——超级家庭大书》去寻找答案。

【设计意图】联结生活，用学生自己的全家福引出课题。全家福展示了家庭中最重要的元素——家人，认识家庭应该从认识家人开始，从家庭成员的不同引出世界上的家庭是多种多样的。

（二）沉浸阅读，认识各种各样的家庭

1.阅读游戏：找一找宠物猫。

阅读扉页，认识宠物猫，阅读问题："我在哪儿？你有办法在每一页找到我吗？你能找出我的名字吗？"教师引导学生边阅读，边找出每一页中的宠物猫，说一说宠物猫在每一页中扮演的角色。

学生观察封面和封底，找出封面和封底的宠物猫，说一说它们之间有何联系，又有何变化。

【设计意图】游戏是孩子的天性，作者在书中的每一页中都画了宠物猫，从扉面上的两只宠物猫到封底宠物猫一家的全家福，巧妙地呈现了宠物猫组建家庭，迎来新成员的过程。这既是书中的小彩蛋，能很好地激发学生的阅读兴趣，又引出了家庭，帮助学生更快地进入主题的学习。

2.再读绘本，找问题。

请学生自主阅读，并找出内文中介绍家庭13个主要问题。

"你跟谁住在一起？"——家庭类型

"你的家庭成员有哪些？"——家庭成员

"你住在哪里？"——住址

"你在哪里上学？"——学校

"你的家人做什么工作？"——工作

"你们怎么度过假期？"——假期

"你们经常吃什么食物？"——食物

"你们平常穿什么衣服？"——衣服

"你家里有宠物吗？"——宠物

"你们怎么过节日？"——节日

"你们有什么业余爱好？"——家庭娱乐

"你们怎么出行？"——交通工具

"你们的家庭氛围是怎样的？"——感觉

3.请学生根据书中内容，找出这些问题的答案。

根据学生能力，请学生用指一指、说一说、贴一贴的方式来完成。

教师根据学生的回答用桥状图进行板书展示。

【设计意图】通过设置找问题的活动,引导学生提取书中主要信息,培养概括总结的能力;利用桥状图做板书设计,将家庭的各个方面进行类比分析,帮助学生较全面地掌握家庭的各方面内容,从而从整体上理解家庭的内涵;准备丰富的图片、词卡材料,帮助不同能力的学生通过指认、粘贴、书写的方式完成学习任务。

(三)结合实际,学做好家人

1.我的家庭大书。

借助板书桥状图,学习用书中介绍家庭的方法来介绍自己的家庭。设计分层作业单,A组同学以完成问题清单的方式完成分页式的《我的家庭大书》介绍自己的家庭情况;B组同学以关键词+图片的形式完成《我的家庭大书》;C组同学以图卡册的形式结合语音沟通板来介绍自己的家庭情况。

【设计意图】结合学生的实际生活,创作《我的家庭大书》,帮助学生通过创意物化的途径来深入认识自己的家庭。

2.我是好家人。

阅读正文第14页,出示家庭表情卡(开心、伤心、平静、吵闹),请学生选择喜欢的家庭表情卡。引导学生思考:这样的表情代表着家人是怎样的心情?(开心、愉快、幸福、悲伤)请学生表达观点:怎样才能收获这样的家庭表情?教师小结:家人之间互相关心、互相爱护,每一个家人共同努力才能让家庭越来越幸福。

【设计意图】借助表情卡帮助学生理解"家庭感觉""心情"等抽象的概念,从而激发学生让家庭变得开心、幸福的动机;初步建立关爱家人的意识。

3.制作"我是好家人"胸牌。

请学生思考:我们可以怎样让家庭变得更好?引导学生从"照顾自己——照顾家人"出发去提出自己的观点。

教师为每位同学准备一个胸牌,胸牌内容为"我是好家人,我能做到_____。"引导学生通过写、画、贴的方式,将自己能承担的家庭事务呈现在胸牌上,并每天对照胸牌完成。

【设计意图】制作"我是好家人"胸牌既可以帮助学生梳理自己能够承担的家庭事务,又可以作为一种视觉提示,延伸到学生的生活中,提醒学生将所学应用到实际生活中。

(四)回顾和总结

1.展示分享。

请学生分享自己的作品《我的家庭大书》以及"我是好家人"胸牌,介绍自己的家庭和承担的家庭事务。

【设计意图】学生互相展示分享，可以促进同伴互助学习。

2.总结。

利用板书、学生作品回顾绘本中介绍家庭的内容，重申每一个家庭都是独一无二的，每一个人在家庭中都很重要，家庭幸福需要每一个家人的努力，我们可以从"照顾好自己"到"照顾好家人"来争做"好家人"。

3.拓展。

请学生回家后对照胸牌"我是好家人"的内容来实施爱家行动。

【设计意图】布置实践任务，帮助学生将所学应用于生活，泛化学习，从完成实际的家庭事务中实现"我是好家人"的目标。

七、教学反思

以"认识家庭，学做好家人"为主要目标，教学借助绘本《各种各样的家——超级家庭大书》来展开阅读教学，借助学生喜欢的小配角"宠物猫"设计阅读游戏"找一找"，较好地激发了学生的阅读兴趣；用结构化的思维导图、桥状图来多样化呈现书中内容，帮助学生从整体上理解了家庭的内涵；设计多层次的创意物化活动"我的家庭大书"以及"我是好家人"胸牌的制作帮助不同能力的学生联系自己的生活，梳理了自己可以承担的家庭事务，并较好地建立了关爱家人的意识。本设计内容容量较大，建议根据学生实际用2~3课时来完成教学。

共演

我是好家人

——《各种各样的家——超级家庭大书》戏剧教学设计

一、设计思路

杜威认为最好的教育就是"从生活中学习，从经验中学习"。以绘本为载体，设计戏剧教学活动，就是在为学生提供模拟生活的情景，帮助学生通过模仿、表现、观看来学习，在互动中亲身体验，激发思考，丰富经验。为了让学生更好地习得好家人的行为，深化关爱家人的情感，教学活动以绘本为载体，提取戏剧主题"我是好家人"，通过多样化的戏剧游戏和戏剧策略，引导学生进入情景，通过亲身体验参与学习，成为知行合一的好家人。

二、教学对象分析

教学对象为培智学校 4~6 年级的中重度智力障碍、孤独症、语言障碍学生。他们能认识常见的图片,能模仿简单的动作和语言,喜欢表演活动,能通过简单的表演表达自己的需求和情绪。在绘本《各种各样的家——超级家庭大书》的共读过程中,学生理解了家庭的内涵,知道了做一个好家人需要承担的家庭事务,初步建立了关爱家人的意识。但在生活中他们依赖性较强,"遇事找爸妈",未建立良好的家庭责任感,在提醒下能够承担简单的家务劳动,还未将爱家人落实到每天的行动中,不知道主动地承担家庭事务。

三、教学目标

1.能根据绘本内容,用肢体动作、表情想象、创编、模仿家人的样子;*
2.能根据故事情景,尝试用肢体动作、语言、声音表达家庭感觉;**
3.能根据不同的家庭情况,用身体搭建家庭树;***
4.能积极且投入地参与戏剧表演活动,通过戏剧创作与表演体验温馨的家庭氛围,内化关爱家人,并外化于关爱家人的实际行动中。***

四、教学准备

1~2 课时。课件:绘本《各种各样的家——超级家庭大书》PPT;音乐:《我爱我家》《小猪佩奇片头曲》,分别表现开心、伤心、吵闹、平静的四段音乐;道具:大相框一个。

五、教学过程

(一)暖身活动

设计戏剧游戏"你家有几人",引导学生回顾自己的家人,并通过"家人抱一抱"的活动,调动参与积极性。

游戏规则:所有学生手拉手连成圈,并随音乐转圈圈,集体问老师"老师,老师,你家有几人?"老师随机回答"我家有 * 人。"学生听到老师的回答后迅速按照老师说出的数字找到相应数量的同伴抱在一起。如抱在一起的人数和老师说的人数不匹配,则要求学生模仿小猪佩奇一家的出场一次。

(二)肢体创意塑造:拍全家福

1.肢体创意塑造:模仿书中的全家福。

教师引导学生回顾故事内容:《各种各样的家——超级家庭大书》中介绍了很多不同的家庭,一起欣赏封底的全家福。

请学生用指、说或者表演的方式介绍五幅全家福,请相应数量的同学来分别模仿拍摄全家福的照片。

小结:每一幅全家福的人数都不同,而且有不一样的表情和动作,所以每一幅照片给人的感觉都不一样。

2.教师入戏,提出开照相馆的建议。

协同老师提出开照相馆的建议,为每一位同学拍下最美的照片。

请学生讨论:拍照片时,应该注意什么?

小结:拍照时可以摆出有创意的动作,还可以做出各种各样的表情,然后学会定格,这样拍出来的照片才会清晰好看。

(三)情节创作,开始拍照

第一轮游戏:个体造型+定格

1.游戏规则:请学生根据老师的描述,做出相应的表情动作,完成造型并定格拍照。

第一张:爸爸在洗衣服。

第二张:妈妈系着围裙正在炒菜。

第三张:我在写作业。

第四张:姐姐在看书。

第五张:弟弟在玩积木。

2.欣赏照片。

引导学生看哪些照片更贴合老师的描述,并小结:每一个家人都在忙,大家一起努力让家越来越好。

第二轮游戏:两人镜像+定格

1.游戏规则:学生两人一组,互相商量,一位学生做镜子,另一位学生对着镜子做不同的表情动作,当镜子的学生要做跟同伴一样的动作,音乐响起开始模仿,音乐停顿时,摄影师进行拍照。

2.欣赏并讨论照片。

我们和家人相处就像照镜子,我们对家人微笑,家人也会对我们微笑,家人就是要互相关爱。

第三轮游戏:多人合作造型+定格

1.游戏规则:请学生自由分组,模仿组成不同的家庭,家庭成员手拉手自由散步,听到音乐停止时,在大相框前定格拍全家福。

2.欣赏照片,并请学生介绍自己扮演的家庭成员,用表情卡或语言分享拍全家福的心情。

(四)教师入戏:表演妈妈或爸爸

1.模仿游戏:我要为家人做_____。

游戏规则:请学生思考自己可以为家人做什么? 一起模仿这些家庭事务的动作,如扫地、拖地、洗衣、擦桌子、摘菜、捶背等动作。音乐响起,学生开始表演,老师根据学生的表演拍照。

2.老师入戏:表演妈妈或爸爸。

老师表演爸爸妈妈,拥抱孩子们,告诉他们爸爸妈妈很爱他们,并对他们为家庭的付出表示感谢,称赞他们是个好家人。

(五)放松活动

PPT展示班级学生的家庭合照,请学生带着参与戏剧游戏的愉悦心情一起唱跳《我爱我家》,升华关爱家人的情感。

(六)延伸活动

1.阅读与家庭有关的绘本;

2.和家人一起拍一张全家福;

3.记录自己承担的家庭事务,并和同学分享。

爱家人 爱家庭

中山市特殊教育学校 潘虹

如果说阅读是相伴我们一生的美好活动,那绘本则是打开阅读之门的万能钥匙。当看到同学们的眼睛瞪得像铜铃,耳朵竖得像天线时,大概正是我用夸张的表情、丰富的语调、幽默的动作和他们一起阅读绘本。

每周三下午的社团活动是我们班的固定阅读时间,在教室或者在图书馆我们会带着同学们一起阅读绘本。让我印象最为深刻的一次绘本阅读是《各种各样的家——超级家庭大书》。班级学生的家庭情况比较多样,有些学生有很多兄弟姐妹,有些学生有很多亲戚,有大家庭和小家庭,有单亲、继亲或弱势家庭,形式越来越多元化,家庭中的成员角色也越来越不一样。从住所、假期、学校、宠物，到家人的感觉和家庭树，大家如此不同、多元化。如何帮助同学们去理解家庭的多样性，《各种各样的家——超级家庭大书》就是一个好的载体。

这是一本企图讲明白"家庭"到底是什么的绘本，形式新颖、立意独特，非常适合共读后一起慢慢思考和分享。随着社会和环境在变迁，家庭的形式也在慢慢转变，产生各种各样的情况，有时候让我们措手不及，更不知道怎么去和同学们讲明白这些事情。而《各种各样的家——超级家庭大书》通过水彩画和跨页的形式，带着我们了解从住所、假期、学校、宠物，到家人的感觉和族谱……让同学们在轻松、无负担的阅读中，认识不同的家庭，认识这个多元的社会。此外，画家还在跨页的四周画上一小圈丰富的细节补充，采用的是儿童早期画的基本形态——"蝌蚪人"，十分活泼，涵盖了比如上学的文具、食物品种、旅游的必需品、宠物种类等，吸引小读者仔细阅读，同时也能扩大知识面。更惊喜的是，书中还暗藏了一处幽默好玩的细节，来自一只猫咪的"挑衅"：你能在每页都找到"我"吗？对于喜欢猫的同学，一定不容错过这样的挑战。试试从头到尾去寻找猫咪的踪迹吧，相信这只可爱的猫咪会有更多惊喜的表现！阅读与分享《各种各样的家——超级家庭大书》，学会彼此理解、包容和体谅，也学会思考和理解，比如不同小朋友的穿着为何会不一样，在不同时候彼此为何有不同的感觉，为何大家有相同的或不同的兴趣爱好等。所以，家庭是有大的、小的、快乐的和悲伤的，也有富有的、贫穷的……大部分家庭在不同时候都会经历以上的某些情况。

随着社会在变迁，家的形式也在改变，但唯一不变的是我们成为一家人全都因为"爱"。我们每个家庭都是平等的，家庭中每个成员也是平等的。课程帮助同学们去理解差异，加强家庭观念，在感同身受的同时，学会了彼此理解、包容和体谅，学会正确地面对家庭中的每次境遇，无论是快乐、悲伤、富有还是贫穷！

爱学校

    第三单元主题为"爱学校"。特殊教育学校是特殊儿童接受义务教育的重要场所，为学生的多元化和个性化发展开辟了广阔的空间，在学校里，学生个体与教师、同学密切互动，深入交流，学习各学科知识和技能，锻炼自理能力，提升社交能力。随着学生个体的不断成长，活动范围也在不断扩展，学校环境不断地纳入到学生的微观系统中来。因此，帮助学生构建良好的师生关系和同伴关系也愈发重要。"爱学校"是指对学校环境、对老师、对同学有深厚真挚的情感，具体包括认识学校的场所、认识自己的老师和同学；能够遵守学校纪律，热爱学习；初步养成尊敬师长、友爱同学、互帮互助的道德品质。爱学校的情感可以提高学生对学校的认同感、归属感和自豪感，为进一步走向社会、热爱祖国打下坚实的基础。

和大卫一起上学去——《大卫上学去》

中山市特殊教育学校　冷潇潇

共研

成长在路上

——绘本《大卫上学去》简介

《大卫上学去》是大卫系列绘本中的一部，作者为大卫·香农，由余治莹翻译，河北教育出版社出版。绘本以大卫一天的学校生活为主线，主要讲述了这个天真、淘气的小男孩在学校里发生的故事，很贴近孩子的生活实际，是一本可以帮助他们形成规则、建立秩序的绘本。虽然作者使用漫画的手法，但画面中的场景颇具有真实感，鲜艳的色彩营造出明亮的效果，衬托着精力旺盛、到处闯祸的大卫，也增加了欣赏图画的乐趣，绘本中配以简单精练的文本，非常符合低年级段培智学生的阅读特点和能力水平。在人物刻画上，大卫的造型既像是用几何形体拼接的玩偶，又像是孩子用稚拙的笔触描绘的自画像，滑稽可爱。这样的画法让大卫的表情和肢体动作更加生动，充满个性，也使绘本更具有真实性和亲和力，牢牢吸引住孩子们的眼球。

绘本刻画了每一个孩子从小的成长之路，尤其是"调皮捣蛋"孩子的。故事中的大卫在上学之后，身边有了其他的小朋友，他必须得学会如何与别人相处，并且遵守学校里的规矩。比如，上学不能迟到，上课发言要先举手，就餐要排队，上课不能吃东西，上课要专心听讲，不能在课桌上乱涂乱画等，背后蕴藏的价值取向就是对他人的尊重。对于刚入学的特殊孩子们来说，学校生活比家庭多了很多的规则约束，让他们感到不安、受束缚，他们总会像大卫一样，有时候上课不认真，有时候故意调皮捣蛋。通过阅读这本书，可以帮助他们了解学校的规矩，学会尊重学校里的规矩，学会与身边的同学相处。老师加以正确的引导，相信他们一定会更快地适应并爱上学校生活。

这本书采用孩子的视角来勾勒故事，比如画中的老师只画出下半身，大卫的身体却占满整个画面，作者仿佛是用这样的做法来提醒读者，要从孩子的角度来看待他们的行为；纠正、规范他们的过错时，尝试采取宽容与理解的态度。大卫确实很幸运，成长在一个充满爱的环境里：老师在放学后请大卫清洁自己的课桌，大卫把整个教室都擦洗得亮晶晶的，变得有责任感了；大卫开心地走在回家的路上，有两个小朋友友善地向他打招呼，好像正在等着他。正是因为有了老师、同学的包容和鼓励，才让大卫明白了如何遵守学校生活的规则，如何与小伙伴相处。

童年需要"试误"，需要"不听话"。在经历过"自我意识"和"各种规矩"反反复复的碰撞后，孩子必将知道什么是"好的""可以的"。所以，不要害怕孩子犯错，成长，一直在路上。

探索成长奥秘

——《大卫上学去》教学设计

一、设计理念

《义务教育道德与法治课程标准（2022年版）》提出要以发展学生的核心素养为导向，以成长中的我为原点，不断扩大学生的认识和生活范围，要培养学生良好的道德品质和行为习惯，要求学生具有基本的规则意识。《培智学校义务教育课程标准（2016年版）》提出要培养学生遵守学校的规则，养成基本的学习行为习惯。基于以上国家课程标准的要求，结合"爱学校"的单元目标及内容，教学以绘本《大卫上学去》为载体，通过精读绘本、情境补白，帮助学生理解故事内容；通过思维导图分析，引导学生探索成长奥秘，通过辨别行为和自制绘本《××上学去》，引导学生在实践活动中掌握校园学习生活的规则，为今后进一步适应学校奠定基础。

二、教学对象分析

教学对象为培智学校1~3年级的中重度智力障碍、孤独症、多重障碍学生。他们能听懂简单的指令并做出反应，能理解简单的图画内容，能通过简单句表达自己的需求及看法，可以在不同程度的提示下完成书面操作类任务。对于刚踏入小学生活不久的他们来说，在生活习惯、学习方法和人际交流等各方面都表现出不适应性。通过"探索成长奥秘"这一主题的学习，旨在帮助学生学会遵守学校规则，形成良好的学习行为习惯，并学会如何与身边的同学相处，提高适应学校生活的能力。

三、教学目标

（一）知识与技能目标

1.能够用身体动作或手势表达出3~5项学校规则；*

2.能够能基本理解绘本内容,理解并掌握 5 项校园规则;＊＊

3.能够欣赏并理解绘本内容,能根据画面人物和故事情节进行描述,能够表达出 5 项以上校园规则。＊＊＊

(二)过程与方法目标

1.能够关注绘本内容,通过指认方式找到画面的关键信息并回应老师的提问;＊

2.能够运用观察、推测等策略对绘本内容进行推论,辨析行为好坏;＊＊

3.能够借助思维导图复述大卫上学的故事,制作个人上学手册。＊＊＊

(三)情感态度与价值观目标

1.能够享受阅读的乐趣,遵守课堂常规,阶段性保持 1~2 分钟注意时长;＊

2.能够积极参与课堂学习,初步建立遵守课堂和学校规则的意识;＊＊

3.能在校园生活中养成遵守规则的好习惯。＊＊＊

四、教学重点、难点

(一)教学重点

理解并掌握校园规则的 5 项要求,提高对好坏行为的判断能力。

(二)教学难点

初步形成规律意识和规则意识,提升学生适应学校生活的能力。

(三)教学策略

1.在教学中,通过提问、预测等阅读策略,提高学生想象力、注意力和表达能力。

2.利用思维导图帮助学生理解故事内容、分析故事脉络,提高阅读能力。

3.用学生生活场景搭支架,通过饱和练习法帮助学生理解并掌握校园规则。

4.进行分组教学,提出适当的学习要求,提供个性化的学习材料,安排不同的学习任务。

五、教学准备

1~2 课时。绘本《大卫上学去》12 本、PPT 课件、作业单、自制手工书材料包。

六、教学过程

(一)旧知导入,激发兴趣

教师用 PPT 呈现已经学习过的绘本《大卫不可以》,提问:他是谁？他是怎样的一个孩子? 启发学生积极思考,教师总结并引导:长大后的大卫在学校又会遇到怎样有趣的事情呢? 今天就跟着绘本一起来探秘大卫的成长故事吧!

【设计意图】*联结学生已有的学习经验,激发学生的阅读兴趣,顺势导出主题"探索成长奥秘",开启阅读《大卫上学去》的绘本之旅。*

(二)出示绘本,引导观察

1.阅读封面。

教师引导学生观察绘本封面的图画、作者、译者、出版社等信息,进行思考与表达。

2.阅读环衬页和扉页。

教师引导学生了解环衬页、扉页上的信息,再次熟悉书的名字。

【设计意图】*对于低年级学生来说,培养良好的阅读习惯是非常重要的。让学生学会看绘本要从封面看起,培养学生的观察能力、想象能力,激发学生的阅读兴趣;认识环衬页、扉页,了解其作用,再次激发学生探索绘本内容的兴趣。*

(三)精读故事,深入理解

1.阅读跨页 1。

教师描述图画中大卫上学迟到的场景,引导学生观察大卫的表情(总结提炼:害羞、羞愧),猜一猜老师会对大卫说什么?

2.阅读跨页 2~12。

教师引导学生阅读大卫在班级学习生活中捣乱的场景,观察并模仿各个情景中大卫和其他同学的表情、动作、行为对比,并通过提问引导学生观察和思考,对发生的事情进行描述和指认,判断大卫行为的对错,并朗读出老师说的话。

场景包括大卫朝同学们做鬼脸、大卫上课吃口香糖、大卫直接站起来回答问题、大卫用涂满颜料的手捉弄同学、大卫上课开小差、大卫打饭时候插队、大卫与同学打架、大卫上课后还在操场玩球、大卫在阅读课上吵闹、大卫上课时想上厕所、大卫用笔在桌面上画画。

3.阅读跨页 13~14。

教师引导学生观察大卫改正错误后得到奖励的场景,提出以下问题:

(1)大卫把桌子擦干净了吗? 他除了擦自己的桌子,还做了什么事情? (引导学生在书中找寻细节回答问题)

(2)老师给大卫奖励了什么? 老师对大卫说了什么? 大卫的心情怎么样? (引导学生观察人物的动作和表情,回答问题)

4.阅读跨页15。

教师引导学生观察大卫放学回家路上的细节:大卫在向谁招手呢? 两位同学在等着大卫做什么? 学生展开想象,回答问题。(两位同学在等着大卫一起回家)

教师总结:调皮又善良的大卫得到了同学们的宽容和友好,勇于改正错误的孩子一定会得到老师和同学的喜欢。

【设计意图】通过观察、模仿、想象等多种形式的阅读途径,营造良好的阅读氛围,牢牢抓住学生的眼球和兴趣,引导不同能力层次的学生用肢体动作和语言表达等不同形式参与到学习中,并将老师说的话朗读出来,加深对绘本内容的理解;通过提问策略,帮助学生分析理解故事内容,锻炼信息提取能力和语言表达能力。

(四)脉络分析,探索奥秘

1.借助思维导图,回顾成长之路。

教师使用思维导图引导学生回顾绘本内容,学生根据思维导图做简单的复述,教师提出以下问题,请学生分组讨论并分享自己的观点:

(1)你们喜欢大卫吗? 他是一个怎样的孩子?

(2)大卫在学校的生活中,都经历了哪些成长?

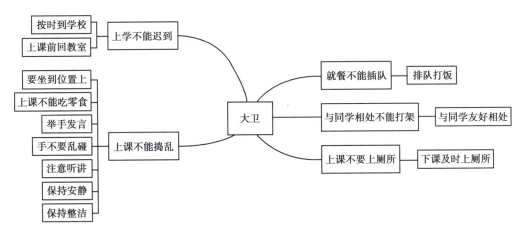

【设计意图】运用思维导图搭支架,引导学生通过观察图文信息,并借助思维导图复述大卫的成长之路。用分组学习的方式鼓励学生探讨并感受人物特征和行为,并在老师的协助下表达自己观点,帮助学生在整体上理解绘本。

2.总结校园规则,照亮成长之路。

教师引导学生对照自身的校园生活,对应该遵守的基本规则进行总结提炼:端正坐好、举手发言、认真听讲、保持安静、友善待人。

学生对五项规则内容进行语言表达练习、动作模仿等。

【设计意图】用学生的现实生活经验和图片唤起他们的同理心,从"不可以做的事"过渡到"我可以做到的事",帮助他们更好地理解校园生活的规则和要点。

(五)巩固练习,助力成长

1.辨别对错,掌握成长秘诀。

教师出示作业单,内容包含校园生活中的常见行为,请学生进行判断。

学生根据行为的对错,给好的行为打"√"或粘贴笑脸。

2.自制绘本,内化良好行为。

教师将制作《××上学去》绘本的资源材料分给学生,按照学生能力层次准备文字、图片,通过书写或者粘贴的方式进行制作。

学生在老师的指导协助下进行。

【设计意图】将学习过的绘本内容转化为与自身生活经验一致的可持续学习利用的文本工具,发挥其人文性,引导学生朝着正向的行为习惯转变,不断提高适应能力。

3.延伸学习,提高运用能力。

鼓励学生之间开展自制绘本"漂流"互动,互相学习。

【设计意图】设置拓展阅读作业,树立学生的榜样作用,促进学生之间良好行为的互相影响,也提高学生的人际交往能力。

七、教学反思

教学过程中教师通过创设情境、启发性提问和思维导图等策略有效激发了学生的阅读兴趣和表达意愿;并用作业单和自制绘本的练习形式,提高了学生的课堂参与度,增强了学习效果。学生也初步建立了基本的校园学习生活规则和人际交往的技巧。在拓展运用方面,可以继续开展戏剧活动等加深对规则的理解和落实,切实提高学生的校园生活适应能力。

共演

寻找成长之路

——《大卫上学去》戏剧教学设计

一、设计思路

在学校环境中,有着更多的规则需要学习和遵守,孩子们必须得学会与别人相处,并且遵守学校的规矩，才能更好地适应校园和班级生活。由于一年级刚入学的特殊孩子们注意力较差、缺乏自控能力、听指令能力差和适应能力不足等，他们在适应学校生活方面存在不小的挑战。本次戏剧活动来源于绘本《大卫上学去》，它以大卫一天的学校生活为主线，讲述了小主人公大卫初上学时的情景，没有任何说教意味，不露丝毫训导痕迹，而是巧妙地将"培养良好的行为习惯，自觉遵守社会规则"这个"核"碾得细细的、碎碎的，然后融入充满"游戏精神"的故事之中，让孩子自己慢慢去咀嚼、回味。因此，本课设计旨在通过戏剧表演的方式引导特殊孩子的情感倾向，让他们学会什么是"可以的""好的"行为和事情，并在戏剧任务中设置有目的性、趣味性的活动目标，在行为习惯树立的过程中，逐步提高他们与人交往的能力。

二、教学对象分析

本班共有 11 名学生，其中 5 名为孤独症，6 名为智力障碍。根据能力现状可将学生分为 A、B、C 三组。A 组学生具有较好的认知理解、模仿能力及语言表达能力，能够分辨出校园中常见行为的对错；B 组学生的认知理解及语言沟通能力一般，能听懂基本指令，会用肢体动作来表达需求；C 组学生 4 人，认知理解及语言沟通能力较差，基本无任何口语表达能力，适应能力较差，需要老师常常提醒常规，需较多协助才能完成任务。

三、教学目标

1.根据故事线索，鼓励学生尝试使用肢体动作和语言创造性地将大卫在学校中的一日活动进行表达；*

2.迁移生活经验，通过师生合作、同伴合作等不同形式，创编出不同场景下大卫和同学们相处的情形，同伴合作完成小组表演；＊＊

3.积极且投入地参与戏剧表演活动，在活动中能随情境的变化而变化表演内容，感受戏剧表演与创作带来的快乐，逐步理解并学会遵守学校的规则，爱上上学，爱上学校。＊＊＊

四、教具准备

《大卫上学去》电子课件、歌曲《拉个圆圈走走》、大卫头饰、相关场景的物品（课桌、小凳子、书籍、画笔、画纸、餐盘、食物模型等）。

五、教学过程

(一)热身游戏

通过《拉个圆圈走走》的音乐游戏活动,引导学生手牵手拉个圆圈,边唱歌边有节奏地转圈,根据歌词做出相应的停止动作,教师将歌词创编为"看谁最先坐好""看谁最先安静""看谁最先举手"等,初步引导学生通过热身游戏来熟悉本主题戏剧活动中的相关场景,做好上课准备的同时为接下来的表演活动做好相应的准备。

游戏规则:跟随音乐的节奏,老师首先进行引导和示范,带孩子们感受音乐节奏并跟随歌词内容做出相应的反应。例如,教师说"拉个圆圈走走,拉个圆圈走走,走走走走走,看谁最先坐好",需要学生在指令结束时做出坐好的动作。

(二)故事导入

教师讲述人物与故事情节:睡觉时间到了,大卫静静地躺在床上,手上紧紧握着老师奖励的五角星,脑海里不停地浮现今天在学校里发生的一幕幕,接下来就让我们一起来看一看大卫去上学的一天都发生了哪些事情。

(三)故事发展

教师让所有学生坐在教室后排,教室中间摆放桌椅用作场景布置,老师根据绘本内容讲述大卫一天上学的经历,并邀请不同的学生根据教师讲述的故事情节内容来到场景中,将对应的场景内容即兴演绎出来,感受人物的心理情绪变化和语言。(注:画线部分为邀请学生进行表演的部分)

1.上学迟到场景。

叮铃铃,上课铃声已经响起来了。大卫轻轻地推开教室的门,老师很生气地说:"大卫! 你迟到了!"大卫害羞地低下头,说:"我知道了,下次会早一点的。"

2.上学捣乱场景。

● 老师请大卫到黑板上做题,大卫全部做正确之后,老师表扬了他,得意的大卫在黑板前朝着同学们表演"鬼脸",老师看到之后让大卫回到座位上坐好。

● 大卫回到座位上之后开始吃起了口香糖,还用手把口香糖从嘴巴里扯出来玩。老师生气地对大卫说:"上课不可以吃口香糖!"大卫赶紧把嘴里的口香糖吐掉,说:"我上课再也不吃东西了。"

● 被批评之后的大卫决定通过积极回答问题来好好表现,一看到会的题目,大卫就站起来说："老师,我知道……"老师很不高兴地提醒大卫："大卫,要先举手!"

• 在美术课上,调皮的大卫把一只手涂成红色,一只手涂成绿色,想把手印到同学的衣服上,老师发现后,大声地说："手不要乱碰!"

• 大卫在课堂上盯着窗外发呆,他把云朵想象成了自己喜欢的恐龙和大鸡腿。老师发现后大声提醒大卫："注意听讲!"

• 午饭时间到了,大卫大摇大摆地走到队伍前面去插队,刚走出几步,被老师发现了,老师提醒大卫："大卫,排队去,不能插队!"大卫又乖乖地回到自己原来的位置。

• 开始吃饭了,不知道是谁把菜扔过来,大卫就生气地扔回去,把食物撒得满地都是,老师看见了很生气："我不管是谁先开始的,你们这样做是不对的,浪费粮食。"

• 大卫最不喜欢阅读课,因为太安静了,大卫坐不住了,拿起铅笔在打架子鼓,唱得正起劲,同桌提醒大卫,"嘘……"

• 调皮的大卫又有事情了,看他的表情,已经快憋不住了。大卫举起手大声叫老师："要尿尿。"老师无奈地说刚去完厕所又要去吗?

• 大卫太喜欢画画了,他把桌子当成画板,在上面画着小狗、星星,还没有画好飞船呢,老师从旁边对大卫说："这样吧,大卫同学! 放学以后你留下!"大卫很惊讶。

3.放学打扫场景。

原来,老师留下大卫是让他擦桌椅,大卫把桌椅都擦干净了,并摆放整齐。老师说："大卫,做完了吗?"老师又检查了一遍,夸奖大卫做得很好,值得表扬,还奖励了一颗小星星给大卫!

(四)故事创作

教师:大卫虽然很调皮,但是他却勇于改正自己的缺点和不足,他依然是同学和老师们喜欢的那个可爱的大卫。就这样,一幕幕梦境陪伴着大卫入眠。直到起床的闹钟响起,大卫迅速地从床上坐起来,伸伸懒腰,底气十足地说："从今天起,我要做一个不一样的大卫!"现在开始,所有的同学们都是大卫,请你们来演出他的上学故事吧!

1.创作大卫形象。

教师:同学们,请你们发挥想象力,想一想,在今天的上学过程中,"不一样的大卫"的表现是什么样子的呢?

个体创作:教师邀请学生依次上台表演出大卫的形象:背上书包,穿戴整齐,举止文明有礼,并进行自我介绍,教师对学生创作出的大卫的形象和神情动作等进行指导。

2.创作上学故事。

采用教师"旁白口述"的戏剧教学策略,进行校园学习生活情景的创作。

场景1:上课前准备活动

教师:课前5分钟,大卫早早地背上书包来到教室,他进入教室之后是怎么做的呢? 让我们一起来迎接这个不一样的大卫同学吧!

教师示范大卫进入教室之后的活动(推门进入教室后,把书包和水杯放到教室中规定的位置,回到自己的座位上做好上课准备)。教师邀请一名学生扮演大卫,其他同学扮演班级的同学,依次轮替进行练习。

场景2:上课中

教师:上课啦! 在课上的大卫又会有哪些不一样的表现呢?

教师布置出上课的场景,请同学们来创作表演出大卫上课时的表现(举手回答问题/认真听讲/安静看书/认真画画)

场景3:午餐时间

教师:午餐时间到啦! 认真学习了一上午的大卫肚子饿得咕咕叫。这时候,他来到了长长的队伍旁边,他会怎么做呢? 打到饭之后大卫又是怎么就餐的呢?

教师布置出在食堂吃午餐的场景,请一名同学扮演大卫,其他同学排队打饭,引导扮演者们按照秩序排队就餐/安静就餐,吃完食物,班级学生分组进行练习。

场景4:放学后

教师:放学啦! 大卫在离开教室前还做了一些事情,请同学们演一演他是怎么做的。

教师请同学们创作表演出大卫离开教室前的表现(擦拭桌椅并摆放整齐、扫地、倒垃圾、关电脑、关灯)

(五)讨论与反思

教师引导学生思考这个"不一样的大卫"身上有了哪些改变的地方? 由人到己,引导同学们对照大卫的改变反思自己在学校的表现,进一步提升学生热爱学校生活的意识。

(六)延伸活动

制作《××上学去》的绘本,请同学们将自己校园生活记录下来。在区角游戏时间,引导同学们表演大卫被老师选为班长后的表现。

共成长

书香润心灵，成长自芬芳

　　学校教育担负着立德树人的使命,对孩子的成长起着至关重要的作用。作为一名培智新生班的班主任,在学生入学时应多注重培养其良好的行为习惯,帮助他们更快地适应校园生活。初读绘本《大卫上学去》,我立刻想起班里那群可爱、淘气、活泼但又缺乏规则意识的孩子们,他们不就是一个个活生生的"大卫"吗? 我要怎样才能教会他们遵守学校生活的规则呢? 要如何引导他们与同学们友好相处并学会尊重他人呢? 这些问题时常困扰着我,直到看到这本绘本,我想,我有办法了!

　　在一节绘本阅读课上,我拿着这本绘本走进了教室。平时就喜爱阅读的孩子们立刻被我手中的绘本吸引了。鲜明的人物形象和丰富的色彩搭配牢牢抓住孩子们的眼球,我顺势组织好课堂纪律,开始带着他们进行文本细读。每一页内容都是孩子们熟悉的生活场景,大卫滑稽可爱的形象更是不时逗得孩子们哈哈大笑。有的同学甚至说道:"×××就是大卫! 下课的时候他总是跑去游乐场,上课了都不回教室!"我惊喜又意外于孩子们对身边同学行为的观察,于是便设置了以下的提问启发他们更深入地思考绘本——如果你是大卫,你在学校会怎么做呢? 如果你是大卫的同桌,你会怎么帮助他? 孩子们积极思考,争先恐后地回应着我的问题:"我在学校会排队的""上课要保持安静,不可以吵到别人的""我会告诉他不要在桌上画画"……听到孩子们的回答,我情不自禁地为他们鼓掌。

　　在班级管理中,我一直致力于培养孩子良好的行为习惯,因为我知道世界上没有绝对的自由,遵守规则和尊重他人才能让他们更好地适应社会,才会促进社会对他们的接纳。我想,这就是《大卫上学去》的教育价值所在。在接下来的共绘和共演等活动中,我带着孩子们制作《××上学去》自制绘本,还开展了"不一样的大卫"戏剧活动,帮助他们进一步养成良好的学校行为习惯,提高社会交往和同伴交往的能力。

　　下课时,我问了孩子们最后一个问题:"你们喜欢大卫吗?"他们认真思考着,许久,有个声音回答我——"喜欢! 大卫很可爱,他把桌位擦得很干净!"虽然绘本中大卫调皮捣蛋的形象成为了孩子们学习的"反面教材",却丝毫不影响孩子们去发现他的可爱与善良。成长只有一次,作为一名老师,遇上班级中这么多像大卫这样的孩子,我更要摆正心态,以发展的眼光看待孩子,善于捕捉教育的契机,发现他们的闪光点,对他们每一次正确的行为进行鼓励,让他们在包容的校园环境中逐步收获成长,我们也才会从他们的成长中收获更多的肯定与欣慰。

一次微不足道却意义非凡的阅读活动,让我和孩子们在热烈又温暖的氛围中品味到绘本的乐趣,也各自从中收获了成长。道阻且长,行则将至。行而不辍,未来可期。愿孩子们在阅读中收获美好,成长自会如约而至!

新同学，老同学，都是好同学
——《我们班的新同学斑杰明·马利》

中山市特殊教育学校　高微微

共研

有爱的班集体
——绘本《我们班的新同学斑杰明·马利》简介

《我们班的新同学斑杰明·马利》由赖马创作、北京联合出版公司出版。绘本从儿童视角出发，塑造了可爱的拟人化动物形象。随着绘本中的同学们面对斑杰明·马利时由好奇、疑惑再到接受、认同的心理与行动变化，读者的同理心也在潜移默化中萌芽。全文以插图为主，构图巧妙、配色协调、故事性强，延续了赖马一贯幽默风趣的创作风格，既符合培智学校学生阅读能力水平，又满足了培智学生心理发展需求。

故事在转校生斑杰明·马利进入新班级被同学集体围观中拉开序幕，与众不同的"斑马线"、不一样的马尾……同学们恨不得拿着"放大镜"在斑杰明·马利身上"找不同"。不过经过了一系列的"集体生活"，同上课、共户外、合歌唱、齐就餐，通过彼此的接触交流后，同学们发现斑杰明·马利除了外观跟大家不太一样，很多地方还是相似的。斑杰明·马利也有很多"小习惯"，挖鼻孔、不爱吃青椒、不睡午觉……原来"斑马"也是普通的"马"，是我们的"同类"。培智学校学生平时不善于表达，但其实他们也有心思细腻、善于观察的一面，相信通过阅读这本书，他们一定能跟随主人公斑杰明·马利体验转学生活，意识到同学之间的共性远远多于差异，学着去理解、去接纳那些与自己不一样的人，欣赏这个有趣多元的世界。

这本书情节生动有趣、形象幽默可爱，还蕴含很多有趣的细节，有成语、俗语猜猜看的益智游戏，有趣味儿歌，还有简单易懂的卫生常识介绍，比如勤洗手、戴口罩、不摸鼻子和嘴巴等，在不同跨页中寻找这些小任务、小细节，是件非常有趣的事情，也是培养孩子敏锐观察力的不错途径。这是一本寓教于乐、内涵丰富，并极具现实指导意义的绘本佳作。

爱是理解与接纳，培智学校学生在探索融入"社会"的同时，也在尝试接纳其他"社会人"，绘本《我们班的新同学斑杰明·马利》为我们提供了"感同身受"的故事情景，孩子们更容易获得共鸣，为他们融入群体生活做足心理上的"软着陆"。

共读

感受理解　学会接纳

——《我们班的新同学斑杰明·马利》教学设计

一、设计理念

《义务教育道德与法治课程标准（2022 年版）》中提出要培养学生熟悉校园环境，融入集体生活。《培智学校义务教育生活适应课程标准（2016 年版）》中提出要引导学生适应校园生活，与同学、老师建立良好关系。基于以上国家课程标准的要求，结合"爱学校"的单元目标及内容，课程以绘本《我们班的新同学斑杰明·马利》为载体，以体验式学习理论为活动设计依据，引导学生通过角色体验式阅读感受绘本中同学们面对斑杰明·马利，由好奇、疑惑再到接受、认同的心理与行动变化；通过联结现实生活，帮助学生认识自己与他人的相同和不同；通过参与活动任务，尝试理解、接纳与自己不一样的人；通过创设情境，引导学生感受学校生活的乐趣。

二、教学对象分析

教学对象为培智学校 4~6 年级的中重度智力障碍、孤独症、语言障碍学生。他们可以认真观察插图内容，也能理解简单的故事情节，还可以通过简单句表达自己的想法。在平时的学习生活中，他们已经了解学校环境，熟悉自己班的老师和同学，但他们还很难与老师和同学建立良好的关系，还不能分清楚自己与他人的异同，很难理解他人的情绪。"感受理解　学会接纳"这一主题的学习，可以帮助学生意识到彼此之间的共性远远多于差异，要学着去理解、接纳那些与自己不一样的人，欣赏这个有趣多元的世界。

三、教学目标

（一）知识与技能目标

1.能区分马与斑马；*

2.能在教师的引导下说出马与斑马的异同；＊＊

3.能用句式"我们一起做什么"来概括和描述绘本中斑杰明·马利与同学们在学校一起做的事情。＊＊＊

（二）过程与方法目标

1.能安静倾听分角色的绘本共读；*

2.能够运用观察、推测等阅读策略对绘本内容进行分析；＊＊

3.能够借助思维导图总结斑杰明·马利与同学们的异同。＊＊＊

（三）情感态度与价值观目标

1.在阅读过程中意识到同学之间的共性远远多于差异；＊＊

2.初步学着去理解、接纳那些与自己不一样的人；＊＊

3.在活动中感受学校生活的乐趣，形成热爱学校的情感。＊＊＊

四、教学重点、难点

（一）教学重点

通过阅读与分析，意识到斑杰明·马利与同学之间的共性远远多于差异。

（二）教学难点

分析斑杰明·马利与同学们的相同特征，理解和接纳与自己不一样的人。

（三）教学策略

1.综合运用朗读、提问、预测等阅读策略，帮助学生提取书中信息，理解故事内容。

2.利用儿歌、猜成语、分角色朗读等方式调动学生阅读绘本的积极性。

3.利用思维导图，帮助学生理解和总结斑杰明·马利与同学们的异同。

4.利用任务驱动，让学生在活动中相互帮助，引导学生理解与自己不一样的人，学会欣赏同学的优点。

5.进行异质分组教学，将能力不同的学生分为一组，提出适当的学习要求，安排不同的学习任务。

6.提供个别化支持、个性化学习材料，利用图片、提示卡帮助个别口语不佳的孩子参与课堂沟通活动。

五、教学准备

1~2课时。绘本《我们班的新同学斑杰明·马利》10本、PPT课件、绘本分角色讲读视频、《小马》儿歌动画视频、配对题卡。

六、教学过程

(一)激趣导入,引出绘本主题

1.播放绘本中的《小马》儿歌动画视频。

2.学生代表分享:儿歌中的小动物是什么？他们在哪里？

3.动画视频播放结束后停留在斑杰明·马利图片的位置。

4.思考:绘本主人公叫什么名字？

引出主题:今天让我们一起来阅读绘本《我们班的新同学斑杰明·马利》。

【设计意图】联结网络资源,在绘本共读之前播放绘本中《小马》儿歌动画视频,集中学生注意力,调动学生积极性。

(二)沉浸阅读,理解故事背景

1.聆听和体验。

教师引导学生聆听《我们班的新同学斑杰明·马利》分角色朗读视频。

2.思考和表达。

• 集体讨论:我们班的新同学是谁？他和其他同学一样吗？

• 出示跨页3,示范表达:他长得和其他同学不一样,又好像一样。

• 引导学生观察插图,并自由交流和表达哪里不一样。

• 分组阅读,深入理解故事内容。

3.提取和分析。

• 斑杰明·马利是什么动物？（斑马）斑马有什么特征？（寻找书中信息回答问题）

引导学生观察跨页4中右上角斑马的图片:斑马是黑色皮肤,黑毛与白毛相间,有立起的鬃毛等。

• 其他同学是什么动物呢？（马）

引导学生观察跨页4中右上角马的图片:耳朵小且直立,尾巴有长毛,身体颜色单一等。

总结:马和斑马都是马科。

【设计意图】通过多种形式的阅读,营造沉浸阅读的氛围;通过重复阅读、提问等策略,帮助学生分析理解故事背景,锻炼信息提取能力和分析能力。

（三）深入分析，激活情感体验

1.巧用思维导图，带领学生感受校园生活。

教师引导学生阅读跨页4~12，并提出问题：

• 斑杰明·马利与同学们在学校都一起做了什么事情？

• 引导学生用句式"我们一起＿＿＿＿＿"来描述和概括每一页插图内容。

• 利用思维导图，总结归纳斑杰明·马利与同学们校园生活的内容。

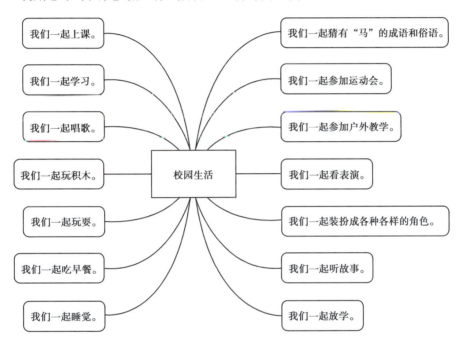

2.角色代入体验，激发学生共情能力。

教师引导学生阅读跨页13~18，并提出问题：

• 斑杰明·马利平时会做什么？

• 引导学生观察每一页插图，并用自己的话来描述观察到的内容。

• 你们和斑杰明·马利一样吗？

• 请学生自由交流，分享自己的感受。

• 你们猜猜斑杰明·马利还会做什么呢？

总结：原来，斑杰明·马利跟我们都一样，只是长的有点不同。

【设计意图】运用图片搭支架，引导学生通过观察图文信息，回答问题，学习"推测"这一阅读策略。用角色代入的方式鼓励学生感受斑杰明·马利跟我们都一样的情感，并鼓励学生表达自己的感受。

（四）链接活动，践行情感表达

1.我们一起猜，欣赏同学优点。

● 出示课件，让学生猜盲盒一样选择绘本跨页 7 中 1～13 任一题目。

● 分组讨论。（将学生异质分成两组，强调轮流表达，引导学生用语言、动作等方式参与表达）

● 引导学生从答题卡中找出与题目匹配的有"马"的成语或俗语。

【设计意图】以绘本中成语、俗语猜猜看的益智游戏为支架，让学生在活动中相互帮助，引导学生理解与自己不一样的人，学会欣赏同学的优点。

2.我们一起唱，感受快乐校园。

播放绘本中《小马》儿歌动画视频，请学生一起唱、一起跳。

【设计意图】创设儿歌唱跳情境，让学生在活动中感受学校生活的乐趣，形成热爱学校的情感。

（五）联结生活，泛化情感表达

1.交流表达。

引导学生说出自己和身边同学有哪些特点？

2.总结拓展。

借助板书及绘本思维导图回顾绘本内容，并鼓励学生学着去理解、接纳那些与自己不一样的人，欣赏这个有趣多元的世界。

鼓励家长开展单元主题绘本亲子阅读，在生活中践行"感受理解　学会接纳"。

【设计意图】设置拓展阅读作业，引发学生思考，将课堂学习内容延伸到学生家庭生活中。

七、教学反思

教学过程中教师借助绘本儿歌、思维导图、分角色共读、任务活动等方式调动学生学习的积极性，帮助学生理解故事内容；通过创设情境、角色体验、联结生活等方式给学生充分交流表达的机会；并用观察、重复、配对等策略帮助学生熟练掌握阅读技巧。课堂上学生参与度高、学习兴趣浓厚，在教师的引导下能够用"我们一起做什么"的句式说出绘本 4～12 页内容，能够通过指、说、动作模仿等方式表达自己观察到的内容，促进了学生积极表达的意识。部分同学能够借助思维导图总结出总结斑杰明·马利与同学们的异同，能够理解斑杰明·马利与同学们的共性更多，逐渐理解和接纳身边不一样的人,感受到学校生活的乐趣。此外,在后续的课程中还会以绘本《我们班的新同学斑杰明·马利》为载体,开展多学科融合的多元阅读活动,结合共演绘本剧继续加深对"理解和接纳"的体验。

我们班的新同学

——《我们班的新同学斑杰明·马利》戏剧教学设计

一、设计思路

在绘本戏剧教学活动中,主要有以下三种形态:学生自发性的戏剧模仿游戏活动;教师引导学生参加戏剧教育活动,即以"戏剧"形式为主的即兴创作、以剧场为主的戏剧表演活动。其中第二种形态的重点不是最终的舞台呈现而是过程,强调学生在戏剧表演的过程中理解角色、理解环境、理解人物之间的关系,从中学会认真倾听同伴的表达,在此基础上接纳同伴的想法。教师引导下的绘本戏剧教育活动的基本原则就是给学生创造一个被接纳、被认可的表演情景,这与绘本《我们班的新同学斑杰明·马利》要表达的核心思想是一致的,因此,教师引导下的绘本戏剧教育活动本身就是在帮助学生更深入地思考绘本内容。为了帮助学生更进一步内化理解与接纳的意识、形成热爱学校的积极情感,我们以绘本《我们班的新同学斑杰明·马利》为基础,设计了以"戏剧"形式为主的即兴表演活动。

二、教学对象分析

教学对象为培智学校4~6年级的中重度智力障碍、孤独症、语言障碍学生。他们可以认真观察插图内容,也能理解简单的故事情节,还可以通过简单句表达自己的想法。通过"感受理解 学会接纳"共读活动的学习,学生初步理解了自己与他人的异同,能尝试理解和接纳同伴的情绪和行为;感受到了学校生活的乐趣。但关于"理解与接纳"的学习还只停留在意识层面,还需要在具体生活中实践。因此,期望通过绘本戏剧教学活动帮助学生在体验中学会倾听和接纳,欣赏这个有趣多元的世界。

三、教学目标

1.能安静认真地倾听同伴的表达;*
2.能尝试扮演出斑杰明·马利和我们一起上课、一起吃饭的肢体动作、表情;* *

3.能根据故事线索,尝试用肢体动作和语言创造性地想象、创编、表达斑杰明·马利的各种行为,感受斑杰明·马利和我们都一样;＊＊

4.能积极投入地参与戏剧表演活动,通过戏剧创作与表演体验温馨的班级氛围,欣赏这个有趣多元的世界。＊＊＊

四、教学准备

1课时。课件:绘本《我们班的新同学斑杰明·马利》PPT、绘本《我们班的新同学斑杰明·马利》分角色讲读视频;音乐:《小马》儿歌、《洗手歌》;道具:斑杰明·马利头饰、优妮寇儿头饰等。

五、教学过程

(一)暖身活动

1.破冰。

以"姓名游戏"活动破冰,教师引导学生认识彼此、认识空间,身心放松。

游戏规则:所有人先围成一圈,圈内有一个人向前走一步说出自己的名字:"大家好,我是_____。"接着大家一起回应:"_____你好!"在大家对彼此有一定的印象后,让大家用一个自然名代表自己,如"大家好,我是大海。"大家回应说:"大海,你好。"在介绍自己的自然名时也做出一个能代表自己自然名的动作,其他人在回应时也做出这个动作。在做完认识彼此的暖身游戏后,大家基本都对彼此的名字、外貌都有一定的认识。

2.引入故事人物。

教师拿着斑杰明·马利教具出场,营造新同学到来场景,请学生说出新同学的名称,集体回忆绘本《我们班的新同学斑杰明·马利》内容。

(二)主体活动

1.故事导入。

教师引导学生听故事:播放绘本《我们班的新同学斑杰明·马利》分角色朗读视频。

2.故事发展。

场景1:集体讨论,请学生自由表达(语言、动作)斑杰明·马利和其他同学有什么不同?

场景2:洗手(PPT切换到洗手场景);戏剧策略:角色扮演。请学生跟随《洗手歌》

音乐,集体无实物表演洗手的画面;感受斑杰明・马利和我们一起上课、一起学习的场景。

场景3:吃饭(PPT切换到吃饭场景);戏剧策略:角色扮演。请学生集体无实物表演吃饭的画面,感受斑杰明・马利和我们一起吃饭的场景,并请学生说出斑杰明・马利和我们一起还做了什么?

场景4:空间漫步;戏剧策略:画面定格。成员在空间自由走动,教师发出"开心""生气""流泪""摸头""害怕""跳绳"等指令,学生根据指令在行走的同时进行表演。通过表演,理解斑杰明・马利做的事情我们也会做,进一步感受斑杰明・马利和我们都一样。

3.故事创作。

场景1:设计戏剧游戏"我们班的新同学";戏剧策略:教师入戏。教师带着新同学的头像出场,创设出我们班来了一个新同学的场景。教师走向一位同学说:"你好,我是优妮寇儿,我喜欢看书。你喜欢做什么?"引导学生说:"你好,我是……我喜欢……"然后指向另外一位同学……最后邀请所有同学一起表演即兴创作的欢迎舞(播放《小马》儿歌)。活动结束后,请学生说一说认识新同学的感受,并用表情、动作、语言等元素将这些感受表达出来。

4.讨论与反思。

教师引导学生讨论刚才的表演,并评价同伴的表演,说一说在表演过程中自己的心情是怎样的?

(三)延伸活动

1.阅读《大卫上学去》《菲菲真的不行吗?》《谢谢您,福柯老师》等绘本;

2.回家和爸爸妈妈一起演绎书中的场景。

我爱我们班

爱是理解与接纳,培智学校学生在探索融入班级生活的同时,也在尝试接纳班级其他同学,绘本《我们班的新同学斑杰明・马利》为我们提供了"感同身受"的故事情景,伴随着师生共唱、共读、共绘、共演、共享一本书的过程,孩子们在没有说教的氛围下欢快松弛地展现自己、接纳别人,学会了接受差异、尊重差别,我想这是绘本可以给予孩子的理想环境,也是教师"言传身教"的良好载体。

爱是一起互动,"可爱的小马年纪小小,开开心心上学校……"伴随着《小马》儿歌动画视频,教师和学生一起唱、一起跳起来,班级里充满了自由与欢乐的气息。当老师带头说"大家好我是_____"时,同学们都争先恐后地说"大家好我是_____。"通过集体活动,同学们都主动接纳彼此,这才是适应班级生活的最佳钥匙。

爱是做喜欢的事,绘本在讲述故事、认识动物中为了激发孩子阅读的兴趣,还蕴含很多有趣的细节,师生每次共读的过程中,学生都能找到"惊喜",他们很享受做一个"小侦探"的感觉。"你看,树的后面就是斑杰明·马利!""你看,这里有喷火龙!""你看,这是慌张先生!"学生每次总会既兴奋又惊喜地发现在其他地方认识的人物和场景,并大声地表达出来,虽然有时候会表达不完整,但是老师能感受到他的认真。

爱是一起做游戏,游戏是孩子的天性,教师以绘本中隐藏着的成语、俗语猜猜看益智游戏为支架设计出各种小游戏,例如,教师出示成语题卡,让学生们在书中找出对应的图片,找出来以后还让学生们自由模仿,同学们在游戏中积极"探索",在表演中解放天性,在游戏中相互帮助,学会欣赏他人的优点。

爱是一起学习,绘本中引入了数字概念、语文句式等学科知识,教师在与学生共读绘本时,引导学生一起数数小动物、数数小房子等过程,渗透数感培养。教师在与学生共读绘本时,还注重引导学生认识句式"我们一起_____",利用思维导图,和学生一起总结归纳斑杰明·马利与同学们校园生活的内容。

爱是一起搞笑,作者把他的儿子当作原型,把其他孩子爱搞笑的特征融入故事主人公的性格,例如斑杰明·马利也会挖鼻孔;斑杰明·马利也缺了两颗门牙;斑杰明·马利也会流鼻涕、打喷嚏;斑杰明·马利大便也很快;斑杰明·马利中午也睡不着等。在共读的过程中,这些搞笑的行为特别能引起学生的共鸣,教师也会跟着学生假装模仿起斑杰明·马利这些搞怪的行为,借此让学生理解和接纳与自己不一样的人。

爱是静待花开,培智学校学生虽然平时不善于表达,但其实他们也有心思细腻、善于观察的一面,相信通过阅读这本书,他们一定能跟随主人公斑杰明·马利,学会幽默与风趣地面对生活,用理解与接纳的心态感受生活,欣赏这个有趣多元的世界。

感谢老师,感恩学校——《谢谢您,福柯老师》

中山市特殊教育学校　杨萍

共研

擦亮星星的人

——绘本《谢谢您,福柯老师》简介

《谢谢您,福柯老师》是广西师范大学出版社魔法象图画书王国推出的作品,是作者派翠西亚·波拉蔻根据个人经历改编的,由周英翻译。绘本讲述了一名患有阅读障碍的小女孩特丽莎在福柯老师的帮助下,克服障碍,学会阅读的故事。

特丽莎生活在一个有阅读传统的家庭中,她的妈妈、哥哥、外公、外婆会经常读书给她听,她最大的心愿就是学会阅读。当特丽莎上学后,发现自己怎么也学不会阅读和算术。她看到书上的字全是歪歪扭扭的线条,当她试着读出声时,别的孩子都会笑她,她觉得自己和别的孩子不一样,是个笨孩子。特丽莎很喜欢画画,在她孤独、难过、自我怀疑的时候,画画和外婆的爱支撑着她,外婆说:每个人都不一样,这就是生命的奇特之处。外婆和外公去世后,特丽莎经历了搬家、转学,情况更加糟糕,在新学校里,同学们经常嘲笑她,她越来越不愿意上学。

幸运的是,在五年级的时候,特丽莎遇见了福柯老师,每次看见特丽莎画画,福柯老师都会说:"太棒了……真是太棒了。你知道自己是个天才吗?"当别的孩子嘲笑特丽莎的时候,他严厉地说:"不要笑!为什么总挑别人的毛病?我们难道就很完美吗?"在福柯老师的引导下,没有人嘲笑或者捉弄特丽莎了,除了一个叫埃里克的小男孩。在一次埃里克嘲笑特丽莎的时候,福柯老师及时制止了他。福柯老师耐心地观察特丽莎,尝试了解她,当体察她的困难并感同身受地说出来的时候,特丽莎哭了。福柯老师的话犹如一束光,让特丽莎看到了走出困境的路,在福柯老师和普莱西老师的帮助下,特丽莎学会了阅读,爱上了学校,并在多年后成为一个作家。三十年后,在一次婚礼上特丽莎与福柯老师重逢了,两句重复的"谢谢您,福柯老师"情真意切。特丽莎由衷地感激福柯老师的专业和情怀,帮助她走出黑暗,见证了生命的奇迹!

绘本《谢谢您,福柯老师》中涉及阅读障碍、校园欺凌、爱和接纳等话题,有深刻的现实意义。对于老师来说,可以启发思考:当我遇到了这样的学生该如何面对?他/她的困难是如何造成的?是生理的还是心理的?如果遇到校园欺凌现象该如何处理?

对于学生来说,他们可以认识到,每个人都不一样,即使有人嘲笑我,我依然是独特的,有自己的优点,可以依靠亲人、老师和自己的努力渡过难关。对于家长来说,可以提醒家长关注孩子成长过程中遇到的各种困难和挫折,学习跟孩子有效沟通,给他们提供支持。培智学校的学生会在生活中遇到各种各样的挫折,在学校中,老师应该发现并培养他们的优点,肯定他们,给他们关爱;当他们开始学习职业技能,准备步入社会,他们可以通过这本书梳理自己的学习生涯,发现身边的老师是如何培养学生、爱护学生的。老师的爱和支持永远陪伴着他们,帮他们克服即将面对的各种困难。

绘本是图文结合的艺术,作者细致地画出了特丽莎对读书的渴望、绘画的专注、阅读的困惑以及躺在外婆怀里的幸福,作者通过不同角度的构图画出了之前老师的迷茫和面对不一样学生的不知所措,与福柯老师站在特丽莎身边形成了强烈的对比。明暗亮度的对比刻画出特丽莎对学校生活的恐惧无助。在最后两个跨页中,出现了她与外婆躺在草地上看星星时一样的背景,体现出特丽莎对外婆的思念以及对"每个人都是不一样的,这就是生命的奇妙之处"的认同。每个人都不一样,每个人都会有家人的陪伴老师的支持,愿我们在学校给孩子播种出爱的种子,愿我们每个人都能成为擦亮星星的人!

共 读

爱学校,爱老师

——《谢谢您,福柯老师》教学设计

一、设计理念

《培智学校义务教育课程标准(2016 年版)》提出要引导学生尊重、信任老师,与老师建立良好关系,友爱同学,与同学平等相处、互相帮助,学会欣赏他人的优点。《义务教育道德与法治课程标准(2022 年版)》中提出要培养学生正确认识自己,能够自我反思,不断完善自我,保持乐观的态度,学会合作,树立团队意识。基于以上国家课程标准的要求,结合"爱学校"的单元目标及内容,课程以绘本《谢谢您,福柯老师》为载体,以体验式学习理论为活动设计依据,引导学生通过沉浸式阅读体验绘本中福柯老师对主人公特丽莎的爱护、理解和支持。通过联结学校生活场景,帮助学生分享自己学校老师是如何为学生们提供支持的。通过提供个别化的支持,利用录音笔、图卡、字卡等学习材料,帮助学生学会更加深刻地理解学校和老师,形成初步的爱学校、爱老师的观念。

二、教学对象分析

教学对象为培智学校培高年级的中重度智力障碍学生。他们能认识简单的汉字，能阅读简短的文本，可以写一些句子。但在阅读和习作中没有条理，归纳和迁移能力比较弱，很难自己通过阅读理解一个故事的关键点梳理出故事的基本情节并与生活相结合。"爱学校，爱老师"这一主题的学习，帮助学生梳理出自己的学校生活，找出学校生活对学生的帮助，树立起"爱学校，爱老师"的观念。

三、教学目标

（一）知识与技能目标

1.能梳理出《谢谢您，福柯老师》绘本中主人公特丽莎从渴望读书到发现障碍遭受欺凌，最后在福柯老师的帮助下学会阅读克服障碍的故事脉络；*

2.结合自己的学校生活，写出（说出）自己的成长过程中遇到的挫折以及老师给予的帮助；**

3.会向老师表达感谢之情。＊＊＊

（二）过程与方法目标

1.能通过小组式分享和互动学习轮流表达的技巧；*

2.能够运用朗读、观察、对比等阅读策略对绘本内容进行分析；**

3.能够借助流程图梳理绘本的故事脉络；＊＊＊

4.能够借助辅助图卡、字条等表达对学校、老师的热爱。＊

（三）情感态度与价值观目标

1.在阅读《谢谢您，福柯老师》的过程中能感受到主人公特丽莎的心情；*

2.初步建立爱学校、爱老师的意识；**

3.在实际生活中向老师表达感谢之情。＊＊＊

四、教学重点、难点

（一）教学重点

分析、学习《谢谢您，福柯老师》及主题绘本阅读中福柯老师对特丽莎的观察、交流以及鼓励，通过阅读，理解为什么要谢谢福柯老师。

（二）教学难点

如何从感谢老师转换到爱老师？

（三）教学策略

1.综合运用提问、朗读、复述等阅读策略,帮助学生提取书中信息,理解故事内容。

2.利用比较教学法和对比图片法,帮助学生理解福柯老师对特丽莎的爱护与支持。

3.用学生生活场景搭支架,通过联结学生的实际生活,帮助学生分析福柯老师是如何帮助特丽莎的,用实际情境来帮助学生理解体验尊重、支持学生的老师是怎样的。

4.根据学生的成长经历,说出对自己影响最大的老师并对他（她）表达感谢之情。

5.提供个别化支持、个性化学习材料,利用录音笔、图卡、字卡、句条等辅助工具,帮助学生表达"爱学校,爱老师"这一主题。

五、教学准备

2课时。绘本《谢谢您,福柯老师》10本、PPT课件、绘本《谢谢您,福柯老师》朗读视频、教师节学生表达爱老师的照片和视频。

六、教学过程

（一）观察封面,导入主题

1.PPT呈现《谢谢您,福柯老师》的封面,请学生观察封面图片,询问:"你在图片上看到了什么?"

2.学生代表分享:小女孩的表情是什么样的？ 老师的表情是什么样的呢？ 猜一猜还有一个没有露脸的读书的小孩和小女孩的表情一样吗？

3.思考:为什么要谢谢福柯老师呢？（留白,不需要学生回答）

吸引孩子"我们一起来读一读绘本吧！"

【设计意图】观察封面,提出问题,引起学生的阅读兴趣。

（二）沉浸阅读,体验书中情感

1.聆听和体验。

老师朗读故事,学生看图画,听故事,体会图画和文本结合带来的创作灵感。

2.思考和表达。

●集体讨论:特丽莎是个什么样的小孩？ 从哪里看出来的？

●出示相应的跨页。

特丽莎的家庭氛围:跨页 1、2、4、5

她喜欢画画:跨页 2、3、10

她不会阅读:跨页 3、6、14

她被同学欺凌:跨页 8、11、12、13

她学会了阅读:跨页 16

3.提取和分析。

● 福柯老师是什么样的老师呢？我们从以下几个方面来找一找答案。

外貌:他个子很高,气质优雅,穿条纹西装和灰色西裤,干净整洁,无可挑剔。

行为举止:他不在乎谁最可爱、谁最聪明,或者谁最怎样。

看特丽莎画画的时候:他站在她的身后,小声说:"太棒了……真是太棒了。你知道自己是个天才吗？"

特丽莎字母和数字写得乱七八糟的时候:他蹲下来,体会特丽莎的感觉,和普尔西老师一起帮助她。

别人嘲笑特丽莎的时候:他严厉地说"不许笑！为什么总挑别人的毛病？我们难道就很完美吗？"严厉地用眼睛瞪嘲笑她的学生。

● 福柯老师用了什么样的方法帮助特丽莎学会了阅读？

放学后,特丽莎都会跟福柯老师和教阅读的普莱西老师学习阅读。他们做了很多她不懂的事情,过了三四个月,特丽莎终于学会了阅读。

4.回到封面,总结绘本内容。

原来封面上老师模样的人是——福柯老师,小女孩是特丽莎,她阅读有困难,看文字和数字的方式和别人不一样。幸亏有了福柯老师的帮助,她学会了阅读,还成为了一名为孩子写书的人,所以她要谢谢福柯老师。

5.分组朗读,再次感受主人公的成长经历和福柯老师对学生的支持和爱护。

【设计意图】通过多种形式的阅读,营造沉浸式阅读的氛围,并通过阅读感受主人公的遭遇以及老师的帮助;通过提问策略,帮助学生分析理解故事背景,锻炼信息提取能力和逻辑分析能力。

(三)深入分析,激活情感表达

1.用思维导图搭支架,分析故事。

引导学生用思维导图分析绘本故事的脉络。

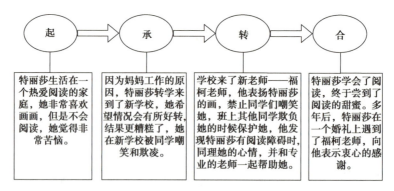

2.分析特丽莎的成长经历。

分组讨论(将学生异质分成两组,强调轮流表达,引导学生用语言、动作等方式参与表达)。

● 特丽莎前后有哪些变化? 为什么会有这些变化?

● 你觉得特丽莎对福柯老师的感情是怎么样的? 特丽莎用什么方式表达对福柯老师的感谢?

老师小结:原来特丽莎因为不会阅读,在学校被嘲笑,福柯老师用自己的爱与专业帮助特丽莎学会了阅读,成为一个为孩子写书的人。还有哪个画面同学们印象最深呢?

提示:关于外婆的画面,外婆和特丽莎一起散步,一起看星星,特丽莎感觉非常温暖。外婆支持特丽莎,对她说:每个人都不一样,这就是生命的奇妙之处。外婆的怀抱非常温暖和安全,对于特丽莎来说,不会读书那件事情,好像也没有那么烦恼了。

【设计意图】运用思维导图搭支架,引导学生梳理故事的脉络,用分组讨论的方式鼓励学生感受特丽莎的成长变化,体验她对福柯老师的感情,寻找印象最深的画面,让学生理解家人的爱也是非常重要的。

(四)结合生活,表达情感

1.出示班级学生 A 从小到大学习阅读的过程,并梳理出老师如何创设阅读环境提升班级学生的阅读能力。

2.按照兴趣爱好分组讨论,说一说老师分别从哪些方面提供了支持,让自己体会到了自信和快乐。

【设计意图】以学生生活经验搭支架,引导学生发现生活中的爱的表达。

3.以教师节搭支架,创设表达爱的情境。

出示教师节日历图,引导学生思考:在教师节的时候,我们可以用什么方式向老师表达感谢呢? 准备爱心卡,请学生选择自己喜欢的感谢的表达方式,然后说一说"我想用_____向_____老师表达感谢"。

【设计意图】创设教师节情境，鼓励学生自然表达。

（五）总结与拓展

借助板书及绘本思维导图回顾老师对学生的爱和影响，学生梳理自己的受教育经历，向喜欢的老师表达感谢之情。

鼓励家长开展单元主题绘本亲子阅读，阅读《丘老师的艺术课》《起飞吧，红飞机》，体会老师对学生影响，培养学生爱老师、爱学校的感情。

【设计意图】设置拓展阅读作业，引发学生思考，将课堂学习内容延伸到学生家庭生活中。

七、教学反思

教学过程中教师通过大量的思维导图帮助学生理解故事内容，通过创设情境、任务驱动等策略有效激发了学生表达动机，并用填空、重复等策略帮助学生熟练掌握表达技巧。课堂上学生参与度高，能体会特丽莎对福柯老师的感谢之情，建立起爱老师、爱学校的感情。部分学生可以用文字梳理自己的教育历程，并向老师表达感谢。此外，应以绘本《谢谢您，福柯老师》为载体，开展绘本剧，加深学生对学校生活的理解。开展亲子共读《丘老师和她的艺术课》《起飞吧！红飞机》系列绘本。

共演

我和我的老师

——《谢谢您，福柯老师》戏剧教学设计

一、设计思路

在绘本戏剧教学活动中创设生活情境，构建特殊场景，可帮助学生更深入地思考绘本内容，实现启发思维，培养情感态度价值观的教育功能。在绘本《谢谢您，福柯老师》的共读过程中，学生初步理解了绘本的内容，理解了家人和老师对特丽莎的支持，体验到老师对特丽莎的影响，形成了简单的爱学校、爱老师的情感。为了帮助学生进一步内化爱学校、爱老师的情感，形成良好的校园互动环境，教学以绘本《谢谢您，福柯老师》为载体，设计有目的、有趣味性、有层次性的戏剧游戏活动，培养学生爱学校、爱老师的情感，做新时代的好学生。

二、教学对象分析

我校高年级的学生为中重度智力障碍、孤独症和语言障碍学生。他们能认识简单的常用汉字,理解简单的故事情节,部分学生可以简单地使用书面语言表达自己的情感,部分学生可以用语言表达对学校、对老师的情感。通过"爱学校、爱老师"这一主题的学习,学生理解了老师对学生的爱和支持,初步掌握了如何向老师表达感谢的技巧,但还没有形成更深的自我认同和理解。希望通过绘本剧教学,帮助学生体验在老师和家人的眼里"每个人都不一样,这就是生命的奇妙之处"的自我认同感,以戏剧中体验到的每个人都有自己的特长的自豪感,树立起学生的自信心,最后向支持自己的学校和亲爱的老师表达感激之情。

三、教学目标

1.能按照绘本内容,根据故事脉络小组合作编写《谢谢您,福柯老师》的剧本;*

2.能根据绘本内容,尝试表演出特丽莎对阅读的渴望,不会阅读的难过,能绘画的自信,受到欺凌的痛苦和无奈以及学会阅读的喜悦;＊＊

3.能积极投入地参与戏剧表演活动,通过戏剧创作与表演体验老师对学生的爱,内化形成爱老师爱学校的情感。＊＊＊

四、教学准备

2~3课时。课件:绘本《谢谢您,福柯老师》PPT、音乐:校歌《校园的清晨》、广播体操音乐等;道具:书本、蜂蜜、画作、星空、黑板等。

五、教学过程

(一)暖身活动

出示绘本《谢谢您,福柯老师》中的人物特丽莎、外公、外婆、福柯老师、埃里克、普莱西老师以及班级其他同学的形象。

游戏规则:随音乐自由活动全身各个部位。老师停止音乐,PPT上出现要表演的人物,同学们按照自己的理解表演出来,然后请同学们说一说,自己是按照人物的哪个特点表演出来的。表演3个人物形象。

(二)主体活动

1.故事导入。

引导学生回顾绘本内容:特丽莎生活在一个热爱阅读的家庭,到了上学的年纪,她却学不会阅读,班上的同学都嘲笑她。福柯老师来了,他发现特丽莎有画画的天赋和不会阅读的痛苦,于是福柯老师和教阅读的普莱西老师一起帮助特丽莎克服的阅读障碍,学会了阅读。

2.创作剧本。

老师出示 PPT,按绘本的故事脉络,分为四个部分,请学生分为四组,通读每个部分,编写各部分的剧本,确定表演名单。

3.分组表演故事。

第一部分

场景1:家族阅读仪式。特丽莎的妈妈、哥哥、外公、外婆围在一起,外公拿勺子取了一些蜂蜜滴到一本书的封面上,让特丽莎尝一尝并问:"味道怎么样?"特丽莎回答:"好甜。"家人齐声说:没错,知识的味道也是这样的,就像蜜蜂在花丛中采蜜一样,我们也在书中获取知识。特丽莎高兴得跳起来:"我很快就要学读书了!我很快就要学读书了!"

场景2:幼儿园。特丽莎认真地画画,她的周围围满了小朋友,大家用羡慕的眼神看着她:"画得真好呀!"老师把她的画贴到教室里做装饰。

一年级了,教室里,小朋友坐在座位上看书,特丽莎眉头紧锁,书上的字在她眼前跳舞,轮到她读书时,她一点也读不出来,她着急地哭了。

场景3:花园里。外婆和特丽莎一起散步。

特丽莎:外婆,我总是学不会阅读,你觉得我是不是和别人有点儿……不太一样?

外婆:当然,每个人都不一样,这就是生命的奇妙之处,你看那些萤火虫,每一只都不一样,每一只都很特别。

特丽莎:外婆,那你觉得我聪明吗?

外婆:亲爱的宝贝,你永远是我最聪明、最机灵、最亲爱的小宝贝。

特丽莎和外婆一起躺在草地上看星星,外婆抱着她说:"看天上的星星,多美丽呀,我们每个人都会去那个美丽的地方,不过现在,我们要开开心心的呢!"

第二部分

场景1:新学校里。三年级的课堂上,老师让特丽莎朗读课文,特丽莎读得磕磕巴巴。下课后,一个小朋友冲着她喊:"嘿,傻瓜!你怎么这么笨?"其他同学在周围笑了起来,特丽莎捂着嘴巴哭起来。

场景2:福柯老师出场。福柯老师穿着条纹的西服出场了,班上同学都看着他,有些同学在窃窃私语,说:"听说福柯老师在学校是非常受欢迎的呢!"

课堂上,特丽莎在画画,福柯老师站在她身后,小声说:"太棒了……真是太棒了,你知道自己是个天才吗?"其他同学都侧过身来看特丽莎画的画,她座位后面的埃里克不以为然地哼了一声。

课堂上,福柯老师让特丽莎朗读课文,她结结巴巴地,同学们大笑起来,福柯老师严厉地说:"不要笑,为什么总挑别人的毛病? 我们难道就很完美吗?"同学们都低下了头,只有埃里克把头扭向一边。

场景3:校园楼道里。埃里克在教室门口等着,特丽莎一出来,他就大叫:"癞蛤蟆!"特丽莎小心翼翼地走过拐角,埃里克又跳出来:"大笨蛋! 加法都不会,你没救了!"特丽莎哭着跑开了,她躲到楼梯间里,埃里克把她拉出来,围着她跳来跳去,边跳边说:"笨蛋,笨蛋,大笨蛋!"特丽莎抱着头蜷成一团。福柯老师从远处跑来,他把埃里克送到办公室,交给另一名老师,然后福柯老师走到特丽莎面前说:"你不用担心了,那个男孩再不敢欺负你了。小家伙,他嘲笑你什么呢?"特丽莎耸耸肩:"我不知道。"

第三部分

场景1:教室里。福柯老师和特丽莎一起擦黑板,他们边擦边聊天,福柯老师说,我们做个游戏吧! 我念数字和字母,你写下来。福柯老师念了很多数字和字母,特丽莎在黑板上写得歪歪扭扭的,她和老师站在一起看着那些字,特丽莎觉得很难过,扔掉粉笔,跑掉了。

福柯老师拉住她,蹲下来对她说:"可怜的孩子,你是不是觉得自己很笨,感到孤单又害怕? 这种感觉一定糟透了。"特丽莎眼泪流了下来。福柯老师拍了拍她的背,继续说:"可是,小家伙,你知道吗? 这只是因为你看字母和数字的方式和别人不一样! 你上学这么长时间,把这么多厉害的老师都骗过去了! 你是多么聪明、机灵和勇敢啊! 我们可以做出改变,小家伙,你很快就能学会阅读了!"

场景2:福柯老师向特丽莎介绍,这是普莱西老师,我们一起学习阅读。

福柯老师和普莱西老师一起让特丽莎在沙子上、黑板上画圆圈,从左到右,再从右到左。

在黑板上写字母让特丽莎读出来。

用积木把字母摆出来。

一个词语一个词语地读出来。

场景3:福柯老师拿一本书让特丽莎读。特丽莎的眼中,字变得整齐,她慢慢地读完了一段话。"我会阅读了! 我会阅读了!"特丽莎兴奋地跳了起来,福柯老师和普莱西老师拥抱在一起。

第四部分

一场婚礼上。特丽莎远远地看到了福柯老师,特丽莎走过去和福柯老师打招呼。

福柯老师很吃惊，没有认出她来。

特丽莎说："我是特丽莎，还记得当时在加利福尼亚的小学里，您称赞我的画，鼓励我，教我学会阅读⋯⋯"

福柯老师拥抱了特丽莎："那你现在做什么工作呢？"

特丽莎："啊，福柯老师，我为孩子们写书⋯⋯谢谢您，福柯老师，谢谢您！"

4.讨论与反思。

教师引导学生讨论刚才的小组表演，并评价同伴的表演，说一说在表演过程中感受到了什么样的校园氛围，自己的心情是怎样的。

（三）放松活动

PPT展示班级学生表演照片，请学生带着参与戏剧游戏的愉悦心情一起唱跳《听我说谢谢你》，让学生再次体会绘本中的老师对学生的爱和支持，学生对老师的感谢。

（四）延伸活动

1.亲子阅读《丘老师的艺术课》《起飞吧！红飞机》等绘本；

2.回家和爸爸妈妈一起讨论书中不同老师和学校的做法，对比现实中自己的学校和老师，进一步升华感情。

让爱成为魔法，让鼓励见证奇迹

每个生命都是独特的，有些人因为这份独特受到世人的欣赏和追随，有些人却因为生命的独特遭到质疑和嘲讽。特殊儿童就是这样，因为他们与众不同，在成长的过程中不断被斥责和质疑。在缺陷补偿的模式下，特殊儿童从小就被期望像普通儿童一样，康复治疗师、老师和父母对照着普通儿童的发育量表，一条一条地教着他们普通儿童自然成长过程中自然而然学会的规则和意识，在日复一日的训练中，他们慢慢失去了自己的童年。貌似"追上"了的孩子，进入普校随班就读，没追上的孩子，进入特殊学校接受教育，在普通学校随班就读的孩子，很有可能就会遇到绘本中特丽莎的处境：被嘲笑、欺凌，最后产生自我怀疑。

阿健是四年级从普通学校回流到特校的孩子，在特殊学校几年的校园生活，那个总是低着头，不说话的男孩变成了一个开朗、大方、阳光上进的男孩。阿危是个高自尊又敏感的孩子，他认真遵守学校的规则，但因为社交方面的"耿直"，经常会跟班上的同学起冲突。老师发现他数学和生活适应方面的优势后，利用每周的家务劳动比赛来激励他,每周他都是第一名。一个学期后,他变得越来越自信,升入高年级后,自信的他慢慢跟同学打成一片,建立了良好的友谊。是什么让他们发生了这么大的改变呢?是教师敏锐的观察和正确的引导,在学生即将毕业之前,引导孩子回顾自己的学校生涯,回顾自己的老师,是非常必要的。《谢谢您!福柯老师》提供了一个非常好的视角,主人公特丽莎经历了自己学校生涯中的至暗时刻,是福柯老师犹如一道光,照进了她黑暗的世界,是普莱西老师的专业指导让她成功地步入了阅读的殿堂。这本绘本篇幅较长,字数也比较多,在上课时,我采用结合文字自己讲读的方式,让班上大部分学生都能明白绘本的内容,然后再按照故事的起承转合来分析特丽莎的学校生活,最后让学生总结,梳理自己的学校生活,并做成纪念册。

阿健描写了自己的陶笛老师,从他第一次拿起陶笛开始,到后来无数次的舞台表演,他说:"我非常舍不得离开学校,因为那里有爱我、鼓励我的老师,心爱的同学,还有大大的舞台!"在共读绘本的环节里,他不止一次地停下来,是特丽莎的遭遇让他感同身受地想起了自己曾经的普校生涯,是福柯老师鼓励爱丽莎的话语让他想起了自己的音乐老师,是特丽莎拿起书本仰望星空的画面让他想起了自己第一次站在舞台上的激动。

阿危写了自己的生活适应老师和数学老师,生活适应老师发现他的动手操作能力比较好,给他大量的机会去动手完成生活中的事情,让他在这些事情中有了"自我",他发现自己做饭和自己洗衣是快乐的。数学老师鼓励他去计算,学会了复杂的数学算式,让他可以跟自己喜爱的数字打交道,最后,他在同伴中有了尊严和自信,也拥有了友谊。他写道:我爱学校,因为有像福柯老师一样的老师带着我们,我爱老师,因为他们帮我成长!

绘本可以是一面镜子,让学生感同身受"原来不是我一个人这样",找到自我认同感。绘本也可以是一扇窗户,让学生看到外面的世界可以这么精彩!这么美丽!原来我也是这精彩和美丽的一分子!让我们一起跟随着绘本在生活中见证爱的魔法、鼓励的奇迹!

爱社区

第四单元主题为"爱社区"。R.E.帕克认为,社区的本质特征是:有一个以地域组织起来的人口;这里的人口或多或少扎根于它所占用的土地上;这里的人口的各个分子生活于相互依存的关系之中。我们每个人都生活在一个相对固定的区域,那里有一定数量的人口,居民具有共同的区域身份、共同的某些看法、相关的利益和比较密切的交往。社区是学生参与社会生活的主要场所,爱社区是指对生活的地区,包括自然环境和社会环境,对共同的传统、文化,对社区中共同生活的人有浓厚而真挚的感情。具体包括能够认识自己的常住社区,能够安全、文明地体验社区活动,初步养成热爱大自然、保护公共环境的意识和行为。具备爱社区的情感和行为,能够帮助学生更好地参与社会生活,有助于学生融入社会、立足社会、热爱社会、服务社会。

亲近大自然　保护环境——《和太阳在一起》

中山市特殊教育学校　马晓雅

共研

到美丽的大自然中去

——绘本《和太阳在一起》简介

　　绘本《和太阳在一起》于 2017 年在日本初版发行,2019 年 10 月经启发文化引进中国,由北京联合出版公司出版发行。作者新宫晋出版这本书的时候已入耄耋之年,是 80 岁高龄的长者站在时光的一端回望自己的青春年少,书中充满了自然和生命的力量。它运用独特的主人公视角,使得孩子与大自然间的亲密互动跃然纸上。早上,太阳升起来了,主人公带上自己的小伙伴,蹬着自行车迎着朝阳出发;约上朋友,穿过花田,在林间野餐、捉迷藏,尽情玩耍;日落时,又在想象中惴惴不安,赶紧用尽力气蹬车回家;回到家中,听到妈妈温柔的声音,紧张的心情才得以释放。书中一日的踏青活动贴近低年段孩子们的日常生活经验,易于和孩子们产生共鸣,激发孩子们的阅读兴趣。

　　在图文关系方面,本绘本在设计上全部运用大跨页,且封底与封面相连,也形成一个大跨页。大跨页的使用让整个画面更加宏大,富有冲击力,能够很好地吸引低年段孩子们的注意力。一个画面一个故事情节,每一幅图都有对应的文字内容,简明扼要地说明了画面中的内容。每个跨页的文字都是以一句话的形式出现在画面的右下角,全文共 177 字,最短的一句 4 个字,最长一句 15 个字,平均句长 8 个字,符合低年段培智孩子的阅读能力水平。故事中避免了对主人公面孔的描绘,叙事采用了第一人称及俯视视角,这样很容易将读者带入故事中,使得读者与角色合二为一,从而喜悦于角色之喜悦,畏惧于角色之畏惧。

　　绘本运用了三段式的故事结构,迎着朝阳愉悦出发,在大自然中与朋友尽情玩耍,傍晚在不安中急忙回到家中。根据故事情节的发展,画面的色调也从让人感觉温暖、快乐、有活力的橙色、黄色、绿色,发展到令人感到恐惧、梦幻、紧张的灰色、紫色、红色,最后回到家中,听到妈妈的声音,画面又变成了以橙黄色为主的暖色。另外,在细节方面,绘本的名字叫《和太阳在一起》,但文中从始至终都未出现太阳,而作者却通过对光与影的描绘,让无处不在的影子,使我们清晰地感受到太阳的存在,同时也感受到风的存在,以及时间的流逝。因此在阅读绘本之余,还可以和孩子们玩一玩找影子的游戏,让孩子们发现更多大自然的乐趣。

童趣与冒险,色彩与乡愁

——《和太阳在一起》教学设计

一、设计理念

绘本《和太阳在一起》画风清新,充满自然之美;语言简明、流畅,色彩丰富饱满,描绘了孩子们与大自然之间的亲密互动。绘本中的场景、活动贴近孩子们的生活经验,也符合培智学校低段孩子的认知、情感特点,能够吸引孩子们的注意力。在《培智学校义务教育课程标准(2016 年版)》中强调培智学校的课程设计要秉承生活性、实践性、开放性的设计理念,逐步培养学生热爱自然,保护环境的意识。同时,结合"爱社区"的单元目标及内容,课程以绘本《和太阳在一起》为载体,以体验式学习理论为活动设计依据,引导学生通过沉浸式阅读体验绘本中主人公与大自然间的"亲密互动";通过联系学生的日常生活经验,帮助学生分享自己与自然间的互动活动,激发学生对大自然的热爱之情,进而萌发对大自然的保护意识。通过学习、讨论,归纳出"保护环境"的方式,引导学生在实际生活中用行动去践行保护环境。

二、教学对象分析

教学对象为培智学校 1~3 年级中重度智力障碍的学生。他们能够认识日常生活中常见的图片,理解简单的故事内容,能通过简单的语句表达自己的想法和意见。在日常生活中也有经常跟着爸爸妈妈一起去公园游玩、野餐的生活经验,但对大自然的认识不够,对自然的喜爱之情也没有上升到意识层面。在生活中也会常有乱丢垃圾、折损花草等不良的行为出现。"亲近自然,保护环境"这一主题的学习,帮助学生激发对大自然的热爱,进而萌发保护自然的意识,践行保护自然的行为。

三、教学目标

(一)知识与技能目标

1.能够认识绘本中不同地点的自然环境;(田间、大树下、树林)*

2.能够用简单词句"在哪干什么"表达故事的主要内容;(花田骑行、树下休息、林间野餐等)＊＊

3.能够初步理解保护大自然的行为方式有哪些。(不乱丢垃圾、爱护小动物、爱护花草)＊＊＊

(二)过程与方法目标

1.能通过小组式分享和互动学习轮流表达的技巧;＊

2.能够运用观察、推测等阅读策略对绘本内容进行推论;＊＊

3.能够借助流程图复述与太阳在一起经历的一天。＊＊＊

(三)情感态度与价值观目标

1.在阅读绘本及联结自己的生活经验的过程中体验与大自然进行互动的乐趣;＊

2.初步建立保护大自然的意识;＊＊

3.在实际行动中践行保护自然。＊＊＊

四、教学重点、难点

(一)教学重点

通过观察,理解绘本中故事内容,激发对大自然的喜爱之情。

(二)教学难点

通过绘制思维导图,理解绘本中的故事流程。

(三)教学策略

1.综合运用引导性互动提问、启发式互动提问、多元化表达等阅读策略,帮助学生提取书中信息,理解故事内容。

2.运用学生生活场景搭支架,通过联结学生的生活经验,帮助学生感受体验主人公在与大自然互动中的愉悦兴奋之情。

3.利用思维导图提供视觉辅助,帮助学生理解和记忆书中故事流程。

4.提供个别化支持材料,利用图片、步骤图帮助个别表达能力弱的孩子参与课堂活动。

五、教学准备

3课时。绘本《和太阳在一起》10本,PPT课件,绘本《和太阳在一起》讲读视频,班级学生跟爸爸妈妈外出爬山、野餐、露营的照片。

六、教学过程

(一)出示绘本封面,运用谈话法导入

1.出示绘本PPT《和太阳在一起》封面页,运用引导性互动提问、启发式互动提问的方式,带领学生认真观察绘本封面内容。

2.请学生代表分享自己的所见:在封面上自己看到了什么?

3.设置悬念:小狗和谁在一起呢? 要去哪里呢?

4.师生齐读书名《和太阳在一起》。

【设计意图】引导学生学会阅读封面,认读书名,了解作者及出版社等信息。通过设置悬念引发学生思考,激发阅读兴趣。

(二)初读绘本,感知故事内容

教师读绘本故事《和太阳在一起》,引导学生逐页认真观察内页画面,聆听故事内容,用心思考以下问题。

• 文中的"我"经历了怎样的一天,都经历了哪些事情?

• 文中的"我"在这一天中都和谁在一起,是什么心情?

【设计意图】通过让学生带着问题去观察图画、聆听故事,提高学生对讲解内容的专注力,加深学生对绘本的理解,同时培养学生的观察能力、思考能力、表达能力。

(三)沉浸阅读,体验书中的情感

1.聆听与体验。

教师再次引导学生完整读绘本,感受书中人物的情感。

2.思考与表达。

• 书中的小朋友都去了哪里? 做了哪些事情? 经历了怎样的一天? 他的心情是怎样的呢?

教师请小朋友们用句式"他们在什么地方做什么"进行回答。比如,他们在大树下休息,他们在树林野餐等。

• 书中你最喜欢的地方在哪里? 为什么?

出示跨页6,教师进行示范表达:老师最喜欢的是骑车经过花田,哇! 有好多不同颜色的花朵,好漂亮! 空气中也弥漫着花的香味,好闻极了。

• 你跟自己的家人有没有去过这样的地方? 有过类似的经历吗?

出示班级学生跟家人一起外出游玩的照片,请学生进行表达:自己跟谁去了哪里?做了什么?心情怎么样?

3.提炼与总结。

• 书中小朋友去过的这些地方是室内还是户外?在户外的哪里?引导学生说出"大自然"。

• 走进自然我们会觉得怎么样?(轻松、愉悦、开心)你们喜欢大自然吗?

• 我们要不要保护大自然,该怎么保护它呢?

举例分析:出示跨页10,"我们走进树林,看到有好多小动物在盯着我们,我们该怎么做好?"出示跨页11,"在林间野餐真开心啊!野餐结束后我们该怎么做呢?"引导孩子们进行思考回答。

【设计意图】通过多种形式的阅读,营造沉浸阅读的氛围,并通过阅读感受走进大自然的愉悦;通过提问策略,帮助学生分析理解故事内容;通过联系自身经验,帮助学生更好地进行理解表达。

(四)运用思维导图,升华故事内容

1.绘制流程图,梳理故事主线。

教师引导学生回顾绘本内容,并提炼出关键词语,共同绘制绘本的流程图。

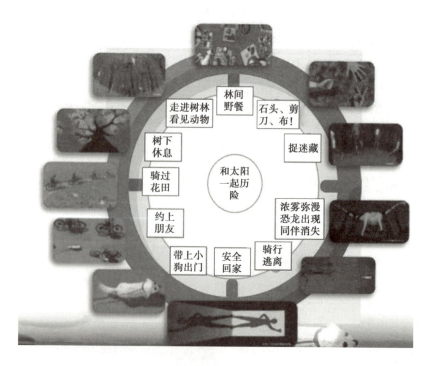

2.绘制圆圈图,深入了解大自然。

教师根据绘本内容并结合学生的生活经验,引导学生进行发散思维,想一想"大自然"到底指的是哪些地方呢？最后,利用圆圈图将学生心目中的"大自然"总结出来。

3.绘制气泡图,共当环保小卫士。

教师引导学生将日常生活中常见的,孩子们力所能及的环保措施总结出来,绘制成气泡图。

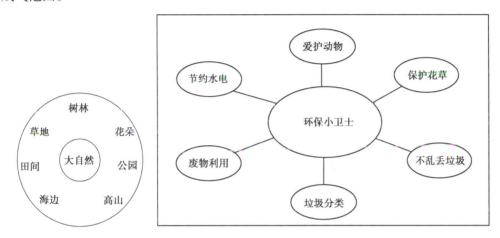

【设计意图】通过思维导图,帮助学生梳理故事情节,把握故事发展脉络,深化学习内容,同时也培养学生的观察力、想象力以及口语表达能力。

七、活动延伸

(一)找"影子"

绘本中虽然没有出现太阳,而作者却通过随处可见的影子让大家时时刻刻都能感受到太阳。请学生找出下面四幅图中的影子。

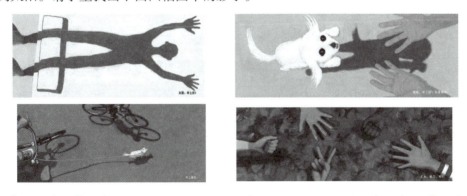

【设计意图】从学生的生活经验出发,让学生通过找影子进一步理解故事内容,了解光与影的关系,培养学生的观察能力、理解能力。

（二）做"太阳"

这本绘本名字叫《和太阳在一起》，里面却没有出现太阳，请学生参照以下流程图用彩泥做一个太阳。

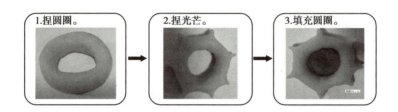

【设计意图】联系绘本内容开展手工活动，课堂实现动静结合。同时，通过揉、搓、捏等，锻炼学生手部精细动作，并感受创作的快乐！

八、教学反思

此次绘本《和太阳在一起》的教学活动设计依据总—分—总的设计原则，分三个课时进行。首先，通过教师的示范读，让学生对绘本故事内容有一个整体的认知。接着，依据课程目标进行精读，让学生深入理解故事内容。最后，通过绘制思维导图，进一步帮助学生梳理故事情节，让学生能够清晰地把握故事脉络，掌握故事内容。

在教学过程中，教师通过设置悬念，激发学生阅读兴趣；通过巧妙提问，调动学生已有的生活经验，引导学生进行自主思考判断；通过分层教学，使每一名学生都能轻松、愉快地参与课堂活动。学生通过想一想、说一说、指一指、做一做，在锻炼了观察力、思考力、表达力、动手力等能力的同时，还感受到了阅读的乐趣，体验了创作的快乐。在教学过程中注重将教学内容进行情感的升华，对学生进行爱自然教育，并将环保理念也渗入其中。

当然，在这次教学活动中也存在一些问题需要改进，主要有以下几点：首先，在课堂教学过程中，教师的讲授时间过长，学生坐着听、说的活动时间过长，容易让学生产生疲惫状态，注意力涣散，影响教学效果。其次，在课堂评价过程中，教师给予每位回答问题的学生的评价语过于笼统，缺乏具体的指导、激励机制。最后，就是在延伸活动留给学生的时间有点短，导致教学活动仓促收尾。针对以上问题，我会在以后的教学中注意改进。希望在以后的教学中能更加完善、充分地发挥优质绘本的教育作用，让课堂更加丰富多彩。

共演

奇趣大自然

——《和太阳在一起》戏剧教学设计

一、设计思路

绘本《和太阳在一起》画风清新,充满自然之美;语言简明、流畅,描绘了孩子们与大自然之间的亲密互动;色彩丰富饱满,体现了小主人公心情的起伏变化。绘本中的场景、活动贴近孩子的生活经验,也符合培智学校低段孩子的认知、情感特点,能够吸引孩子们的注意力。然而,传统单向输出的教育方式已经不能满足现代的教学需求,而"游戏"作为一种儿童的基本活动,为我们的教育工作提供了一种新的选择。此时,绘本戏剧教学应运而生,它集文学、音乐、绘画、舞蹈于一身,正如绘本作家"花婆婆"方素珍所说:"绘本是静态的戏剧,戏剧是动态的阅读。"孩子们能在戏剧表演中能发展身体感知力、语言表达能力、团结协作能力等,也能加深对绘本故事内容的理解能力。本次戏剧活动的设计旨在促进学生对绘本内容的理解与表达,加强特殊学生之间的互动,感知与欣赏大自然的美好,渗透对自然的保护之情。

二、教学对象分析

教学对象培智学校 1~3 年级中重度智力障碍的学生。他们能够认识日常生活中常见的图片,理解简单的故事内容,能通过简单的语句表达自己的想法和意见。按照能力的不同分为三组,高组学生的认知能力、语言理解及语言表达能力相对较好,学习积极性较高,集体课堂参与度较高,能和老师有较好的互动,中组学生有一定的认知能力与理解能力,但课堂上注意力比较涣散,纪律性较差,需要老师适时进行提醒,低组学习能力较弱,在语言、认知、社会交往等方面都存在较为严重的障碍,需要教师进行辅助。

三、教学目标

1.根据故事线索,尝试用声音、动作、姿态模拟户外骑行、野餐、捉迷藏等故事情节。
2.迁移生活经验,通过师生互动、同伴合作等形式,完成绘本内容的再现。
3.愿意跟同伴一起游戏,体验游戏的快乐。
4.能够感受大自然的美,进而喜欢自然、亲近自然、保护自然。

四、教学准备

《和太阳在一起》电子课件、戏偶、小动物头饰、魔法棒、音乐、灯光。

五、教学过程

(一)暖身活动

1.节奏步行。

教师出示铃鼓,请学生跟随节奏在座位上做出拍手、跺脚的动作。例如,教师拍三下铃鼓后,学生也要拍三下手。拍手的节奏要同鼓声的节奏一致。

教师可以先通过拍手让学生熟悉游戏进行的方式,然后再换成其他的动作来跟随模仿节奏,比如:跺脚、拍肩膀、拍大腿等。接下来,教师可以让学生尝试着跟随铃鼓的节奏进行行动,并让学生明白游戏的规则。让学生行动的节奏与铃鼓的节奏保持一致,节奏快,学生的行动就要快;节奏慢,学生的行动也要慢。活动可以先从拍手、跺脚开始,直到学生能跟随节奏有秩序地行走。

2.身体变变变。

这个游戏需要在上述游戏基础之上进行。教师邀请学生跟随节奏在场地中行走,当节奏停下来的时候,请学生也停下来,并听教师给出的指令,变成各种形象。比如,当教师喊出"大树"时,请学生用自己的身体塑造出"大树"的形象;当教师喊出"小狗"时,请学生用自己的身体塑造出"小狗"的形象等。

(二)主体活动

1."说故事"剧场。

暖身活动结束后,教师采用故事圈的形式,让学生围成圆圈坐下,引导学生做几次深呼吸,平静下来,然后"教师入戏",一手用小男孩的戏偶扮演故事中的主人公,一手用小狗戏偶扮演小狗"路路"开始讲述故事。早上起床,伸个懒腰,出门看到阳光明媚,好开心啊!跟太阳打个招呼吧!"太阳,早上好!"也跟在场的每位小朋友打个招呼。"哒哒哒"小狗路路跑过来了,也跟小狗打个招呼吧,"路路,早上好!你真精神!"那我们一起约上朋友,出门去玩吧!(说故事过程中,教师可以适当利用灯光和音效烘托气氛)

2.故事棒。

教师用"故事棒"的方式邀请学生变成故事中的小伙伴。教师与学生约定好,学生在故事棒的点化下,会变成故事中的任意角色,当听到魔法咒语"Woosh"的时候,魔法就会结束,大家又会变回自己,回到自己的座位上坐下来。

在开展"故事棒"之前,教师可以让所有的学生轮流对着棒子吹口气,给予棒子一些魔法,等学生吹完气,教师可以把棒子摇一摇,就好像棒子收到了来自大家的仙气一样。这个过程可以让学生对活动更加专注,也更期待。

3.进入空间①。

播放音乐,教师使用故事棒邀请不同的学生进入故事中,然后开始用描述引导并和学生一起做动作,让学生运用已知的生活经验去体验故事中人物在户外不同的场景中的心情(协同教师帮助能力稍弱的同学完成动作)也就是说,教师进入角色与被邀请的学生一起表演不同的情节。

在田边骑自行车,路过一片花田,"哇!有各种颜色的花太漂亮啦!""好香啊!"教师带领学生一起做闻花香,陶醉于花香中的动作;骑车到达一片森林,一起在大树下休息。

在户外坑耍的环节,教师邀请学生进入空间。教师要善于运用动作和语言表达仿佛真的进入各种场景中一样,这样孩子们才能跟着一起入戏。教师在描述的过程中,可以适当地加入一点小意外,比如"骑车好开心啊!我骑得好快,哎呀!掉进田地里了"等。

4.动作创编①。

教师以主人公的口吻跟大家说:"小朋友们,我们现在到了一片森林里,哇!森林里有很多很多的小动物。""我们看看都有哪些小动物呢?"教师用"故事棒"的方式邀请学生变成故事里不同的小动物,让学生用肢体动作去表现不同的动物。

这个故事里有小松鼠、长颈鹿、小兔子、小鹿、小鸟等动物,教师不用苛求孩子表演得像不像,只要能参与表演,能做出适当的动作即可。助教老师可以协助行动不便或是规则意识差的学生。

5.专家外衣①。

教师入戏以主人公的口吻说:"我们来到森林里,忽然闯入了小动物们的家园,它们好像很害怕的样子,我们一起想一想,该怎么让这些小动物不害怕呢?我们该怎么保护它们的家园呢?"

教师可以从保护动物、保护环境等不同角度向"专家"们发问,并引导学生发表意见。

6.动作创编②。

教师入戏以主人公的口吻跟大家说:"玩了半天,我的肚子都饿了,我们一起坐下来野餐吧!"教师请学生围圆圈坐下。教师用"故事棒"的方式邀请不同的学生变成故事中的不同小伙伴。然后,教师使用故事棒点到谁,就请他表演野餐的情景动作,当听到"Woosh"的口令时,被点到的人就会变回去。教师细致地对故事中孩子们野餐的场景进行描述,引导学生进入故事情景中。然后请被故事棒点到的小朋友做出野餐吃不同食物时的表情与动作,比如:剥香蕉,吃三明治,喝果汁,吃西瓜等。教师可以不拘泥于故事中出现的食物,也可以适当地加入学生在日常生活中比较熟悉的食物,让学生进行表现,比如:面条、薯条等。在讲述时,教师可以加入动作性的描述,引导学生进行表现。

7.学生讨论②。

教师可以同样利用"专家外衣"的形式让学生在表演完野餐环节后进行讨论,野餐完的果皮、食物包装袋等垃圾该怎么处理。教师对学生的发言及时进行回应与鼓励,并适时进行引导,没有语言的学生可以用手势进行表达。

8.进入空间②。

教师入戏引导学生进行"捉迷藏"的游戏。"小朋友们,肚子吃饱了,现在我们一起玩游戏吧!""石头、剪刀、布!输的小朋友就要闭着眼睛数数,然后去找藏起来的小朋友。"这个游戏环节,教师也可以带领小朋友们在户外进行,玩得更加尽兴!但一定要注意选择没有安全隐患的地方进行。

9.追逐游戏。

忽然,音响响起"咣——咣——"的声音,助教老师扮演故事中的恐龙。教师入戏说:"哇!好像有恐龙来了,好可怕啊!快跑!快跑!"助教老师一边迈着沉重的步伐,举着双手假装恐龙的爪子,一边说:"嗷——嗷——我要吃掉你!""追逐游戏"既演绎了故事中的情节,也让孩子运动起来并感到快乐。助教老师对孩子展开追逐要虚虚实实、真真假假;时间掌握上要恰当,既让孩子们感受到游戏的刺激,也不要过度兴奋。如果孩子们感兴趣,这个游戏也可以在户外随时开展。

(三)放松活动

轻柔的音乐缓缓响起,大恐龙消失。教师请孩子们离开故事,调整呼吸,休息片刻。然后,教师用自然、温和的声音讲述如下内容,请孩子们闭上眼睛进入情境去体会:你用尽全力地蹬着自行车,终于安全回到了家门口。此时的妈妈正在厨房忙着,听到你回来的声音,温柔地说:"回来啦!"

(四)延伸活动

1.阅读绘本《和太阳在一起》;

2.教师鼓励孩子回家和爸爸妈妈一起翻看在户外玩耍的照片,请孩子回想一下有趣的事情。

共成长

自然，最美的教室

——《和太阳在一起》绘本教学有感

绘本《和太阳在一起》描绘的景象是阳光下，主人公骑着自行车，和同伴们一起去田野、森林嬉戏、欢笑，生活被冒险和发现填得满满的。这是孩子们正在经历的童年，也是每一个长大的成年人所拥有的童年记忆。而这一切都和太阳在一起。作者运用自然的元素彰显出他对自然和地球的关心，以此希望人与自然和谐相处。

当我第一次拿到这本书时就瞬间被封面上炽烈而温暖的颜色所吸引，轻轻翻阅时竟然有种似曾相识的感觉，不禁产生无限的回忆，仿佛看到自己小时候跟伙伴一起玩耍的场景。撰写教学设计时，回想到作者的初衷以及我们这次课程建设的目的，我毅然地决定利用它进行"亲近自然、爱护自然"的自然教育。在快速发展的现代社会，高楼林立的城市环境，孩子们与大自然的割裂愈演愈烈。孩子们与大自然间已经变得不那么亲密，与自然的割裂也让孩子们变得不那么尊重自然、爱护自然。随手丢垃圾、践踏草地、折损花朵等行为时有发生。特殊孩子由于自身身心发展存在障碍，在认知、情感等方面的发展均落后普通的孩子，因此对特殊孩子进行"亲近自然，爱护自然"的教育也显得尤为重要。并且走进自然、亲近自然也是特殊孩子进行休闲娱乐的一个重要方面。该如何重建自然与孩子间的关系，如何让孩子们爱护自然，成为摆在我们面前的一项重要教育内容。

首先，要让孩子们爱上自然，因为你会珍惜那些你爱的事物。在这方面我们有着先天的优势。人是大自然之子，孩子与自然有着与生俱来的亲近感，自然属性是他们的第一属性，亲近自然是孩子发展的基本诉求。这无论是对普通孩子还是身心发展有缺陷的孩子来说都是一样的。因此，当班里孩子们看到这本书的时候眼睛里也立刻散发出光芒，被书中充满活力、洋溢着快乐、弥漫着大自然味道的场景所吸引。当看到书中孩子们在林间野餐的情景时，班里没有语言的小昊也忍不住跑上前去用小手指一指上面的好吃的。因此，让孩子们爱上自然无需我们过多地进行说教。

其次，要让孩子多亲近自然。随着社会的发展与进步，现代社会对特殊教育的理解与接纳程度越来越高，越来越多的特殊孩子也能够走进学校接受教育。但还有很多特殊孩子的家长不能客观看待孩子的差异，他们不愿意在亲朋好友面前谈及自己的孩子，更不愿带孩子走向社会，而是将孩子封闭在家中进行"圈养"。大多数特殊孩子过的是学校、家庭两点一线的生活。在小区、公园很少看到他们的影子。特殊孩子与大自然之间形成了严重的人为隔离。孩子们都没接触过大自然，爱上大自然更是无从谈起。鉴于此种现象的严重性与普遍性，我们在综合实践课、社团活动课中会尽量安排孩子们走出课室,走出校门,走向大自然。虽然每次活动都让班级教师心弦紧绷、身心疲惫,但当看到孩子们在大自然中那笑容洋溢的面庞、欢欣雀跃的步伐,全身心投入去感受、去发现、去探索、去收获大自然的奇妙时,老师们再苦累也是值得的。"老师,这有一只虫子好奇怪哦,它有两条长长的胡子啊(触须)!""老师,这片树叶好漂亮啊……"欢乐而有趣的声音此起彼伏,也会让老师们发现这些特殊孩子们在课堂之外的另一面。

最后,就是让孩子懂得如何爱护自然。由于低年段特殊孩子年龄尚小,自身发展存在障碍,他们很多时候不能意识到自己的爱也会对大自然造成伤害,需要老师家长不断进行引导教育,比如:他们可能会因为喜欢小动物而将它紧紧地攥在手中;也可能会因为喜欢花朵而将它们折下来反复嗅闻等。因此,当《和太阳在一起》中出现很多小动物时,我会首先让孩子们看一看、认一认都是哪些小动物,然后让他们想一想,它们为什么会躲在树林里偷偷地注视着"我们",引导孩子们去理解森林就是小动物们的家,"我们"来到这里是"闯进"了它们的家,它们会害怕,进而去思考我们在树林中应该怎么做。最终,让孩子们自己生成答案。同样,当出现在林间野餐的画面时,老师也要让孩子结合自身生活经验在认识各种食物的同时,引导孩子们去思考野餐时我们需要注意的事项有哪些,怎么做才能更好地保护我们的大自然。当看到他们主动捡起地上的垃圾,围观一只慢慢爬行的小蜗牛,主动去喂养流浪猫时,你会看到爱的种子在悄悄地萌芽生长。

总之,带着孩子多多走进自然、亲近自然,爱护自然之心便会油然而生,这时候,你也许会发现世界上最美的教室叫"大自然"。

神奇画笔画美好——《小熊的神奇画笔》

中山市特殊教育学校　谭笑成

共研

童真的画笔，奇妙的梦幻

——绘本《小熊的神奇画笔》简介

《小熊的神奇画笔》的作者是英国的安东尼布朗，由北京联合出版公司出版，阿甲翻译。绘本主要讲述了小熊用自己的神奇画笔绘制出了许多有趣的东西，帮助他渡过了重重难关，还帮助了其他小动物，是一本极具想象力和创造力的绘本故事。另外，绘本的图画也比较通俗易懂，没有太多文字，这对于特殊学校的培智学生来说，在父母或老师的帮助下可以简单理解绘本内容、欣赏绘本插图。

绘本的大致内容是小熊带着自己的画笔在森林里游玩，它先是遇到了小狐狸，介绍了自己神奇的画笔；随后遇到了小蛇，为了躲避小蛇，它画了个跳跳杆渡过了难关；遇到狮子，它就用画笔画了块肉，把狮子引开了；画了泳裤，在水里和小鱼儿一起游泳；还画了小果树，和别人一起品尝了苹果；画了花，吸引了许多小蜜蜂采蜜；还画了只龙飞到天上，把天上的洞给补好了，也保护了动物们赖以生存的森林。最后在拯救动物派对上，大家邀请过来，表示感谢。安东尼布朗的绘本故事非常有想象力和创造力，对于培智学校低龄段的孩子来说比较适合，因为低龄段的孩子们想象力本来就比较丰富。这本绘本契合了孩子们的想象力，让孩子们感受到创造的快乐，同时也能培养他们像小熊一样助人为乐和保护环境的精神品质。

这本绘本不仅仅是简单的故事，还有许多值得孩子们探索和学习的地方。例如，书中出现了很多小动物，比如狮子、小鱼、小狐狸、小熊等，这些对于低龄段的培智学生来说都是很好的学习内容，可以让孩子们认识不同的动物。绘本里还有大树、森林，可以让孩子们认识动物们赖以生存的环境，树立保护环境的意识。此外，在绘本故事中，小熊乐于助人的行为是值得孩子们学习的，这对于高层次的学生来说是一个可以掌握的内容，对于低层次的学生也可以慢慢地培养。

助人为乐、保护环境是一种优秀的精神品质，作者通过精美有趣的图画，向大家展示了一个乐于助人的小熊，这也是值得我们每一个孩子学习的。

友爱，互助，环保

——《小熊的神奇画笔》教学设计

一、设计理念

本次教学设计主要围绕绘本内容展开进行，根据《培智学校义务课程标准(2016年版)》并结合"爱社区"教学目标，通过《小熊的神奇画笔》，以小熊故事为整体主线，描绘出小熊的一日生活，让同学们在阅读绘本和情景体验的过程中去学习"爱社区"的深刻内涵，关爱自己社区，爱护社区环境。本次课程主要环节大致有同学们的沉浸式阅读、老师的示范讲解和学生的情景演绎学习，让同学们从多角度去了解绘本的深刻含义，学习其中的精神，养成热爱社区、热爱环境、乐于助人的美好品质。

二、学情分析

本次绘本学习的主要对象为培智学校低龄段的孩子，大多数为孤独症、智力障碍、发育迟缓的学生。这阶段的孩子们语言和认知处于发育过程，想象力和创造力较为丰富，比较喜欢绘本故事内容，所以设计的教学内容贴近孩子们的能力水平，能让孩子们享受绘本故事，体验不同的学习氛围。

三、教学目标

(一)知识与技能目标

1.认识绘本中出现的不同动植物，能够说出它们的名字，例如狮子、小鱼等；*

2.简单理解助人为乐的精神，学习小熊的助人行为；*

3.可以通过语言来表达助人为乐，例如"让我来帮帮你""需要我帮忙吗"；**

4.养成保护动植物、保护环境的意识。***

(二)过程与方法目标

1.通过阅读学习绘本故事中的具体内容；*

2.通过情景式地演绎学习绘本的具体内容，感受助人为乐的快乐；*

3.通过简单练习理解绘本的具体内容；**

4.通过涂色画画认识绘本中出现的动植物。*

(三)情感态度与价值观目标

1.通过小熊的故事学习助人为乐的精神品质，能在实践中践行；**

2.通过认识绘本中的动植物，让同学们养成保护环境的意识；﹡﹡﹡

3.培养解决问题的精神，像小熊一样遇到了困难想办法解决；﹡﹡

4.通过学习，能让孩子们在社区中助人为乐，爱护自己生活的社区。﹡

四、教学重难点

（一）教学重点

学习分析小熊的行为，引领学生学习和理解小熊助人为乐的精神品质和良好行为，面对困难时能够去想办法解决。

（二）教学难点

让同学们养成助人为乐和保护环境的良好意识并在现实生活中运用。

（三）教学策略

1.通过阅读学习绘本内容，大致了解小熊的一日日常，了解小熊的行为举动。

2.通过动手画一画，同学们对动植物图案涂色，在创作作品的过程中养成保护环境的意识。

3.通过情景演绎分析，同学们在角色扮演中进行换位思考，将自己融入小熊的角色，去帮助需要帮助的人。

4.针对个别同学，提供个别化教育指导，提供合适的教学措施给学习较为困难的同学。

五、教学过程

（一）通过案例，引入主题

师：同学们，今天这节课我们一起来跟老师学习一个绘本故事。在学习之前，老师向大家介绍一个小伙伴（展示小熊的图片），今天我们就跟着他去看看他一天的生活吧。

（利用小熊角色引入，带领同学们进入绘本学习）

（二）共读绘本，理解故事含义（主要学习阶段）

在老师的指导下，同学们展开绘本阅读，和老师一起学习绘本内容。

师：首先我们来看一看这本绘本的封面，封面上有什么呀？

生：有小熊和其他小动物。

师：那我们就看看今天小熊和动物朋友们做了哪些事情。我们翻开绘本的第一页,看小熊手里面拿着一支笔,有没有同学能说说,你觉得他拿笔回去干什么呢?(同学们先独自阅读绘本,中间穿插相互讨论,老师在旁引导同学们思考问题,开发学生想象力)

(学生回答)

师:那我们看看,小熊拿着画笔它首先遇到了谁?(看小熊遇到的第一个动物小狐狸)

生:遇到了小狐狸。

师:小狐狸遇到了什么样的困难?我们的小熊是怎么帮它解决的呢?(引导学生观察图片并积极思考)

师:我们刚刚已经看过了,小熊用它的画笔帮助了小狐狸,那我们继续往下看,看看小熊又遇到了哪些小动物?

(同学们继续自行阅读)

师:我们看到小熊它后面遇到了小蛇,它画了一个撑杆,跳过了小蛇,又遇到了小狮子,它画了一块肉给小狮子吃。同学们,看到这里,你觉得小熊是一个怎样的小动物呀?(看完前面几个小故事,穿插一个问题,引导学生进行思考,小熊上面所做的一切表明它是个什么样的小动物呢?它身上具有什么样的品质?同学们开展讨论回答问题)

生:它帮助了其他的小动物。

师:没错,我们的小熊很乐于帮助其他的小动物,它帮助这些小动物们渡过了难关,所以同学们记住了,我们平时在班上如果看到其他同学有困难了我们可以帮帮他们。另外,我们也要像小熊一样,遇到了困难可以想办法去解决,小熊就用他的画笔解决了很多困难。

(继续阅读绘本故事,看看小熊后面还做了什么)

后面小熊还去帮忙补了天空,画了花朵让蜜蜂采蜜,这些都是保护环境的行为。

师:那我们继续阅读后面的故事,看看小熊还做了什么吧。

(同学们继续阅读故事)

师:有没有同学说说看,后面小熊遇到了什么事情呢?(穿插提问,让学生来回答,看看学生阅读过程中能不能领会绘本内容)

生:遇到了小鱼。

师:小熊遇到了小鱼,小鱼邀请小熊下河去游泳,它画了一条泳裤。后面它还遇到了一个小巨人,小巨人说它太高了,没人和他玩,于是小熊画了一棵高高的果树给他。

（后面的故事都采用老师指导学生阅读和学生讨论形式完成）

师：我们已经把小熊的故事看完了，我们看到最后一页，森林里的动物们举办了一个拯救动物派对，去了好多动物，它们还邀请了小熊，同学们看看绘本，指一指看有哪些动物参加了。

生：有小熊、小狐狸、狮子、猩猩等。

师：我们通过小熊的故事可以发现，小熊用自己的画笔帮助了很多小动物们，还保护了它们赖以生存的森林环境，让小动物们能够快快乐乐地生活。动物们为了感谢它，把它邀请到了动物派对上，同学们，我们是不是应该也向小熊学习呢？

（对绘本故事进行总结，小熊的所作所为是助人为乐的好行为，同时它还保护了环境）

师：没错，它今天用它的画笔给很多小动物们画画，帮助了它们。那么接下来，同学们也来尝试一下，像小熊一样用画笔来涂涂颜色吧。

（让学生体验画画，根据绘本学到的内容涂颜色）

师：我们画完了，同学们的图画非常棒，后面还有一些简单的练习题，同学们跟着老师一起来看看吧。

（通过练习题回顾绘本的故事内容）

（三）总结与回顾

（创设情景环节，让同学们在情景中更好地理解助人为乐、保护环境的深刻道理，分组进行情景小演绎）

情景一：当同学遇到了困难我们可以怎么办？（请三个同学进行情景演绎）

情景二：从身边小事做起，保护环境我们可以怎么做？学校的过道里有垃圾我们可以怎么做？在自己生活的社区，我们可以怎样向小熊学习呢？

六、教学反思总结

本次教学内容主要通过阅读绘本进行，以小熊故事作为主线，让同学们在故事中学习故事的内涵与真谛。整体设计环节大致是阅读绘本，老师示范讲解，同学们分组讨论思考，动手操作，情景演绎，习题练习，总结与升华。每个环节层层相扣，活动多样有趣，孩子们的课堂参与度高，能够领悟到助人为乐的精神，在今后能养成助人为乐的好习惯，运用到自己生活的社区环境，爱护自己的社区。

拯救动物派对

——《小熊的神奇画笔》戏剧教学设计

一、设计思路

本次的戏剧教学主要让孩子们在戏剧表演过程中学习绘本故事,体验戏剧带来的快乐。设计以绘本故事为主线,共分三幕,第一幕从小熊出场到去小河游泳,主要讲述助人为乐;第二幕从画苹果树到补天空,主要讲述了它保护环境;第三幕是动物们举办的拯救动物派对,都来感谢小熊。让孩子们在实际表演中,切身体会在生活中的助人为乐、保护环境,让孩子们对这种优秀的精神品质能够更加深切地领会。另外,老师在绘本表演过程中要起到指导和讲解的作用,给孩子们进行排练,引导孩子们进行表演。

二、学情分析

本次绘本戏剧表演活动主要针对培智学校低龄段的孩子,以智力障碍、孤独症、发育迟缓的学生为主。因受能力等因素影响,这类孩子对于书本文字的课堂学习可能存在一定的困难,学习兴趣不高,理解不到位。因此利用绘本戏剧教学能够有效提高孩子们的学习兴趣,增加孩子们的课堂参与度,让孩子们更好地领悟绘本的故事。另外,戏剧教学还能模仿出逼真的案例情景,让孩子们进入情境中得到实际的操作和体验,更好地去学习。

三、教学目标

1.让孩子们体验戏剧表演带来的快乐,享受表演;＊

2.能够在沉浸式的表演中学习到乐于助人、保护环境等优秀品质,向小熊学习;＊

3.通过学习联系自己的生活实际,感受自己所在社区的快乐,爱护自己的社区环境,帮助社区的人,体验文明的行为活动;＊＊

4.带领孩子们在表演中学习,体验不同的学习方式,根据不同的角色明白自己的角色定位,完成表演。＊＊＊

四、教学准备

需要用到舞台、各式各样的道具以及小动物的表演服装、《小熊的神奇画笔》绘本PPT、欢快的轻音乐、旁白音频。

五、教学流程

（老师先做简单介绍，准备暖场活动，小演员们就位）

师：同学们，我们在前面学习了《小熊的神奇画笔》这个绘本故事，那我们今天就通过表演的形式来一起回顾一下吧！

教学策略：主要是角色扮演、情景体验、总结反思。建立小熊故事情景活动，通过一系列叙事性活动，同学们进行角色扮演，演绎小熊助人为乐的故事，让同学们在表演中学习和探索。

第一幕：（从小熊出场到小河游泳，讲述它助人为乐）

小熊：同学们大家好，我是小熊（和台下同学做互动），今天我要带着我的画笔到外面去，同学们你们知道吗？我的画笔可厉害了，它可是有魔力的哦。

（小狐狸上台）

小熊：小狐狸你好呀！

小狐狸：小熊你好！咦？你手上拿的是什么东西呀？

小熊：你是说这个吗？（拿出画笔）这是一支神奇的画笔呀。

小狐狸：哦？哪里神奇了呀？能让我看看吗？

小熊：你看，它能画出你想要的东西呀。（动手画画，画一个）

小狐狸：哇，真的呀，好神奇！（下台，小熊继续向前走）

切换场景。

小熊：咦，前面有一条好长的小蛇呀，我可不能踩到它。看我的神奇画笔。

（做画画的动作，画一个撑杆出来，准备一个类似道具，在画画过程中递到演员手上）

小熊：跳过来了，没有压到小蛇。（蛇下场，小熊继续往前走）

"嗷呜"一声，小狮子上场。

小熊：天呐，这是什么声音？啊，是一只大狮子。

狮子：小熊你好呀，我已经好几天没有吃饭了，肚子好饿呀，你有没有什么办法呀？

小熊：简单，给你看看我的神奇画笔。（做画画的动作，画一块肉出来，道具由场下递上）

狮子：哇，谢谢你小熊，这是我最爱吃的肉了，谢谢！（狮子下场）

小熊：不客气。（继续往前走）

切换场景到一条小河。

小熊：咦，前面有一条小河，河里好像有什么东西？

135

小鱼:小熊你好呀,我是小鱼,今天天气比较热,你想不想下来和我一起游泳呀?

小熊:好呀好呀,我马上下来和你游泳,给你看看我的神奇画笔。(画一条小泳裤,下河去游泳)

第一幕结束,老师讲解进行简单点评

师:同学们我们刚刚已经看了第一组同学们的表演,你们觉得他们演得好不好看呀?刚刚我们在故事中看到了什么小动物,小熊怎么帮助它们了呢?

第一幕流程简图:

小熊出场→遇到小狐狸→遇到小狮子→遇到小鱼

第二幕:(从画果树到补天空,它助人为乐的同时还保护了环境)

小熊继续往前走呀走呀,突然它看到了个小巨人。

小巨人:你好啊小熊,我是小巨人,我最近有点小烦恼。

小熊:你有什么烦恼呀?

小巨人:大家都觉得我太高了,都不和我玩,我不高兴。

小熊:哦,原来是这样呀,那我给你画个苹果树吧,苹果树高高的,就跟你一样高,你就可以自己摘苹果吃啦。(做动作,画苹果树)

小巨人:谢谢你小熊,你真的非常好,那我给你摘个苹果吃吧。

(小巨人下场,小熊继续往前走,遇到了很多小蜜蜂)

小熊:哇,有好多小蜜蜂呀。

小蜜蜂:小熊你好,我们经常要采蜜,但是我们的环境被破坏了,你能不能想点什么办法,让我们继续采蜜吗?

小熊:这个你们放心,我有我的神奇画笔,我可以帮你们画很多花朵,让你们继续采蜜。(做动作,画花)

(小熊继续往前走,遇到了雪熊)

雪熊:小熊你好,我们是来自冰川地区的雪熊,我们生活在雪山上,但是因为环境的破坏,天空破了个洞,我们住的地方的雪开始慢慢融化了,你能想什么办法去帮我们把天空补上吗?

小熊:没问题,我想想办法。

(画一只会飞的龙和降落伞,小熊坐着龙飞到了天上,将天上的大洞补了起来,随后坐着降落伞下来了)

第二幕结束,老师点评讲解

师:同学们,我们第二幕的故事也已经看完了,我们看到小熊不仅仅帮助了其他的小动物,还有保护环境的意识,帮助动物们重建了自己的家园,保护了生态环境。

第二幕流程简图:

遇到小巨人→遇到小蜜蜂→遇到小雪熊→补天

第三幕:拯救动物派对

(小动物们一起上台,大家七嘴八舌说)

小动物们:小熊真的是我们的好朋友,它今天帮助了我们,而且还保护了环境,我们都很感谢小熊!

第三幕结束(每个动物都说些简单感谢的话语)

第三幕流程简图:

动物们上台→邀请小熊上台→动物们感谢小熊

师:同学们,我们刚刚看完了大家的表演,你们觉得好不好看呀? 那我们通过表演学到了什么?

生:我认识了很多动物,知道了要乐于助人,还要保护我们的环境。

师:没错,通过这一次的表演学习,我们认识了许多小动物,在故事中,我们的主人公小熊是一个乐于助人的好伙伴,帮助了很多小动物解决了许多困难,同时还保护了我们赖以生存的环境,这是我们要向它学习的,同学们记住了吗?

师:那接下来,我们就一起来看看几道练习题,我们再巩固一下我们这节课学习的内容吧!

六、总结与反思

通过绘本戏剧表演,让孩子们切身体会到助人为乐和保护环境的快乐,并联系自己的生活实际,结合本课题第四单元"爱社区"的课程内容,让孩子们在自己的实际生活中做到爱护自己的社区,爱护身边的环境。

神奇画笔画美好

这只小熊有一支神奇的画笔,只要他想画什么,他就能画出什么。当我看到这本绘本故事时,就让我联想到了《神笔马良》,两者都有着共同的特点:一支神奇的画笔,都能画出想要的东西,都去帮助了有困难的人。

初看到这本绘本,我就被这丰富多彩的画面给深深吸引,巧的是,我所在的年级就是低年级,这充满稚嫩童趣的图画对于我们低年级的特殊孩子来说,真的再适合不过了,我们班上的小朋友们无不被绘本中的图画所吸引。绘本中,小熊是一个爱画画,同时又非常乐于助人的小动物。它带着神奇画笔，经过了河流，穿过了森林，爬上了雪山，又飞过了天空。在这段充满挑战的冒险过程中，它遇到了很多小动物，它们有的可能遇到了困难，有的可能遇到了危险，小熊就用它的神奇画笔，帮助了那些需要帮助的小动物们。

绘本故事让我看到了小熊乐于助人的精神品质，同时也看到了它解决问题、克服困难的能力。如果把小熊比作我们自己，那小熊经过的每个地方就像是我们生活的社区环境。小熊用它的画笔，帮助了身边的其他小动物，是值得我们去学习的。我们一样要为自己生活的环境贡献自己的力量，遇到有困难的朋友要伸出我们的援助之手。对于低年级的特殊儿童来说，阅读这种有趣的绘本故事是学习的有效手段，孩子们能够被这些图画吸引，沉浸其中并感受到内涵本质。如果想要有更好的教学效果，绘本戏剧教学是一种非常有效的学习手段。我十分清楚地记得，当我们班孩子想要上台表演时，那种跃跃欲试的喜悦是掩盖不住的，他们都非常渴望能够在课堂上表现自己。因此在本次教学设计活动中，主要思路是让小朋友们分角色扮演，选取一个学生扮演小熊，其余的扮演其他小动物，设定好一定的场景，制作相应的道具，布置好表演的舞台，让孩子们充分地展现自己。

一个好的绘本故事就在于我们该如何去学习和掌握其中的内涵品质。对于《小熊的神奇画笔》这本绘本，我们最重要的就是要从中学习小熊的助人为乐品质和具有想象力的创作。对于低年段的孩子们来说，他们的认知学习能力水平相对较弱，对精神品质这种抽象的概念理解存在一定的难度。但通过绘本和戏剧教学的形式让孩子们亲身体验，沉浸其中，去模仿小熊的做法，就能够很好地理解到小熊助人为乐的品质。在我们的日常生活中，尤其是在学校、家里、社区等地方，都需要我们大家共同去构建和谐友善的环境，这对小孩子们的情感态度价值观的培养是非常重要的。

放飞风筝，探秘非物质文化遗产——《放风筝》

中山市特殊教育学校　毛紫文

共研

放飞风筝，放飞快乐

——绘本《放风筝》简介

风筝又名纸鸢，起源于古代中国，风筝文化历史悠久，放风筝是中国民间传统游戏之一，风筝制作技艺也是中国重要传统工艺。根据培智学校义务教育课程标准的指引，本课主要通过绘本《放风筝》讲述了我国的风筝文化，涵盖风筝的传承和产地等科普内容，也包括如何制作风筝和放风筝的讲解。通过课程学习，引导学生了解风筝的特色文化，进一步学习中华优秀传统文化，加深对民间艺术及非遗文化的理解，同时让学生感受艺术魅力，增强文化自信，促进非物质文化遗产的传承，深化学生的爱国热情。

由保冬妮撰文、曹艳红绘图的《放风筝》是"中国非物质文化遗产图画书大系"之一，从儿童的感受和视角出发，将"非遗"项目独具魅力的艺术形式和深厚的文化底蕴呈现给读者，让他们在轻松愉悦的阅读中了解中华民族千百年来在民俗、文化、艺术等方面多姿多彩的智慧和创意，感受祖国文化的博大精深、源远流长，从而产生对中华文化的亲切感和认同感。

《放风筝》以京派风筝为主要特色，胡同里和谐、宽厚、平凡的百姓生活跃然纸上。通过爸爸、妈妈和我一起做风筝、放风筝的故事，绘本讲述了风筝的前世今生，为读者展示了奇妙多彩的风筝艺术。春风中飞扬的纸鸢闯进了图画书中，作者在北京风筝独特的美学意象中，又融入了文学的特征。这样一本充满童趣的绘本，除了赏析形形色色的风筝外，也让孩子学会了制作风筝的技艺和放飞风筝的技巧；了解了风筝传承的艺术和产地；更让孩子体会到了邻里及朋友间的欢快与友好，感受到了温馨和谐的邻里生活。

故事结构单一且主线清晰，易于读者对故事内容的理解。故事的主线始终围绕着小女孩放风筝来展开。她第一次放的"王"字风筝（妈妈做的）挂在树上了，放风筝以失败而告终。而第二次放的沙燕风筝（哈爷爷送的）则越飞越高，风筝终于成功飞上天了。各种各样的风筝图案及样式，鲜艳明丽的色彩搭配，具有十足的感染力，又极具有赏心悦目之感。

春回大地，万物复苏，温暖和煦的春风滋润着每一个人，让我们一起调动自身的感官去拥抱大自然，一起徜徉在风筝漫天飞舞的快乐之中，一起带着风筝和春天来个约会吧！

共读

细述风筝文化，感受传统魅力

——《放风筝》教学设计

中山市特殊教育学校　冷潇潇

一、设计理念

《义务教育道德与法治课程标准（2022年版）》中提出要培养学生感知中华优秀传统文化，感受优秀传统文化的魅力。《培智学校义务教育课程标准（2016年版）》中提出要学习中华优秀传统文化，参与体验社区文化生活。基于以上国家课程标准的要求，结合"爱社区"的单元目标及内容，本课以绘本《放风筝》为载体，通过精读绘本，带领学生领略风筝文化；通过绘制思维导图，指导学生整体掌握做风筝的步骤和故事情节的变化；通过讨论放风筝的好处并布置做风筝的任务，帮助学生进一步认识这项社区休闲文化活动，促进学生参与和体验社区休闲活动。

二、教学对象分析

教学对象为培智学校4~6年级的中重度智力障碍、孤独症、多重障碍学生。他们能听懂简单的指令并做出反应，能理解简单的图画内容，能通过简单句表达自己的需求及看法。在平时的生活中，他们对传统文化的关注度是不够的，也较少参与到社会文化活动中。通过"细述风筝文化，感受传统魅力"这一主题的学习，帮助学生感受风筝文化的魅力，了解风筝的起源和传承、制作步骤和放风筝的技巧等，从而进一步认识放风筝这一项社区休闲文化活动。

三、教学目标

（一）知识与技能目标

1.能够认识5种以上的风筝；*

2.能够知道制作"王"字风筝的步骤;＊＊

3.能够掌握"放风筝"的注意事项。＊＊＊

(二)过程与方法目标

1.能够关注绘本内容,找到画面的关键信息并回应老师的提问;＊

2.能够运用观察、推测等策略对绘本内容进行推论,把握故事情节;＊＊

3.能够借助思维导图说出制作"王"字风筝的步骤,并通过对比找出放风筝的注意事项。＊＊＊

(三)情感态度与价值观目标

1.能够积极参与课堂学习,了解风筝文化;＊

2.能够享受阅读的乐趣,感受传统文化之美;＊＊

3.能够丰富社区文化活动体验。＊＊＊

四、教学重点、难点

(一)教学重点

理解并掌握制作"王"字风筝的步骤,并通过阅读解决问题,知道放风筝的注意事项。

(二)教学难点

感受风筝文化之美,提高对该项社区文化活动的认识。

(三)教学策略

1.通过提问、预测等阅读策略,提高学生想象力、注意力和表达能力。

2.利用思维导图帮助学生理解故事内容、分析故事脉络,提高阅读能力。

3.用学生生活场景搭支架,帮助学生认识放风筝活动的益处。

4.进行个别化教学,提出适当的学习要求,安排不同的学习任务。

五、教学准备

1~2课时。绘本《放风筝》12本、PPT课件。

六、教学过程

(一)出示绘本,运用谈话法进行课堂导入

教师出示绘本,唤醒学生的学习经验,问学生故事的主要内容有哪些。学生思考

问题并回应。

【设计意图】引发学生对已学内容进行回忆、思考、回答,激发阅读兴趣。

(二)初读绘本,整体感知故事内容

1.阅读封面。

教师引导学生认真观察封面,提问:说一说封面是什么颜色的,上面都有哪些内容,给我们提供了哪些信息呢? 你会想到什么呢?

【设计意图】让学生学会看绘本要从封面看起,知道封面的重要作用。培养学生的观察能力、想象能力,激发学生的阅读兴趣。

2.阅读环衬页和扉页。

教师引导学生了解环衬页、扉页上的信息,再次熟悉书名并设置以下提问,启发学生进行思考。

【设计意图】让学生认识环衬页、扉页,了解其作用,再次激发学生探索书中内容的兴趣。

3.设置问题。

• 文中都出现了哪些风筝? 中国四大风筝产地是哪些地方?

• 文中的"王"字风筝的制作步骤是怎样的?

• 文中的小女孩一共放了两次风筝,这两次有什么不一样呢?

【设计意图】通过让学生带着问题去观察图画、聆听故事,提高学生的专注力,加深学生对绘本的理解,同时培养学生的观察能力、思考能力及表达能力。

(三)精读绘本,深入理解故事内容

1.阅读跨页 1~4。

教师引导学生观察绘本图画,阅读文本,提出以下问题。

• 文中的"我"要和妈妈做的风筝叫什么名字? 为什么会取这个名字呀?

• 请同学们仔细观察,"我"和妈妈一起做风筝,都准备了哪些制作材料呢? 传统的风筝工艺包括哪四种技艺呢?

• 做"屁帘儿风筝"总共有几个步骤呢? 每个制作步骤的要点是什么呢? 扎——骨架要对称,糊——不稠不稀,绘——远看清楚,近看艺术。

提示学生观察图画中的细节,阅读文本,提取出关键信息。

2.阅读跨页 5~7。

教师带领学生一起朗读本文,分析主人公第一次放风筝的经历,请学生回答以下三个问题。

- 第一次放风筝的时候去了哪里? 胡同。

- 风筝飞上天空了吗? 风筝挂到树上去了。

- 这是为什么呢? 放风筝要去宽阔的广场,不能在有高压线和树的地方放风筝。放的时候我们还要注意调整放风筝的角度。

学生仔细研读文本,并观察图片,找出放风筝失败的细节和原因。

3.阅读跨页 8~13。

教师引导学生观察图画内容,并提出问题。

- "我"在哈爷爷家里都看到了哪些风筝?(沙燕风筝、蝴蝶风筝、蜻蜓风筝、凤凰风筝、知了风筝和脸谱风筝……)

- 中国的四大风筝产地分别是哪四个地方呢?(北京、天津、南通和潍坊)

- 北京风筝的代表是什么呢?(沙燕风筝)

- 哈爷爷送了两只风筝给"我",分别是什么呢?(一串脸谱风筝和一只沙燕风筝)

4.阅读跨页 14~15。

教师带领学生一起深入分析第二次放风筝的经历,提出问题。

- 故事中的"我"第二次放风筝的时候去了哪里?(广场)

- 风筝们都飞起来了吗?(是的,风筝飞得又高又远)

【设计意图】根据故事情节发展将内容分为 4 部分,包含小女孩"做风筝——第一次放风筝——去哈爷爷家参观——第二次放风筝"的经历。通过老师对每一部分内容的讲解,让学生感同身受地理解故事内容。在这过程中,着重培养了学生倾听与说话能力,同时对学生注意力、观察力、理解力等都是一个很好的锻炼。

5.阅读后环衬页和封底。

教师引导学生观察后环衬页上不同种类的风筝,启发学生说出它们的名字。学生根据风筝的图案对其进行命名。

【设计意图】让学生阅读后环衬页、封底,内容与故事紧密相连,带给孩子们意犹未尽的体验,再次感受到传统文化的力量。

(四)绘制思维导图,把握故事脉络

1.梳理故事内容。

教师带领学生一起梳理绘本的内容,并提出问题。

- 书中出现了哪些风筝? 学生进行回忆并回答。

- 制作"王"字风筝的步骤是怎样的? 学生利用流程图做简单的复述。

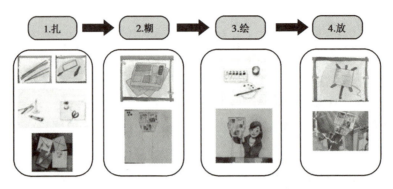

2.梳理故事情节。

教师带领学生回顾故事情节,将两次放风筝的经历(风筝演示、地点、人物、结果)进行对比,用思维导图呈现,归纳出放风筝的注意事项。

	第1次		第2次
屁帘儿风筝	样式		金鱼、串风筝
胡同里	地点		广场上
独自一人	人物		我和妈妈
挂树上了	结果		越飞越高

【设计意图】通过思维导图,帮助学生梳理故事情节,把握故事发展脉络,深入理解故事内容。同时,培养学生的观察力以及口语表达能力。

(五)延伸活动

1.讨论思考。

教师提出问题:"放风筝是一项全身性的运动,你知道有哪些好处吗?"引导学生展开思考并回答问题。(保护眼睛、发展脑力、强壮身体、放松心情等)

【设计意图】联系生活经验,让学生通过思考进一步认识放风筝这项运动,感受风筝的魅力,增进对传统文化的认同感。

2.布置作业。

请同学们和家人一起按照故事书中的风筝制作技艺做一只风筝,去大广场或者大草地上放飞风筝。

【设计意图】通过剪、糊、绘等锻炼学生手部精细动作,感受创作的快乐,体验风筝之美,在快乐的亲子互动中,丰富社区生活体验。

七、教学反思

在教学过程中,教师持续引导学生感受风筝文化之美,通过设置问题悬念,激发学生阅读兴趣，引导学生进行自主思考，并通过思维导图梳理故事情节，让学生能够清晰地把握故事脉络。课堂上学生参与度高，能够说出做"王"字风筝的步骤，能够认识5种以上的风筝，了解放风筝的注意事项等。此外，应以绘本《放风筝》为载体，开展多学科融合的多元活动，如戏剧表演、手工制作、放风筝实践等，让学生在丰富的体验活动中继续加深对"风筝"这项传统文化的认识，体悟并更好地传承中华非遗之美。

传承非遗文化，承载美好祝愿

——《放风筝》戏剧教学设计

一、设计思路

绘本戏剧教学，是将戏剧融入绘本阅读活动之中，使其依托于既有的绘本故事，引导学生体验真实世界的活动。绘本戏剧教学活动重视互动过程，通过设置相应的戏剧情境，利用不同的戏剧策略，鼓励学生去想象、体验、反省生活经验。在绘本《放风筝》的共读过程中，学生初步理解了故事内容，认识了不同图案和样式的风筝，了解了风筝的制作过程，知道了放风筝时的注意事项；感受了温馨和睦的社区生活，初步建立了对传统文化的认同感。为了帮助学生更好地内化文明参与活动，自觉遵守行为规范和安全准则的意识，养成安全文明游玩的行为习惯，课程以绘本《放风筝》为来源，设计多样化的戏剧游戏活动，培养学生对中国非物质文化遗产的认同感。

二、教学对象分析

教学对象为培智学校4~6年级的中重度智力障碍、孤独症、语言障碍学生。学生的认知发展阶段正处在具体运算阶段，需要借助大量生动直观的动作、图片和视频来认识生活当中的事物。他们能理解简单的故事，能理解与自己生活经验相关的内容。因此课程期望通过绘本戏剧教学帮助学生在直观体验中感受放风筝的乐趣，萌生出对中国非物质文化遗产的认同感。课程通过运用大量的戏剧策略帮助学生加深对故事内容的进一步理解，同时将所学内容内化到自己的认知经验中。

三、教学目标

1.能根据绘本内容，尝试用肢体动作、表情想象、创编、表演"做风筝"和"放风筝"的过程，感受小女孩和妈妈一起做风筝和放风筝的快乐；*

2.能根据故事线索,尝试用肢体动作和声音表演场景中的画面,如:我和妈妈回家、遇见哈爷爷,感受胡同生活的美好,展现出自己日常在社区生活中的故事;＊＊

3.能根据故事线索,尝试用肢体动作和语言创造性地想象、创编、表达"妈妈教我做'王'字风筝""我第1次放'王'字风筝""哈爷爷送我沙燕风筝""我和妈妈第2次放风筝"等主要故事情节,感受、思考、练习如何在社区和大自然中遵守行为规范和安全准则,做一个好的社区成员,保护大自然、安全文明地游玩;＊＊＊

4.能积极地参与戏剧表演活动,通过戏剧创作与表演体验放风筝的乐趣,内化文明参与社区活动、喜爱大自然的意识和保护公共环境的行为。＊＊＊

四、教学准备

3~4课时。课件:绘本《放风筝》PPT、音乐:《春》《春天在哪里》;道具:风筝、剪刀、小刀、竹子、纸、剪刀、线、颜料、毛笔和水等。

五、教学过程

(一)暖身活动

以戏剧游戏"风筝汇"活动,引导学生了解本次戏剧活动主题,并认识不同图案和样式的风筝,感受这些风筝漫天飞舞的样子。

游戏规则:师生跟随音乐自由活动自己的身体部位,如手、脚、腿、肩膀、肚子等,在宽阔的空间里自由移动身体,就像风筝在空中飞舞。当音乐停止,教师展示风筝实物,并说出需要表演的风筝名称,学生需要模仿该类风筝的动作,并表演放飞风筝时的心情,直至音乐再次响起,游戏进入下一轮。例如,教师说"金鱼风筝",需要儿童各自表演金鱼的动作和放风筝时的动作。

(二)主体活动

1.故事导入。

教师讲故事引导学生回顾故事内容:一到春天,北京放风筝的人就特别多。沙燕风筝、龙形风筝、鹞子风筝、金鱼风筝,还有卡通的人形风筝,漫天飞舞着。

2.故事发展。

发展阶段一

场景1:看风筝(PPT切换到胡同);戏剧策略:教师入戏。教师扮演"妈妈"的角色,为学生介绍"王"字风筝的由来和制作方法,引导学生进入活动情景。

场景2:做风筝(PPT切换到家里);戏剧策略:肢体动作活动。请学生根据戏剧活动脉络,运用肢体动作模仿出制作风筝的4个步骤,表现出专注、投入的感觉。

场景3:放风筝(PPT切换到胡同);戏剧策略:定格画面。请学生思考小女孩放风筝时的动作、神态和心情变化,用静止的肢体、表情表现出来。

场景4:放风筝;戏剧策略:对话讨论。教师与学生交流讨论,风筝为什么会挂在树上? 有什么办法可以解决这个问题? 促进学生对活动主题的探讨与反思。

发展阶段二

场景1:遇见哈爷爷(PPT切换到胡同);戏剧策略:角色扮演,教师入戏。两位教师分别扮演活动中的角色"妈妈"和"哈爷爷",开启人物对话。

场景2:参观哈爷爷家(PPT切换到哈爷爷家);戏剧策略:角色扮演,教师入戏。两位教师分别扮演活动中的角色"妈妈"和"哈爷爷",与学生进行互动。

场景3:放风筝(PPT切换到广场);戏剧策略:定格画面。请学生回忆小女孩和妈妈一起放风筝时的动作、神态和心情,用静止的肢体、表情表现出来。

场景4:放风筝;戏剧策略:对话讨论。教师与学生交流讨论,这次的风筝为什么会越飞越高? 我们在放风筝时应该注意哪些事情? 帮助学生加深对故事的理解和记忆。

3.故事创作。

场景1:小女孩放风筝,戏剧策略:镜像画面。请学生集体表演小女孩第一次放金鱼风筝和第二次放沙燕风筝的画面,引导学生联系现实生活进行思考放风筝时的注意事项。

场景2:设计戏剧游戏"风筝交流会",戏剧策略:小组演绎。将学生分成4组,分别展示北京风筝、天津风筝、南通风筝和潍坊风筝,并介绍四大风筝的相关信息。

场景3:创作心目中的风筝,戏剧策略:建构空间。请学生自行发挥想象,在纸上绘制出他们心中的风筝,并进行介绍,之后运用肢体动作、表情和声音表演出来。

场景4:放飞自己的风筝,戏剧策略:定格画面。请学生想象放飞自己的风筝时的动作、神态和心情,用静止的肢体、表情表现出来,教师为每个定格画面拍照。

4.讨论与反思。

教师把定格画面中拍摄的照片用PPT展示出来,引导学生讨论刚才自己的表演,并评价同伴的表演,说一说在表演过程中自己的心情是怎样的,感受到了什么样的环境氛围。

(三)放松活动

PPT展示四大产地出产的风筝,请学生带着参与戏剧游戏的愉悦心情一起唱跳《春天在哪里》,将绘本中的行为内化到自己的日常生活中。

（四）延伸活动

1.阅读《风筝》《吹跑啦!》《中国风筝》《遥遥的风筝》等绘本;

2.回家和爸爸妈妈一起演绎书中的场景,并学习书中制作风筝的方法和放风筝的注意事项,和家人一起去户外放风筝。

童年乐事

——放风筝

当你回忆童年往事时,有没有想起什么特别开心的事儿呢? 对于我来说,儿时最快乐的事莫过于和小伙伴们一起放风筝了,每每想起,嘴角都会不自觉地上扬。在明媚的春光里,呼上三两好友去放风筝,在田野间奔跑大笑着,是童年的一大乐事。当春天来临的时候,广场上或公园里都能看见风筝漫天飞舞的样子,一旁的小卖部里也挂满了各式各样的风筝。

当我第一次带着《放风筝》这本书走进课堂的时候,请孩子们观察这本书的封面,孩子们一眼就看见了小女孩手中的"金鱼",可是他们却不知道这个金鱼造型的东西是什么。我告诉他们,这是"风筝",是一种可以借助风力飞上天的玩具。而这节课要讲的故事就是——放风筝,放飞她手中的风筝。我进一步询问孩子们有没有放过风筝,如果有的话是和谁一起放的。出乎意料的是,没有一个人回答"有",只有萱萱说在电视上看到过别人放风筝。风筝在公园里随处可见,离孩子们的生活这么近,可他们却从未放过风筝,仿佛离他们又那么远。我感到了一丝诧异,也许是因为家长们都忙于工作,没空带孩子们去户外放风筝吧,又或者是家长们平时也没想过要带他们去放风筝吧。所以风筝对于班上的孩子们来说,还是个新奇的物件,放风筝也是个新奇的活动。

我正好以《放风筝》这本书为契机,向孩子们科普风筝的相关内容。"同学们,风筝是我国的传统工艺品,你们知道风筝是怎么做出来的吗?"孩子们一脸茫然地摇了摇头:"不知道。""在这本书中能找到答案,我们一起去看看吧。"原来,"制作风筝需要一定的技法与手艺,传统的中国风筝工艺包括扎、糊、绘、放四种技艺"。风筝做好以后,拴好线就可以拿去外面放啦! 放风筝也是需要技巧的,你们知道放风筝要怎么放吗? 怎么才能让风筝成功飞上天呢? 我立马模仿跑步的动作,源源大声说:"跑!"对啦,放风筝的时候要跑起来,一边跑一边放长线,让风筝借助风力才能飞起来。正因为我们要边跑边放，所以在放风筝的时候要去空旷的场地上放。

第二天，我们来到了操场上放风筝。我先给孩子们示范了一遍如何放风筝，孩子们都兴奋不已，不停地追着风筝跑。时而因为风筝飞得高而欢呼雀跃，时而因为风筝快要掉下来了而着急不已。看着这群追风筝的人儿尽情奔跑的样子，我的内心也感受到了无比的快乐，想要跟他们分享放飞风筝时的喜悦。"你们想亲自体验一下放风筝吗？""想！"孩子们都争先恐后地答道。"那我们就轮流放风筝吧，边跑边放，记得要随时调整风筝线噢！"当我们共同奔跑在蓝天下，放飞风筝的时候，书中描绘的那些文字也变得鲜活生动起来。孩子们对风筝的认识进一步加深了，对放风筝有了更直观的体验与感受，因此建构起了关于风筝的认知图式。我想，这次放风筝对于他们来说，肯定是一次快乐又难忘的经历。孩子们在放风筝的过程中，亲身体验了放飞风筝的乐趣，也感受到了与同伴合作共享的快乐。"放风筝叫真快乐呀！你们想要把这份快乐延续下去吗！""想！""那放假回家了，记得带上家人和朋友一起去户外放风筝吧，让他们也感受这份快乐！"

绘本阅读不应该仅仅局限于课堂中，而应该有更广阔的天地，回归到自然生活情境。用绘本唤醒孩子们的生活经验，让其将绘本中的内容迁移运用到生活中，才是阅读的意义与价值所在。特殊儿童的阅读之路，更应该注重与他们的实际生活建立链接，这样才能取得事半功倍的效果。

让世界更美丽——《花婆婆》

中山市特殊教育学校　朱海英

花婆婆的魔法

——绘本《花婆婆》简介

一、故事的魅力

　　花婆婆是小艾莉丝的姨婆。花婆婆小时候名叫艾莉丝,她和爷爷一起住在海边,每天画画,做功课。爷爷经常给艾莉丝讲一些很远的地方发生的故事。受到爷爷的影响,艾莉丝有三个愿望:到世界各地去旅行;在海边居住;做一件让世界变得美好的事。

　　艾莉丝长大以后,大家叫她卢菲丝。她离开家乡,在图书馆工作,读书,帮助别人,去很远的地方旅行。后来,卢菲丝在骑骆驼的时候,背部受伤,她决定做第二件事,在海边找个房子住下来。她开辟花园,撒下花种子,心里非常快乐。她时常想起小时候答应爷爷的第三件事——做一件让世界更美丽的事。但是做什么好呢?她常常望着大海,想着这个问题。第二年,她背伤发作,大部分时间躺在床上,当她看到窗外的鲁冰花开,又有了希望。第三年,她可以出门散步了,当她走上山坡,看到山坡上开满了鲁冰花,想到了一个很棒的点子。整个夏天,她一面散步,一面撒种子,不停地撒种子。大家都叫她"又老又疯的怪婆婆"。第四年春天,她终于完成了第三件事,也是最困难的一件事——让苍山大地开满了鲁冰花,实现了最了不起的心愿——让世界变得更美好!

　　花婆婆非常老了,头发也白了,还是不停地种花,大家都喊她"花婆婆",她时常跟小艾莉丝和其他孩子讲很远的地方发生的故事。她告诉小艾莉丝一定要做一件让世界更美丽的事。从爷爷到花婆婆到小艾莉丝,就这样一代代把爱和美丽传递。

二、图画中的秘密

　　在《花婆婆》大部分的跨页中,可以看到一幅远景、一幅近景循环的设计,画面远近交相呼应,形成了一种二节拍韵律。远景展现主人公所处的环境,近景刻画主人公生活的细节,巧妙地契合了故事的节奏与步调。

图画书呈现了大量女主角的侧脸,慢慢地从小女孩艾莉丝长大成卢菲丝,最后变成花婆婆。在这个过程中,花婆婆的面容逐渐成熟、苍老,经历逐渐丰富、饱满。

图画中大片蓝色、紫色、粉红色的鲁冰花,给人柔和、温暖、明亮的画面感。当漫山遍野的鲁冰花开放的时候,画家展现了一个广阔的视角——长长的跨页,让观众看到了一个奇迹的诞生,而这个奇迹也将在小艾莉丝身上延续。

三、现实的思辨

《花婆婆》讲述了一个追寻和传播美丽的爱的故事,不单单是讲旅行的,也不仅仅是讲种花的。花婆婆走过不同地方,结交不同的朋友,分享传递了友爱。花婆婆种的是花,传播的是美丽,是爱,是对生活的希望。在爱和美的传承过程中,老一辈对年轻一代产生了巨大的影响。花婆婆告诉我们:只要有一颗盛开的心,再加上义无反顾地坚持,任何人都能让世界变得更美好。

共读

感受美，发现爱

——《花婆婆》教学设计

一、设计理念

根据"爱社区"的单元目标及内容,课程以绘本《花婆婆》为载体,以体验式学习理论为活动设计依据,引导学生通过沉浸式阅读体验绘本中美的分享与爱的传递;通过联结生活场景,帮助学生分享自己对"爱的传递"的理解和行动;通过小组讨论、归纳和学习"分享美"的方式,引导学生在实际生活中实践"传递爱"。

通过阅读与倾听绘本,学生感知《花婆婆》的故事情节,激发阅读兴趣。教师通过思维导图梳理事件发生发展的顺序。学生通过阅读绘本,受到故事启发,体验积极情感,向往美好生活,愿意为了祖国更美好而努力,成为能让世界变得更美丽的人。

二、教学对象分析

教学对象为培智学校7~9年级的中重度智力障碍学生。他们能认识常见的图片,能理解简单的故事,能通过简单句表达自己的需求及看法。他们对美好的事物有感性的认识,但很少落实在行动中。"感受爱、表达爱"这一主题的学习,可帮助学生体会追寻和传播美丽的坚持,分享和传递友爱的幸福,学习一些具体的方法去传递爱和美丽。

三、教学目标

(一)知识与技能目标

1.通过观察图片信息发现故事线索,了解故事发生的时间、地点、人物、事件; *

2.能够借助思维导图或者关键词句,说出故事主要内容; *

3.初步理解主人公用什么方式分享美,传递爱; * *

4.能用句式"谁用什么方式传递爱"来概括和描述绘本中人物分享爱的方式。 * * *

(二)过程与方法目标

1.能通过小组式分享和互动学习轮流表达的技巧; *

2.能够运用观察、推测等阅读策略对绘本内容进行推论; * *

3.能够借助流程图复述花婆婆的一生; * * *

4.能够借助沟通句条表达自己的"爱的传递计划"。 *

(三)情感态度与价值观目标

1.在阅读《花婆婆》及联结自己生活经验的过程中分享与传递爱的感受; *

2.初步理解坚持的意义; * *

3.以实际行动践行"爱的传递"。 * * *

四、教学重点、难点

(一)教学重点

运用故事时间轴,表达与感悟故事内容、情节主旨以及花婆婆的成长变化。

(二)教学难点

运用1~2种思维导图的方法梳理故事脉络。

五、教学准备

绘本《花婆婆》10本、PPT课件、绘本《花婆婆》讲读视频。

六、教学过程

(一)故事读读

引导学生阅读绘本的封皮、封底和插图页。引出阅读绘本的要素:书名、作者及出版社等信息,让学生学会看绘本要从封面看起;重点观察封面:山坡、大海、天空,还有一个人。她站在山顶上,面朝大海,一阵风吹过,她的斗笠在风中飞舞着。她高昂着头,很满足地欣赏着这个世界。这个人就是花婆婆,她就是这本书的主人公。教师引导学生发现这花婆婆所处的环境特点,引发学生的好奇心,探索花婆婆身上发生的故事,并齐读书名《花婆婆》。

老师和学生共读故事《花婆婆》,提出并回答简单问题,引发深入思考,为分解阅读做准备。

问题示例及参考答案(答案开放,不唯一,可自由发挥)

1.花婆婆有过哪些名字?(花婆婆、艾莉丝、卢菲丝)

2.花婆婆答应了爷爷做哪些事呢?(住在海边、去很远的地方旅行、做一件让世界变得更美丽的事)

3.花婆婆在图书馆上要做了什么事情?(清理书上的灰尘、把书排列整齐、帮助大家找书、看书)

4.花婆婆去过哪些地方旅行呢?(东方小国、高高的雪山、热带岛屿)

5.花婆婆做了什么事情,让这个世界变得更美丽呢?请你圈出来。(帮爷爷画画、结交朋友、撒下鲁冰花种子、传递美丽)

(二)分解阅读

根据故事时间轴,课程将故事分为四个部分进行分解详读,引导并尽量让学生表达与感悟每一部分故事内容、情节主旨以及花婆婆的成长变化。

1.童年的艾莉丝。师生阅读绘本的场景1~3,总结转述故事的主旨:花婆婆是小艾莉丝的姨婆。花婆婆小时候名叫艾莉丝,她和爷爷一起住在海边,每天画画,做功课。爷爷经常给艾莉丝讲一些很远的地方发生的故事。受到爷爷的影响,艾莉丝有三个愿望:到世界各地去旅行,在海边居住,做一件让世界变得美好的事。

2.成年的卢菲丝。师生阅读绘本的场景4~8,总结转述故事的主旨:卢菲丝离开家乡,在图书馆工作,读书,帮助别人,去很远的地方旅行。后来,卢菲丝在骑骆驼的时候背部受伤,她决定做第二件事,在海边找个房子住下来。她开辟花园,撒下花种子,心里非常快乐。她时常想起小时候答应爷爷的第三件事——做一件让世界更美丽的事。但是做什么好呢?她常常望着大海,想着这个问题。

3.又老又疯怪婆婆。师生阅读绘本的场景9~12,总结转述故事的主旨:花婆婆背伤发作,大部分时间躺在床上,当她看到窗外的鲁冰花开,又有了希望。第二年,她可以出门散步了,当她走上山坡,看到山坡上开满了鲁冰花,想到了一个很棒的点子。整个夏天,她一面散步,一面撒种子,不停地撒种子。大家都叫她"又老又疯的怪婆婆"。

第四年春天,她终于完成了第三件事,也是最困难的一件事——让苍山大地开满了鲁冰花,实现了最了不起的心愿——让世界变得更美好!

4.花婆婆。师生阅读绘本的场景13~14,总结转述故事的主旨:花婆婆非常老了,头发也白了,还是不停地种花,大家都喊她"花婆婆",她时常跟小艾莉丝和孩子们讲很远的地方发生的故事。她告诉小艾莉丝一定要做一件让世界更美丽的事。小艾莉丝答应了,但是她还不知道将来会做什么事。

(三)梳理脉络

在阅读完整故事后,教师提出问题,发现故事细节,通过思维导图理清故事的脉络,使得阅读更清晰、更深入、更有趣。

1.花婆婆有哪些名字?

在不同的时期,花婆婆有不同的名字,在她还是一个小女孩时,大家叫她艾莉丝,当她长大以后,大家称呼她为卢菲丝小姐,当她老了,大家都喊她花婆婆。

2.花婆婆在不同的人生阶段,主要做了哪些事?

少年时代,艾莉丝住在海边,和爷爷在一起画画、做功课。这个时候,在她小小的心里,答应了爷爷要做三件事。同学们,你们还记得是哪三件事吗?像爷爷一样,去世界各地旅行;老了也要像爷爷一样居住在海边;做一件让世界变得美丽的事。

成年以后,卢菲丝离开家乡,在图书馆工作,读书,帮助别人,去很远的地方旅行。她去过真正的热带岛屿;爬过高高的雪山;走过沙漠;穿过热带丛林。她看到了正在游戏的狮子、跳跃的袋鼠,还看到岛上的居民将鹦鹉和猴子当作宠物。她每经过一个地方,都结交了一些难忘的朋友,最后她来到东方的小国,她在骑骆驼的时候,不小心摔了下来,她的背部受伤了。

受伤后,卢菲丝在海边找了房子住了下来,她开辟花园,撒下了鲁冰花种子,第二年春天,撒下的种子都开花了,她满心欢喜,想等背伤好后,撒下更多的种子;又一年,她的身体好些了,可以出门散步了,当她走上山坡,看到山坡上居然开满了鲁冰花,这时,她想到了一个很棒的点子。她写信购买了一大包鲁冰花种子,整个夏天,她一面散步,一面撒种子。这时候,大家都叫她"又老又疯的怪婆婆"。第四年春天,她终于完成了第三件事,也是最困难的一件事——让每个角落都开满了鲁冰花,实现了最了不起的心愿——让世界变得更美好!

花婆婆克服了身体的病痛,坚持做一件事情,不在意别人的看法,刚开始,当花婆婆到处不停地撒种子的时候,大家都觉得很奇怪,叫她又老又疯的怪婆婆,但是花婆婆依然坚持着。当她老了,头发也白了,还是在不停地种花,是她的坚持,她成了让世界变得更美丽的"花婆婆"。

3.找出两幅图的共同点与区别。

第一幅图，我们看见了爷爷、小艾莉丝、壁炉、画、猫咪、海螺等，第二幅图，我们看见了花婆婆和孩子们，还有壁炉、画、猫咪等。

相似之处：画面都是温暖沉稳的颜色基调，都出现了挂画、壁炉、海螺、小猫、老人和孩子。我们能看到墙壁上挂的画都描绘了海边的房子、波涛汹涌的大海，这也是神似之处。温暖的壁炉和海螺，是从爷爷到花婆婆到小艾莉丝之间爱的延续与传承。爷爷抱着小艾莉丝，在讲很远的地方发生的故事，而花婆婆也在给孩子们讲很远地方发生的一些故事，他们都将自己的故事讲给下一代听，这是爱的延续。

变化之处：人、动物和物品数量的变化，种类的增加，暗示了花婆婆个人的经历留下的印记。人物、动物更多了，从爷爷到花婆婆到下一代，爱的接力棒传递给了更多的人。

4.运用思维导图回顾花婆婆的成长经历。

花婆婆用自己的一生，让这个世界变得更加美丽。当她是一个小女孩的时候，她帮爷爷画美丽的画；当她成年后，她走遍世界，结交朋友，温暖别人；她撒下鲁冰花种子，让每个角落开满美丽的花儿；她向孩子们讲述很远地方的故事，将爱传递给下一代，每一件事，都让这个世界因为她而变得更加美好。

（四）讨论

你觉得自己长大了做什么事才能让世界变得更美丽呢？你现在能做一件让世界变得更美丽的事吗？请你选一件你觉得特别有意义的事情，说一说自己的想法。

帮助别人，温暖别人；认真学习，掌握知识，服务更多的人；拓展阅读，开阔视野；用手描绘美丽的图画；随手捡垃圾，让环境变得更美丽；坚持运动，拥有强健的体魄；热爱劳动，创造美好的明天，这些都可以让世界因为我们而变得更加美好。

也许你不知道将来可以做什么事，不知道自己长大了做什么事才能让世界变得更美丽，但是请你相信，做好现在的事情，坚持梦想，只要有一颗盛开的心，任何人都能让世界变得更美好。

七、教学反思

通过预设问题帮助学生梳理故事内容："花婆婆的爷爷认为最重要的事是什么？他做了哪些重要的事？""为什么说花婆婆完成的第三件事情是最困难的事？"

为了帮助智力障碍儿童全面感知图画书，课程结合思维导图制作教具，把主题关键词与图像、颜色等建立记忆链接，帮助学生调动多感官参与阅读，帮助读者了解作者创作的逻辑。课程运用思维导图图文并重的技巧，通过"提取关键词"来实现"缩减篇幅"等方式将文本进行简化，方便学生记忆与理解。

思维导图将图画书中的信息视觉化，如利用桥状图展示花婆婆在不同的人生阶段的形象和名字；利用气泡图描述花婆婆的成长经历；利用流程图展示花婆婆在不同的人生阶段，主要做了哪些事……在思维导图的帮助下，特殊儿童能较好地理解和复述图画书内容。

通过思维导图开展梯进式阅读：梯进式阅读是重复阅读的升级版，每一次重复所解决的问题、侧重点都不同，在《花婆婆》的教学中，第一遍重点解决"有什么"的问题，第二遍重点解决"出场顺序"的问题；第三遍解决"为什么""因果关系"等问题。每一遍阅读层层递进，逐步深入理解图画书。

共演

传递爱，创造美

——《花婆婆》戏剧教学设计

一、设计思路

在绘本《花婆婆》的共读活动中，课程以花婆婆的故事为蓝本，通过戏剧教学活动构建绘本场景，帮助学生深入地思考故事内容，实现启发思维，培养情感态度价值观的教育功能。教师引导学生通过沉浸式阅读来体验传递"爱"、探索"美"与创造"美"的感受；通过联结生活场景，帮助学生在感受传递爱、探索美的同时，理解创造世界之美的行动，引导学生在实际生活中践行创造世界之美的思想。

二、教学对象分析

教学对象为培智学校高年级的中重度智力障碍学生，年龄分布在 15~18 岁，他们大多即将毕业并走向社会。大部分学生能认读、感知图片的内容,理解简单的故事情节,能通过简单句表达自己的需求及看法。他们对美、爱有感性的认知,但很少落实在行动中,对创造世界美的认知与行动比较模糊与薄弱。因此,课程期望通过绘本戏剧教学,帮助学生在活动体验中深入思考传递爱与探索美的幸福,树立自己创造美的理想并将其付诸实践行动。

三、教学目标

1.根据故事线索尝试用肢体动作和语言创造性地表达、想象、创编绘本《花婆婆》中主人公花婆婆的一生故事概要及情节;＊＊

2.通过师生互动、同伴合作等形式迁移生活经验,演绎不同时期花婆婆的造型并与同伴合作完成小组表演任务,深入体验花婆婆在传递"爱"、探索"美"与创造"美"过程中的幸福体验;＊ ＊

3.积极参与戏剧表演活动,跟随情境的变化进行表演,感受戏剧表演与创作带来的快乐,内化传递爱、探索美的思考并建立创造美的行动。 ＊ ＊ ＊

四、教具准备

2~3 课时。《花婆婆》电子课件、《乘风》音乐、披风、拐杖、床、矮凳子等。

五、教学过程

(一)热身游戏

以《我是花婆婆》的戏剧游戏让学生想象自己就是主人公花婆婆,她站在高高的"山岗"上欣赏世界美景,引导学生初步了解本次戏剧活动的主题以及活动主人公角色。

游戏规则:随音乐自由活动手、脚、全身,在空间里自由移动身体,共享空间。想象自己就是花婆婆,而且在欣赏自己的作品。音乐停止时,请同学们讲讲自己看到了什么? 音乐再次响起,进行第二轮游戏。

(二)故事导入

教师讲述人物与故事情节:有个小女孩名叫艾莉丝,她家住在哪里呢? 她和谁住在一起呢? 后来啊,她长大了,她在哪里工作呢? 她都做些哪些有趣的事情呢? 后来啊,她变成老婆婆了,都做了些什么事情了呢?

(三)情节发展

教师采用"故事分享会"的方式,利用邀请"故事讲读者"的方式概述不同时期花婆婆所发生的一些事情。教师邀请学生们按照老师所复述的内容、按照自选角色来表演故事情节。

1.第一幕:少年时的花婆婆——小艾莉丝。

角色分配:小艾莉丝、爷爷、大船等。

故事情节:住在海边,帮助爷爷画画,上学,放学……

2.第二幕:成年时的花婆婆——卢菲丝小姐。

角色分配:花婆婆、百瑞佳、静态景物等。

故事情节:认真工作,读书,周游世界……

3.第三幕:老年时的花婆婆——怪婆婆。

角色分配:花婆婆、小朋友、艾莉丝、静态景物等。

故事情节:养伤,种花,欣赏世界,讲故事……

(四)创作与反思

1.建立理想的人:猜一猜。

引导学生思考能做哪些让世界变得更美的事情。分个体创作与集体创作完成活动任务。

个体创作:教师邀请部分学生进行表演,让同学们去猜测他的理想是什么。

集体创作:将全班学生分成三个组,分别让三组进行讨论并设计自己的理想,请其他组员猜一猜。(主教教师与辅助教师分别对班级内的三个小组进行巡回指导并进行小组展示)

2.探索世界之美的人:演一演。

教师引导学生进行"探索世界之美"的情景创作:如果你也将会成为一位花婆婆,你想用什么行动来探索或者发现这个世界的美丽呢?

3.创造世界之美的人:谈一谈。

老师引导学生进行讨论并分享实现自己的理想的途径,思考如何做一个让世界变得更美丽的人?

(五)教学延伸

1.精品绘本《花婆婆》,品味故事中的情节;

2.引导学生分角色开展亲子表演;

3.向父母诉说自己将如何做一个让世界变得更美丽的人。

追寻美，在行动

《花婆婆》向我们讲述了一个发现美、追寻美、创造美、传递爱的故事。只要有一颗盛开的心，坚持梦想，任何人都能让世界变得更美好。依托绘本《花婆婆》，课程设计"五共"活动链，展开泛读、精读、思维导图设计、戏剧体验。绘本主旨被一点点挖掘出来：美的期盼、坚持的力量、爱的传递……跟着花婆婆一起行动，培智高年级学生开展分享美、传递爱的活动，将主题阅读收获的美好情感落内化到心里，延伸到学校生活场景中，去真切地践行这些力量和美好。

一、畅想——我有小点子

追寻美，落实在行动上，同学们开动脑筋，集思广益，畅想了许多让世界变得更美好的点子。帮助别人，温暖别人；认真学习，掌握知识，服务更多的人；拓展阅读，开阔视野；用手描绘美丽的图画；随手捡垃圾，让环境变得更美丽；坚持运动，拥有强健的体魄；热爱劳动，创造美好的明天，这些都可以让世界因为我们而变得更加美好。

我们做什么能让这个世界更美丽呢？

二、行动——建五味花园

"青青园中葵，朝露待日晞。阳春布德泽，万物生光辉。"美丽的春天，草长莺飞，万物复苏，又到了春暖添绿的时候。师生开辟了"五味园"种植基地，种植花、菜、果、瓜。将种植劳动实践与《花婆婆》主题阅读相结合，在学生的心里播撒下绿色的种子，让他们在行动中感悟生命的可贵、美的期盼、坚持的力量、爱的传递、收获的快乐。

五味园是多感官花园，包括嗅觉花园、触觉花园、视觉花园、味觉花园、听觉花园。花园内有让特殊儿童触觉、视觉、嗅觉感知的多种蔬菜瓜果。尤其是辣椒、紫苏、香茅、香菜、薄荷、艾叶，它们具有的特殊香气和味道提供了丰富的嗅觉刺激及味觉刺激。

五味园是全科课堂，从活动策划、种苗选育、技能指导、练习实践、总结交流无所不有。在开荒—种植—护苗—采摘—清洗—烹饪—分享一系列活动中，同学们做研究的做研究，除虫的除虫，记录的记录，煮菜的煮菜，品尝的品尝，还有人写诗、画画、摄影……

三、坚持——汗水中微笑

在"五味园"里，学生进行了一系列的松土、培土、施肥、捡石子的行动，整理出了一块块平整的菜地，使种植园焕然一新，又经历了种植—除虫—浇水—采摘—烹饪—分享,实现了蔬菜从种植到餐桌一条龙。

一开始,学生分不清蔬菜和杂草,不会使用种植工具。看似非常简单的劳动,他们做起来都十分不易。每日去浇水,是不能忘记的功课。一些学生皮肤娇嫩,一进菜园就被蚊子咬了,脸上胳膊上都是包。教师尝试了从戏水到浇水,通过工作分析法、支架教学法、重复练习法、链接活动法等帮助重度障碍儿童掌握技能。在体力劳动中,学生肢体动作逐渐正确、熟练。

学生调动了视觉、听觉、触觉、嗅觉、味觉参与学习,刺激了思考的头脑。学生在身体的运动中学会保持平衡,了解自己的身体,保持快乐的心态,分散旺盛的精力。在亲身参与的劳动体验中,学生的技能水平提升了。在真切的劳动场景中,学生感受到了收获的艰辛与幸福。

四、分享——美的传递

"春种一粒粟,秋收万颗子。"在厨艺课中,我们将种植成果搬上了餐桌,充分利用园中食材——黄瓜、辣椒、艾叶、豆角、紫苏等材料,制作了艾叶青团、黄瓜拌凉皮、葱花饼、紫苏烧鸭、凉拌豆角、辣椒小炒肉等菜品,师生共同品尝。

没有亲近泥土的童年不是快乐的童年,远离大自然的教育不是完美的教育。小小种植园,为学生的全面发展提供了一个开放的空间,让学生有机会走出课堂,走进自然,动手实践,出力流汗,接受锻炼,磨炼意志,学生从在书本里学习花婆婆的故事到亲手实践有了切身的体验,在五味园耕作劳动教育过程中,同学们深刻感受到了追寻美、传递爱,就在每个人的行动中。

畅想,让菜园飘香了。

行动,让双手变巧了。

坚持,让身体更棒了。

分享,让日子变甜了。

爱祖国

本单元主题是爱祖国,爱祖国是对祖国深厚而真挚的情感,是个人应该具有的公民道德之一。任继愈在《爱祖国是学习的真正动力》中说:"爱祖国,首先要了解祖国,不了解,就说不上爱。"爱国体现了人们对自己祖国的深厚感情,反映了个人与祖国的依存关系,是人们对自己故土家园、民族和文化的归属感、认同感、尊严感与荣誉感的统一。爱祖国首先要对自己的同胞、自己的民族、自己的国家、自己的文化有科学深刻的认识;在认识的基础上建立民族认同感、自豪感,为自己身为中国人感到自豪和幸福;从而对祖国的疆土、同胞、文化等生发出深厚而真挚的热爱。爱祖国体现在生活的点滴中,体现在自己梦想和中国梦相互融合促进的过程中。热爱祖国是个人爱的最高层次,能够最大程度地激励学生发展自我,为祖国奉献自己的力量,从而实现自己的生命价值。爱祖国的行为能够激发爱国心理活动,升华爱国情感;爱国情感又能激发爱国心理活动和爱国行为动机。对于培智学校的学生来说,培养爱祖国的情感应该紧密联系学生生活,从生活的点滴中去渗透,从自身出发到生活的家庭、上学的学校、居住的社区再到辽阔的祖国大地,去理解和体会爱祖国的情感,去践行"像爱自己一样爱祖国"。

美丽的祖国我的家——《11 只灰雁往南飞》

中山市特殊教育学校　赵娜

共研

美在山水间　爱在心田里

——绘本《11 只灰雁往南飞》简介

《11 只灰雁往南飞》2016 年由中国中福会出版社出版，由吴烜撰文，张乐绘图。该绘本入选 2017 年中华优秀科普图书榜"少儿原创"榜单。绘本借助灰雁的眼睛，不仅让我们看到了祖国的美丽的风景，还看到了全国各族人民幸福而美满的生活。整本书图文结合，文字主要是对图片的动态描述。绘本中的插画笔触细腻、色彩鲜艳、充满活力，易于引起特殊学生的兴趣，画面中的事物清晰具体、细节丰富，可更好地帮助特殊学生理解绘本的内容，符合特殊学生的认知特点。

绘本以灰雁南飞为线索讲述了秋天 11 只灰雁从北方出发，途经内蒙古、陕西、四川、云南，一路飞越了鄂尔多斯草原，穿过了黄河河套地区，掠过秦岭，跨越长江，最终抵达温暖的海南岛越冬。通过灰雁几千公里的漫长旅途，全面而立体地展示了祖国的壮美风景，如草原、沙漠、平原、丘陵，以及人们创造的"奇迹"——三峡、梯田等，让孩子们认识到祖国之美，美在历史悠久、美在博大精深、美在风土人情。

绘本中成片的谷子、红彤彤的高粱、枣子和南瓜、花海一样的花椒田、雨点一样掉落的核桃、栾树上一盏盏的"小灯笼"、一筐筐的柑橘、金色阳光一般的稻田、随手可摘的柚子，直观地展示了全国各族人民通过辛勤劳动到处欣欣向荣的丰收景象，让孩子们体会到祖国人民的幸福美满生活。

美在山水间、爱在心田里。《11 只灰雁往南飞》绘本让孩子们初步建立地理的概念，增加孩子们探索世界的欲望，以及对祖国和人民的热爱。

美丽的祖国我的家

——《11 只灰雁往南飞》教学设计

一、设计理念

　　《义务教育道德与法治课程标准(2022 年版)》中提出要了解祖国的名山大川和名胜古迹,为生活在中国而自豪;感受身边的变化,了解家乡的发展,对祖国未来充满信心。《培智学校义务教育课程标准(2016 年版)》中提出要热爱祖国,初步了解我国领土的相关知识,形成热爱祖国,热爱人民,热爱中国共产党的情感和态度,培育和践行社会主义核心价值观,使之尽可能地成为合格、独立的社会公民。基于以上国家课程标准的要求,结合“爱祖国”的单元目标及内容,课程以绘本《11 只灰雁往南飞》为载体,引导学生通过趣味谈话初探绘本;通过阅读绘本进而借助思维导图搭建支架引导学生走进绘本;通过观察、推理深入分析祖国的自然与人文景色之美感悟绘本;通过引导学生从绘本中欣赏、感受美景拓展到现实中去爱护、保护美景,升华绘本。

二、教学对象分析

　　培智学校三年级学生的类型主要为中重度智力障碍、孤独症、语言障碍。部分学生能认识常见汉字、看懂简单的图片,能理解简单的故事,能通过简单语句表达自己的想法。但是也存在一些认知能力很差、无语言的同学,同学之间能力差异明显。在日常或学校生活中,家长或老师会带领同学们外出欣赏、参观,学生通过其他媒体也欣赏到各地的美景,并且很多同学也有欣赏、感受美景的意愿。但是同学们在欣赏祖国美景的时候大多是停留在景的表面,很少去体会、去感悟、去表达,或根本不知道如何去表达自己内心的情感,本课内容的学习也为同学们后续阅读绘本提供方法指导。

三、教学目标

(一)知识与技能目标

1.在老师协助下感受绘本内容,初步了解绘本中不同地区的风景;＊

2.能根据绘本内容认识绘本中不同地区的风景与事物,理解绘本内容;＊＊

3.能借助图片和文字能说出灰雁迁徙途中所到地方的名称及风土人情。＊＊＊

(二)过程与方法目标

1.通过观察、推测等方式激发学生的阅读期待;＊

2.通过师生互动、生生互动提高阅读效率;＊＊

3.通过画一画、演一演等方式强化对绘本的理解。 ＊＊＊

(三)情感态度与价值观目标

1.通过绘本阅读,了解祖国大好河山,认识祖国之美,美在历史悠久、美在博大精深、美在风土人情;＊

2.增强同学们热爱祖国的意识和情感;＊＊

3.将"热爱祖国"的意识和情感落实到实际行动中。 ＊＊＊

四、教学重点、难点

(一)教学重点

跟随灰雁的迁徙路径,领略祖国的大好河山,认识祖国之美。

(二)教学难点

感受祖国的风土人情,增强热爱祖国的意识和情感,并落实到实际行动中。

(三)教学策略

1.综合运用引读、提问、预测等阅读策略,帮助学生理解绘本内容。

2.利用思维导图直观呈现灰雁的迁徙路径,帮助学生理解和记忆绘本中的内容。

3.进行异质分组教学,将能力不同的学生分为一组,提出适当的学习要求,安排不同的学习任务。

4.提供个别化支持、个性化的学习材料,利用图片、平板电脑等视听设备帮助能力弱的学生参与课堂活动。

5.搭建生活场景让学生通过演一演的方式帮助学生强化对绘本的理解。

五、教学准备

2 课时。《11 只灰雁往南飞》绘本 12 本、PPT 课件、绘本讲读视频、平板电脑、灰雁头饰、中国地图。

六、教学过程

(一)巧妙导入,初探绘本

1.谈话导入,唤醒认知。

师:同学们你们有外出旅行过吗? 都到过哪些地方?(引导学生分享自己的旅行经历)谈一谈自己在旅行过程中的体会。(引导学生谈感悟)

师：有一种动物,它们每年都要经过两次长达一两个月的长途旅行。这种动物是什么呢?

教师出示绘本,引导学生观察绘本的封面和封底,认识绘本的主人公——灰雁。

师：你了解灰雁吗?（学生尝试回答）

教师出示灰雁图片,让学生简要了解灰雁这种动物。

2.趣猜主题,激活课堂。

出示主题,引导学生通过绘本主题明确灰雁们此次旅行的飞行方向——向南飞行。

教师围绕课题质疑：它们向南飞行要去做什么,你们猜猜看?（鼓励同学们各抒己见）

【设计意图】深入挖掘学生的生活经验,用学生的生活经验搭支架,使学生对新知识产生亲切感。以猜引入,激发学生的想象力,增强学生的阅读兴趣,使学生在开放的学习空间中初步感受到阅读的快乐。

(二)教师引读,走进绘本

1.巧妙设疑,引发阅读期待。

教师提出问题。

- 11 只灰雁是什么时间出发?
- 它们什么时间到达目的地?
- 它们到达的目的地是哪里?
- 它们为什么要进行长途旅行?
- 长途旅行中它们都到过哪些地方?

通过上述问题的提出激发学生的阅读兴趣。

2.初读绘本,感知绘本内容。

教师引导学生带着问题阅读绘本(能力强的同学自己结合图片和文字阅读绘本,能力弱的同学借助电子媒体观看绘本讲读视频),初步感知绘本内容。

3.集体探讨,尝试解决问题。

集体讨论,引导学生结合绘本内容尝试解答疑惑。

4.用思维导图搭支架,梳理灰雁的飞行路线。

教师引导学生细读绘本,借助思维导图一起梳理灰雁的飞行路线。

分组：能力强的同学在老师的指导下通过文字梳理飞行路线;能力弱的同学由教师提供相关地点图片,结合绘本中的内容,在老师的指导下一一将地点图片进行排序。

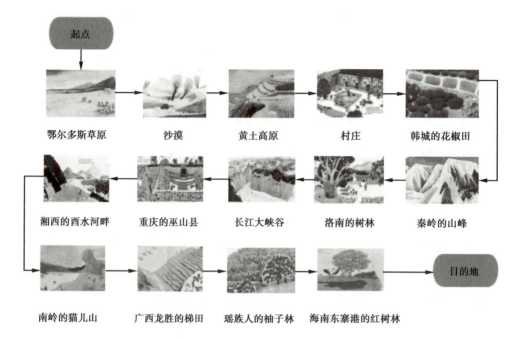

【设计意图】老师抛出问题,引导学生带着问题去阅读,使学生对阅读充满期待,激发学生的好奇心和探究的兴趣,同时带着问题阅读,避免特殊学生阅读的盲目性,增强阅读的针对性,提升阅读的效率。图文结合的思维导图契合不同能力水平学生的能力特点,借助思维导图可以帮助学生梳理灰雁的飞行路线,帮助学生快速建立绘本的结构,帮助学生记忆绘本的内容。

(三)深入分析,感悟绘本

1.借助中国地图,感悟灰雁迁徙路程之远。

根据灰雁的飞行路线,师生合作在地图上标出灰雁迁徙路径,引导学生直观感受灰雁迁徙方向及迁徙路程之远。

2.分析画面,感悟祖国自然与人文之美。

●教师引导学生观察与细读每一个地点的画面及文字,尝试说一说每一个地点的自然与人文之美。

如:

①鄂尔多斯草原。

自然景观:红红的夹着金黄色的天空,宽阔的绿草原

人文景观:玩游戏的小朋友们

②沙漠。

自然景观:茫茫的沙漠

人文景观:古城墙、房屋、热闹的人群

③黄土高原。

自然景观:蓝蓝的天空

人文景观:成片的谷子、红彤彤的高粱、忙碌的人们

④村庄。

自然景观:绿油油的草地、茂盛的树木

人文景观:挂满枝头的南瓜和枣子、忙碌的大人们、玩游戏的小朋友们

⑤韩城的花椒田。

自然景观:晴朗的天气

人文景观:像花海一样的花椒田、忙碌的人们

⑥秦岭的山峰。

自然景观:清澈的河水、连绵不断的山峰、顽皮的小猴子

......

(引导学生尝试总结其他地点的自然与人文景观)

在回答过程中鼓励学生细心观察、大胆推理。

• 说一说灰雁路过的地方,哪一个地方你最喜欢? 为什么?

引导学生用完整的句子分享自己的观点:"我最喜欢_____的景色,因为_____。"

• 尝试用简单的词语或句子评一评祖国的自然与人文景色。

3.争做小导游,展示祖国的美。

鼓励同学们做"灰雁"小导游,选一处或者几处地点向其他同学介绍"看"到的美丽景色及其感受。

【设计意图】通过教师引导借助中国地图绘制灰雁迁徙示意图,增强学生对灰雁南飞及灰雁迁徙路程之远的直观理解。通过观察和推理,帮助学生收集目标信息,锻炼信息提取能力和推理分析能力。通过角色扮演帮助学生更好地理解绘本,更深地感受绘本故事的氛围,同时也为同学们创设了真实的语言学习与表达的途径。

(四)延伸拓展,升华绘本

教师:祖国的风景美丽,人民勤劳劳动为我们创造了幸福美好生活。作为学生的我们可以为祖国做点什么?

引导学生从爱护环境、保护动物、节约粮食、好好学习等方面将"热爱祖国"的意识和情感落实到自己的实际行动中。

教师总结:通过绘本的学习,我们一起领略了祖国的美丽景色,同时也知道了祖国的美景也需要同学一起来维护。让我们做祖国的"小主人",从身边做起,一起爱护我

们的祖国吧!

【设计意图】祖国风景壮美,但是不好好地爱护,再美的风景也会褪色,课程将绘本的主旨从绘本中欣赏、感受美景拓展到现实中去爱护、保护美景,从而使学生由故事走向生活,绘本内容得到升华。

七、教学反思

教学过程中教师通过巧妙谈话、趣味设疑等方式引导学生带着问题去阅读,使学生对阅读充满期待,激发了学生的好奇心和探究的兴趣,避免了特殊学生阅读的盲目性,增强了阅读的针对性,提升了学生阅读的效率。适合不同能力层次的图形结合的思维导图帮助学生快速梳理了绘本的结构、记忆绘本的内容。在阅读的过程中老师通过观察、推理、角色扮演,帮助学生收集目标信息,锻炼了学生信息提取、推理分析和语言表达能力。在老师的启发和教学策略的实施下,课堂氛围活跃,学生在课堂上参与积极性高,师生关系融洽、和谐。在角色表演环节,同学们仿佛变成了一只灰雁,绘声绘色地介绍自己的所见、所闻、所感。从在绘本中欣赏、感受美景拓展到在现实中去爱护、保护美景,学生由故事走向生活,增强热爱祖国的意识和情感,落实到实际行动中,收到了很好的育人效果。

游山河　爱祖国

——《11只灰雁往南飞》戏剧教学设计

一、设计思路

《义务教育道德与法治课程标准(2022年版)》中提出课程实施要采取热点分析、角色扮演、情景体验、模拟活动等方式,引导学生开展自主探究与合作探究。而绘本与儿童戏剧活动正好是两个相互匹配的学习伙伴。戏剧让儿童的天性得以舒展,而丰富的绘本资源则为儿童的戏剧活动提供了蓝本和源泉。本次戏剧活动来源于绘本《11只绘本往南飞》,旨在通过生活场景的创设,帮助学生更深入地理解绘本内容,实现启发思维,并通过引导学生从在绘本中欣赏、感受美景拓展到在现实中去爱护、保护美景,进而实现培养学生情感态度价值观的教育功能。

二、教学对象分析

我校三年级学生的类型主要为中重度智力障碍、孤独症、语言障碍学生。部分学生能认识常见汉字、看懂简单的图片,能理解简单的故事,能通过简单语句表达自己的想法。但是也存在一些认知能力很差、无语言的同学,同学之间能力差异明显。同学们在日常或学校生活中,家长或老师会带领同学们外出欣赏、参观,学生通过其他媒体也欣赏到很多各地的美景,并且很多同学也有欣赏、感受美景的意愿,但是在欣赏祖国美景的时候多是停留在景的表面,很少去体会、去感悟、去表达,或根本不知道如何去表达自己内心的情感。通过本次绘本教学,老师能更好地引导学生去体会、感悟祖国的美。

三、教学目标

1.能根据绘本内容,尝试用肢体动作、语言,直观参与表演"祖国"的样子,感受祖国的美;*

2.通过师生互动、同伴合作等方式,创造性地想象、创编不同的场景,展示祖国的美;* *

3.积极且投入地参与戏剧表演活动,通过戏剧表演与创作将爱国的情感内化于心,并外化于现实中去爱护、保护祖国美景的实际行动中。* * *

四、教学准备

2课时。课件:绘本《11只灰雁往南飞》PPT;音乐:《雁群》《丰收之歌》、动物音效、《祖国祖国我们爱你》;道具:灰雁头饰、翅膀、自制道具(镰刀、锄头、棍子等)、超轻黏土、树枝、树叶、布条等。

五、教学过程

(一)热身活动

以戏剧游戏《雁群飞》活动,引导学生了解本次戏剧活动主题,并认识灰雁。

游戏规则:同学们头戴灰雁头饰,背上翅膀道具,跟着《雁群》音乐振动翅膀模仿灰雁飞行,根据教师下达的指令,在教师的指导下学生迅速排成"一"字形或者"人"字形。

(二)主体活动

1.故事导入。

教师引入故事:秋天到了,天气变凉了(教师出示图片和风吹的声音烘托气氛),11只灰雁准备结队一起去温暖的南方越冬,在10月11日这天他们出发了。

2.故事发展。

● 戏剧策略:故事地图

在一张空白的纸张上,教师拿出事先准备的场景图引导同学们结合绘本图片,将灰雁迁徙途中路过的场景一一贴到纸上,带领同学们回顾灰雁一路上经过的地方。

完成地图后,教师引导同学们变身灰雁跟着雁群一起去南方旅行。

● 戏剧策略:会议

同学们一起商讨并制定在飞行途中要遵守的规则。

3.故事创作。

场景 1:美丽的祖国

● 戏剧策略:空物想象

教师:我们跟着灰雁一起来欣赏一下我们祖国的美丽风景。瞧,鄂尔多斯草原的天空红红的,夹杂着金黄色。整个大地被黄色掺杂着绿色的草覆盖着,像铺了一层厚厚的地毯。草原真大啊,一眼望不到边! 你听蹄哒蹄哒的声音是什么? 我们骑上马儿在草原上飞奔吧!

教师:前面闪闪发光的是什么? 是茫茫的沙漠。经过了人们的治理,沙漠里的树木和绿洲也多了起来。不远处骆驼们正在喝水,我们一起骑上骆驼穿越沙漠。

教师:黄土高原已经变了模样,昔日的沟沟壑壑被改造成了梯田。在这里的谷子好多,我们在这吃点谷子,休息一下。

教师:远处重重叠叠、连绵不断的是秦岭的山峰,大家过山峰的时候要小心。秦岭的最高峰到了,快,排好队,跟着灰雁顺着气流一起飞越过去。

教师:峡谷两岸群山连绵起伏、绿树成荫,平缓的水流上漂浮着小船,小船看上去比叶子还小,我们乘着小船一起跨越长江。

教师:一座山岭挡住了我们,山的顶峰像一只蹲伏的猫儿,这是南岭的猫儿山,这座山好高大啊,我们再加把劲,跟着灰雁一起拍打翅膀努力飞越过去。

教师:一大片蓝色出现在我们面前,是大海到了,宽阔的大海无边无际,海中的鱼儿在快乐地游着,我们跟着鱼儿一起畅快地游泳吧。

教师结合语言、动作、声音分别营造鄂尔多斯草原、沙漠、黄土高原、秦岭的山峰、大峡谷、南岭的猫儿山、大海的场景,教师引导同学们去想象并用肢体大胆地去表达。

场景 2:丰收的喜悦

● 戏剧策略:"故事棒"

教师:11 只灰雁在飞行的过程中也看到了在辛勤劳作的农民伯伯们,他们<u>有的在割谷子、有的在锄地、有的在打枣、有的在晒谷、有的在划船运送水果、有的在挑谷</u>

子……农民伯伯好辛苦啊！（画线部分为教师邀请学生进到圈里进行即兴表演的部分）

（教师提供一些自制道具，有镰刀、锄头、棍子等）同学们站成一个大圆圈，在提到故事中的情节或动作时，教师用故事棒指向某位学生，学生拿相应的道具到圆圈中间表演农民伯伯劳作的动作。

● 戏剧策略：即兴表演

教师：农民伯伯的辛勤劳动，也换来了好收成。一路上，灰雁看到了黄土高原上成片成片的谷子、红彤彤的高粱，村庄里挂满枝头的枣子和南瓜，还有韩城一片像花海一样的花椒田，洛南的树林里成片的板栗树和核桃树，重庆的巫山县一串串的红辣椒，湘西酉水河畔一筐筐的柑橘，广西龙胜梯田层层的水稻，瑶族人的柚子林里随手可摘的柚子，今年又将是一个丰收之年。让我们跟着音乐快乐地舞蹈吧！

教师引导学生跟着《丰收之歌》即兴舞蹈，展示农民伯伯们收获后的喜悦。

场景3："注意，危险"

● 戏剧策略：旁白

（教师使用"旁白"策略，创设"灰雁休息时狐狸来了"的情境）

教师（旁白）：灰雁们一路上欣赏到了这么多美景，但是他们在飞行途中也会遇到危险。一天，他们到达了一座山岭，准备在这休息一下，有两只灰雁不吃也不睡，负责警戒任务。今晚的夜色好美啊，到处静悄悄的，其他的灰雁们慢慢进入了梦乡。负责警戒任务的两只灰雁，每只负责一边，他们瞪大了眼睛左看看右看看，观察着四周的动静。

（请部分同学分别扮演两只负责警戒任务的灰雁和睡觉角色的灰雁，并在旁白的提示下进行表演）

教师（旁白）：不远的树林里，一只狐狸发现了灰雁们："哇，好美味的晚餐啊！"狐狸猫着身子悄悄地朝这边走来。

（请一名同学扮演狐狸的角色，并在旁白的提示下进行表演）

教师（旁白）：虽然没有一点声音，但是也被警觉的灰雁发现了："嘎——嘎——有狐狸！有狐狸！大家快飞！"其他灰雁们纷纷被惊醒，振动翅膀朝天空中飞去。看着扑了空的狐狸，灰雁们长舒了一口气。

（教师引导相应角色在旁白的提示下进行表演）

通过"注意，危险"场景的表演，展示灰雁在迁徙途中的团结合作。

场景4："造一个舒服的家"

● 戏剧策略：即兴创作

教师:经过了一个多月的飞行,12月5日,灰雁飞到了家——海南东寨港的红树林,但是很多灰雁还没有自己的窝,同学们想不想帮灰雁一起建造一个舒服、温暖的窝?

教师引导学生用超轻黏土、树枝、树叶、布条等材料为灰雁建造一个窝。

4.讨论与反思。

教师引导学生讨论刚才参与表演的心情,并评价同伴的表演,说一说刚才的表演哪个环节最喜欢,为什么?

(三)放松活动

PPT展示更多的祖国美景图片,带同学们一起欣赏。播放《祖国祖国我们爱你》视频,教师引导学生跟着视频边唱、边做动作。

(四)延伸活动

教师:祖国的风景美丽,人民勤劳劳动为我们创造了幸福美好生活。作为学生的我们可以为祖国做点什么?

● 戏剧策略:即兴创作

每个同学回家创作一幅爱护祖国环境的绘画作品。

读·悟·行

——跟着灰雁去旅行

读书、启悟、外化于行是重要的育人方式。对绘本阅读教学来说,同样适用。

读是基础。读,开卷有益。在《11只灰雁往南飞》绘本教学过程中,学生通过完整阅读、部分阅读,集体读、个人读,精读、泛读等方式,读绘本中的图片、文字,了解故事中的角色、故事发生的大致背景、故事的大概内容,做到脑中有底。

悟是过程。悟,明理益智。借助结构图学生快速梳理了绘本的结构,理清了故事中的思路,理解了绘本内容。通过观察和推理,学生收集目标信息,了解祖国大好河山,认识祖国之美,美在历史悠久、美在博大精深、美在风土人情;通过角色扮演学生更好地理解了绘本,更深地感受了绘本故事的氛围。同时,绘本教学也为同学们创设了真实的语言学习与表达的途径,增强同学们热爱祖国的意识和情感,做到心中有情。

行是结果。行,学以致用。阅读不仅读在口上、记在心里,还体现在实际行动上。通过延伸拓展,我们将主题阅读从欣赏、感受美景拓展到学生家庭生活、学校生活、社区生活中的爱护、保护美景，从而使学生由故事走向生活，做到脚下有路。

通过读、悟、外化于行的阅读策略，同学们在日常的生活中不再乱丢废纸、吐痰了，在学校和家庭中不浪费粮食了，会主动将垃圾进行分类，让绘本内容得到升华。

读·悟·行的主题阅读策略是非常适合特殊儿童的形式，可以帮助学生构建自己的知识体系，夯实基础知识，同时丰富自己的情感经验，增进感情，并内化为自己的行为指导，实现由知到行的转变。在读·悟·行的阅读道路上同学们将越来越喜欢阅读，自己的行为也将越来越规范。

英雄魂，少年梦——《牧童》

中山市特殊教育学校　肖李娟

小牧童，大英雄

——绘本《牧童》简介

《牧童》是中国本土原创图画书的开拓者和践行者保冬妮老师的作品，是一部爱国主义题材的原创图画书，是一个王二小式的动人故事。绘本中的人物线索、故事情节简单，但是叙事性强，引人入胜，比较适合培智高年级的孩子进行阅读。

绘本《牧童》讲述了抗日战争时期发生的一个故事。放牛娃和村民们生活在一个山水如画的村庄，放牛娃每天一边放牛，一边和村里的小朋友一起玩耍，村民们亲似一家人，大家过着开心、安宁、和顺的生活。直到有一天，放牛娃像往常一样去放牛，却发现鬼子兵进村了，他们想去偷袭范庄——八路军的后方，那里有许多的乡亲和伤员。为了村里人的安全和更多人的幸福，放牛娃依靠自己的勇敢和机智，将鬼子兵引入了八路军的埋伏圈一网打尽，而放牛娃也英勇地牺牲了。绘本故事内容简单，却描绘出一段历史，翻开了那段历史中不一样的童年，展现了故事人物对于祖国、家乡和乡亲的浓烈的情感。培智学生的爱国教育，更多地体现在从其自身出发做好力所能及的事情上，如爱自己，照顾好自己，爱家人，尽己所能为家人付出。而热爱祖国于培智学生而言更加抽象、更加难以理解。通过阅读绘本《牧童》，培智孩子一定能从中感受到战争的残酷、家国的重要，以及和平生活的来之不易，从而在心里萌发出爱国情感，更加珍惜现在的美好生活。

值得一提的是，《牧童》在绘画技法上凸显了中国传统，采用写意水墨画呈现了优美的田园风光，让乡村的宁静美好与战争硝烟形成了强烈对比。作品结尾对放牛娃牺牲一幕的处理上，浓浓淡淡的晕染生出一种动感，仿佛孩子的生命正在眼前一点点消逝，充满了含蓄的忧伤。

读《牧童》这本绘本，我们也应该引导孩子去思考，在残酷的战争背景下，牧童的行为挽救了很多人的生命，是一曲可歌可泣的英雄赞歌。但转换到当下的生活情境中，作为一个孩子，我们不鼓励他们用生命去奉献，而是倡导他们在保证自身安全的前提下，能够机智地应对危险。

牛儿,还在山坡吃草……放牛的却不知道哪儿去了。放牛娃已经离我们远去了,但是他的故事却值得我们铭记。

缅怀英雄魂

——《牧童》共读教学设计

一、设计理念

《新时代爱国主义教育实施纲要》明确指出要将爱国主义精神贯穿于学校教育全过程,培养学生的爱国情怀。《培智学校义务教育课程标准(2016 年版)》中提出要引导学生了解有关家乡与祖国的历史文化,培养学生热爱祖国的良好品质。据此,结合"爱祖国"的单元目标及内容,我们选择了中国本土图画书作家保冬妮老师的作品《牧童》作为爱国主义教育的载体,通过与学生开展共读活动,挖掘放牛娃身上的优良品质,引导学生以放牛娃为榜样,成为一个像放牛娃一样友善、勇敢、机智的人,体验绘本中的浓厚爱国情,培养学生的爱国主义精神,珍惜当下的幸福生活,为更好的未来贡献自己的一份力量。

二、教学对象分析

教学对象为我校九年级学生,共 12 人。学生障碍类型多样,其中智力发育迟缓 4 人,孤独症 7 人,脑瘫 1 人。班级学生认知和操作能力差异较大,程度较好的学生能够识字,朗读绘本,在教师的引导下进行思考,理解绘本的主要内容以及精神内涵。程度中等的学生有一定的理解能力,语言表达能力有限,能够读图,跟随教师的思路回答简单的问题。程度较弱的学生注意力较差,无语言,同时伴随着一些扰乱课堂教学的行为。由于学生认知能力受限,爱国主义教育对学生来讲会比较抽象,难以理解,通过《牧童》这一绘本故事的学习,可帮助学生理解爱国主义的具体内涵,学习放牛娃的优良品质,提升学生的思想道德水平。

三、教学目标

(一)知识与技能目标

1.了解绘本内容的主要信息,知道绘本内容的故事情节;*

2.能够挖掘放牛娃身上的优良品质(勤劳、友善、机智、勇敢、热爱家国);＊＊

3.能够制作践行优良品质的卡片。＊＊

(二)过程与方法目标

1.能通过小组式讨论归纳放牛娃身上具备的优良品质;＊

2.能够运用观察、联系上下文等阅读策略对绘本内容进行推论;＊

3.能够借助思维导图理清绘本故事脉络。＊＊

(三)情感态度与价值观目标

1.能够体验放牛娃与他人之间的各种情感;＊＊＊

2.初步了解勇敢、善良等良好品质;＊＊

3.联系实际生活,践行优良品质。＊＊＊

四、教学重点、难点

(一)教学重点

理清绘本《牧童》故事的来龙去脉;挖掘放牛娃身上的优良品质。

(二)教学难点

分析放牛娃身上的优良品质,以及体会绘本中浓厚的感情色彩,能够在现实生活中践行优良品质。

(三)教学策略

1.运用朗读、提问、联系上下文等阅读策略,帮助学生提取书中信息,理解故事内容。

2.利用思维导图提供视觉辅助,帮助学生理清绘本故事的来龙去脉,清晰地了解放牛娃身上的优良品质。

3.联系学生生活,进一步理解何为优良品质,以及该如何在生活中践行优良品质。

4.分组教学,根据学生的能力水平,提供适合他们的教学目标和内容。

五、教学准备

1~2课时。绘本《牧童》12本、PPT课件、绘本《牧童》讲读视频、生活中学生的相关照片、学生做行动计划的卡片。

六、教学过程

（一）播放视频，提问导入

播放视频内容《放牛郎王二小》，请同学们仔细聆听，并认真思考以下几个问题。

1.你听过王二小的故事吗？

2.你知道王二小是做什么的吗？（放牛）

3.王二小做了什么事情，让大家都记住了他呢？

师：今天我们要走进绘本《牧童》，学习一个王二小似的英雄人物，去感受他身上的优良品质，学习他机智勇敢与不怕牺牲的爱国精神。

出示学习主题：《牧童》

【设计意图】通过生动形象的视频，提升学生学习兴趣，集中学生注意力，引导学生初步了解放牛娃王二小的故事，引出绘本故事《牧童》。

（二）阅读绘本，理清故事脉络

1.分组阅读，进入绘本故事。

教师将学生按照能力水平分为两组，程度较好的一组学生自主阅读绘本；程度较弱的一组学生由教师辅助讲读绘本。

2.交流讨论，理解书中内容。

• 绘本内容的主人公叫什么名字？（放牛娃）

• 放牛娃平常都做些什么事情呢？（放牛、和小伙伴一起玩耍）

• 这次放牛娃出去放牛，遇到了什么紧急情况呢？（看到了鬼子兵）

• 放牛娃看见鬼子兵是怎么做的呢？（将鬼子兵引到八路军的埋伏圈）

• 最后结果怎么样呢？（鬼子兵全部被八路军歼灭了，但是放牛娃自己也牺牲了）

3.再次阅读，明晰故事脉络。

学生在理清绘本内容之后，再次进行绘本阅读，在脑中对绘本的脉络形成一个更深的印象。

【设计意图】通过分组阅读的形式，帮助学生快速浏览绘本内容；通过由浅入深的提问策略，帮助学生理清绘本内容的整体脉络。

（三）思维导图，提炼优良品质

分两组进行，主教协同程度较好的学生，按照绘本故事的发展情节，用文字将绘本的思维导图整理出来，并引导学生从放牛娃与他人的互动中，提炼出放牛娃身上具有的优良品质，如勤劳、友善、机智、勇敢、热爱家国等；协同教师辅助程度较弱的学生，用图片进行思维导图的整理,通过动手操作粘贴,引导程度较弱的学生进一步理解故事的发展脉络。

师:我们理清了绘本的故事脉络,对绘本的基本内容有了清晰的了解。现在请同学们动手制作绘本内容的思维导图,并且思考以下问题。

1.王老伯与放牛娃的互动,说明了放牛娃身上有什么良好的品质?

2.齐奶奶、小伙伴们以及石头妈妈和放牛娃的互动,说明了放牛娃身上有什么良好的品质?

3.放牛娃和鬼子兵们的周旋,说明了放牛娃身上有什么良好的品质?

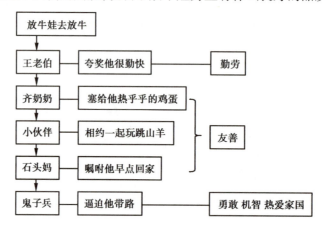

【设计意图】运用思维导图策略,进一步帮助学生理清绘本故事脉络,同时通过提问策略,帮助学生发现放牛娃身上具备的优良品质,引导学生以放牛娃为榜样,向他学习。

(四)用心体验,感受书中情感

师:通过大家和放牛娃的互动,我们除了感受到放牛娃身上的优良品质值得我们学习,也感受到了放牛娃和大家有着很深厚的感情。

教师引导学生阅读绘本前半段,思考讨论以下问题。

1.你体会到了放牛娃与村里人之间怎样的情感?

(大家互相帮助、互相关心,就像一家人一样)

2.请你想一想,放牛娃遇到鬼子兵时,他的内心有什么感受?

(惊讶,没有想到这里会遇到鬼子兵;担心,害怕鬼子兵伤害村里人)

3.是什么力量让放牛娃不惧自身安危,勇敢地和鬼子兵周旋呢?这体现了放牛娃的什么精神呢?

(鬼子兵入侵我们的国家,伤害我们的父老乡亲,毁掉了我们本来宁静幸福的生活。打倒鬼子兵,保护村人,保家卫国的想法让放牛娃有了力量。放牛娃不惧鬼子兵,

勇敢地和鬼子兵战斗,保家卫国,体现了放牛娃的爱国主义精神)

师:用心体验,我们感受到了放牛娃对父老乡亲的深厚情感,感受到了放牛娃保家卫国的决心,也感受到了放牛娃浓浓的爱国情。

【设计意图】通过提问策略,引导学生去体会绘本中流露出的多重情感。

(五)联系实际,践行优良品质

1.联结生活,发现身边榜样。

出示学生日常生活中践行了勤劳、友善、勇敢、机智、勇敢的照片引导学生说一说照片中的同学具有什么良好品质。

同学们在劳动基地浇水。(勤劳)

梓文帮助昕然系鞋带。(友善)

文熹找到合适的工具来清除胶水。(机智)

泳棋独自坐公交车回家。(勇敢)

宇镔给爸爸捶背。(爱家)

小聪升旗仪式行注目礼。(爱国)

2.制作行动计划,践行优良品质。

分两组进行,程度较好的同学制作行动计划,规划自己在本学期要践行的良好品质,书写3~5项即可。程度较弱的学生,由协同教师辅助其进行品质与事件的配对练习,强化学生对良好品质的理解。

【设计意图】将所学知识与学生生活经验相联系,鼓励学生学以致用,将优良品质内化为自己的一部分。

七、教学反思

教学过程中教师通过让学生阅读、绘制思维导图、提问等,帮助学生了解绘本的主要信息,理清绘本故事的脉络,让学生对整本绘本有一个清晰的认识;通过联系生活实践,提高学生对所学知识的迁移能力,引导学生学以致用,将课堂知识内化;充分发挥协同教师的作用,让能力弱的学生也能参与课堂。课堂上,学生的学习兴趣浓厚,能跟随教师的思路,走进绘本故事,挖掘故事人物的优良品质,体会故事中人物的情感,基本达成教学目标。

共演

传承爱国情

——《牧童》戏剧教学设计

一、设计思路

本次教育戏剧活动的设计围绕绘本《牧童》展开。这是一部爱国主义题材的原创图画书。作品讲述了一个王二小式的感人故事:放牛娃和村民们每天过着安宁和顺的生活,然而一场战争把田园牧歌般的山河变成了战场,为了村人的安全,放牛娃将敌人引入了战士们的包围圈,自己也牺牲了。《牧童》插图采用了传统水墨技法,呈现出了优美的田园风光、乡村的宁静美好,教师对绘本资源进行深入的探索和挖掘,让孩子走进中国水墨画、认识水墨画。绘本描述了放牛娃的生活,放牛之际与朋友们玩着欢快的游戏,可以此为契机,带领孩子们去了解中国的传统游戏;绘本描摹出故事人物浓烈的情绪情感,教师在讲述的过程中要注意将这份浓烈的爱国之情种进孩子的心里。

二、教学对象分析

本班共计12名学生,智力发育迟缓4人、孤独症7人、脑瘫1人。其中3名智力障碍学生具有较好的学习能力和语言表达能力,能够比较好地参与到课堂中,和他人进行互动,对于绘本学习也具有较大的兴趣,能够在绘本学习中进行一定的角色扮演,同时衍生出一些自己的想法和行为。1名脑瘫同学语言表达能力较弱,但是学习态度很端正,学习兴趣比较浓厚,有一定的理解能力,能够懂得故事的发展脉络。7名孤独症学生中,有1人有语言,理解能力较弱,但是模仿能力较强,也能较好地参与绘本表演,另外4人无语言,理解能力差,注意力难以集中,需要教师时刻提醒才能在当前的事件中专注几秒钟,另外2人注意力也比较分散,但是能够在老师的提醒下完成一些简单的指令。

三、教学目标

1.能够初步了解水墨画的特点,用已有图片材料粘贴制作放牛娃的家乡;*

2.能够领略中国的传统游戏,理解游戏规则,体验玩游戏的乐趣;* *

3.能够在教师的协助下,运用肢体语言表演相关情境,体会放牛娃机智、勇敢、善良的美好品质;* * *

4.能够积极投入地参与戏剧表演活动,通过戏剧创作与表演体验浓烈的爱国情怀,能够珍惜当下的幸福生活。* * *

四、教学准备

《牧童》课件、《歌唱二小放牛郎》音乐、水墨画和游戏课件、笔墨纸砚等。

五、教学过程

第一课时：放牛娃的家乡

1.儿歌导入。

以经典儿歌《歌唱二小放牛郎》导入，引导学生了解绘本主题，介绍绘本人物。

2.定义空间，准备进入故事情景。

师：放牛娃的家乡，是一个似水墨画的地方，非常美丽。同学们知道水墨画吗？让我们一起来欣赏一下。

播放PPT，向同学们介绍中国水墨画，主要包括花鸟画、人物画、山水画以及风俗画。播放水墨画需要的工具：毛笔、墨、宣纸、颜料、调色盘、笔洗和垫毯，并介绍它们的功能。

3.制作放牛娃的家乡画。

师：同学们，放牛娃就住在这样的地方，像一个世外桃源。老师准备了笔墨纸砚，还有一些山水、房子、树木、石头以及放牛娃的一些图片。大家分为两组，我们一起来画一画或是贴一贴放牛娃的家乡。

教师发放材料，请同学们画一画、剪一剪、贴一贴。

创作完之后，请同学们分享创作好的画，给画取名字，并介绍一下其中的功能区（农田、草地、村庄、祠堂、广场等）。

小结：同学们用材料制作的水墨画家乡真漂亮！水墨画是中国一种传统的绘画技法，同学们可以学习欣赏它，甚至是钻研它，让它成为自己的一项本领。

第二课时：放牛娃的生活

1.教师入戏扮演村长。

师：我是我们村的村长，我们村的人们靠着自己勤劳的双手，过着幸福快乐的日子。我们村的孩子们也会帮忙干很多的活计，他们上山去放牛，放牛间隙想玩一些好玩的游戏，大家有什么推荐吗？我们想选择三个游戏让孩子们去玩。

师：在大家推荐喜欢的游戏之前，老师给大家介绍一下我们中国的传统游戏，比如放风筝、荡秋千、滚铁环、老鹰抓小鸡、跳山羊等。让我们一起来见识一下吧！

播放PPT，让学生了解中国的游戏及规则。

2.广告时间。

学生推荐一些好玩的游戏,说清楚游戏规则及其好玩的地方,力争自己的游戏能够被选中。

3.合作演绎。

请学生邀请小伙伴,一起合作演绎自己推荐的游戏。

4.召开会议。

根据同学们推荐的游戏,大家召开会议,选择三个游戏出来。

5.畅玩游戏。

全班同学一起玩大家选择的三个游戏。

小结:村里的孩子们感谢大家为他们推荐了这么多好玩的游戏,同学们也学到了我们的传统游戏,这些游戏不仅趣味性十足,还可以锻炼同学们的身体,增加同学之间的互动,我们要继续推荐给别人玩哦!

第三课时:竞选抗敌小英雄

1.教师入戏扮演村长。

师:放牛娃和村民们每天过着安宁和顺的生活,然而一场战争把田园牧歌般的山河变成了战场,为了村里人的安全、更多人的幸福,我们需要选择一名少年去对付敌人,同学们认为具备哪些品质的少年可以挽救村里人的生命呢?

学生自由发言。

教师总结:根据同学们的发言,我们总结出对付敌人的少年需要友善、勇敢、机智这三个品质。

2.时光闪回。

请学生回想自己以前待人友善、勇敢或是机智的事情,并表演出来。

3.故事圈。

教师讲述放牛娃遇到敌人的故事,学生根据故事即兴表演,从而选出勇敢和机智的少年。

4.良心小径。

去对抗敌人是一件非常危险的事情,大家有什么建议可以给我们的抗敌少年吗?

小结:放牛娃为了救人英雄牺牲。他的这份家国情怀让我们敬佩,也值得我们学习。战争是残酷的,我们更应该珍惜当下的和平,好好学习和生活,不负革命先烈的牺牲。

第四课时:纪念小英雄放牛娃

1.教师入戏扮演村长。

师:我们村的抗敌小英雄把敌人引到了八路军的包围圈,挽救了全村人的生命,但是他却在与敌人作战的时候牺牲了。我们全村人都悲痛欲绝,希望可以为抗敌英雄做点什么。

2.仪式。

为抗敌小英雄举办一场葬礼,通过告别仪式表达自己的悲痛。请学生们制作相关的物品,举行悼念仪式。

3.集体创作。

大家集体创作一副对联来纪念抗敌小英雄。

小结:死亡并不是真正的离开,遗忘才是。我们应该永远铭记那段历史、那段故事,让小英雄永远活在我们的心中。

课后延伸:阅读绘本故事《牧童》。

读《牧童》,做勇敢少年

——和孩子们分享绘本《牧童》的故事

《牧童》是中国原创图画书的开拓者和践行者保冬妮老师的作品,是一部爱国主义题材的原创图画书。之所以选择和孩子们一起分享这本书,首先因为《牧童》是本土原创的优秀图画书,通过一个故事让我们回到祖国那一段不能遗忘的历史,其次因为《牧童》是一本能引起孩子情感共鸣,促使孩子动脑思考的佳作。最后,故事主人公放牛娃身上有许多闪光点,孩子们可以从中学习到珍贵的品质。

于是,在一次绘本阅读的课堂,我和孩子们一起走进了《牧童》这本绘本。

绘本前段,放牛娃牵着牛儿去放牛,路上遇到的王大伯和他亲切地打招呼;齐奶奶塞给他暖心的热鸡蛋;一起放牛的小伙伴相约着一会儿一起放牛一起玩。绘本阅读到这里,孩子们听得认真,脸上的表情平和,嘴角还有微微笑意,仿佛也体会到了放牛娃生活的宁静与美好。后半部分,鬼子兵出场了,孩子们的神色也跟着紧张起来,放牛娃勇敢地把鬼子兵引向了八路军的埋伏圈,最后他也光荣地牺牲了。听到这里,有些孩子低下头陷入了沉思,有些孩子眼里泛起了泪花。

我没有去打扰他们,而是静静地等待着,我知道他们有话要说。果不其然,沉默了一会儿后,孩子们就七嘴八舌地谈起了自己的感受和想法。有的孩子说,放牛娃死了,我有点难过;有的孩子说,我讨厌那些鬼子兵,他们为什么要杀死放牛娃?有的孩子说,放牛娃真勇敢,敢和鬼子兵斗争;有的孩子说,我要和放牛娃一样勇敢……听着孩子们的诉说,我知道自己没有选错绘本,《牧童》激发了孩子们的情感,引起了孩子们的兴趣,让孩子们有了强烈的表达欲望。我从孩子们叽叽喳喳的表达中,选取了一个提到频率最高的词语——勇敢,和他们一起来探讨,希望孩子们能够从放牛娃的身上,感受勇敢、了解勇敢、变得勇敢。

于是我说道:"听完了这个绘本故事,很多同学都觉得放牛娃非常勇敢。但是老师有一个疑问,不知道大家能不能为我解答?你们觉得,放牛娃面对带着刺刀和机枪的鬼子兵,他会觉得害怕吗?"

孩子们不假思索地回答"不害怕",声音洪亮有力量。

我引导道:"我们来假设一下,如果是你,面对这么多带刺刀和机枪的鬼子兵,你会有什么感受呢?"

孩子们一下子不说话了,好像真的在认真设想那个场景,如果是自己,会不会害怕呢?这时,一个孩子怯生生地说:"我会害怕,而且我觉得我的好朋友子轩也会害怕。"其他孩子也附和着点着头。

我笑着说:"换做是老师遇到这样的情况,我也会害怕,更何况是你们,是还没有成年的孩子呢。所以我们可以设身处地地想一想,放牛娃和你们一般大,他的内心可能也非常害怕、紧张。"

孩子们听了,都点着头,说:"是的,大家都会害怕的,可是从绘本里我们好像看不出来放牛娃很害怕。"

我赞赏地对同学们说:"你们听故事听得很仔细,我们看到放牛娃勇敢地和鬼子兵周旋,却没有发现他的内心其实也是非常害怕的。那老师想请同学们思考一下,是什么让他克服害怕,勇敢地去面对敌人呢?"

这一次同学们很快就找到了答案,因为放牛娃想保护村子里的人,所以战胜了害怕。

我说:"是的,村里的人就是放牛娃的亲人,他们陪伴着放牛娃,爱护着放牛娃。放牛娃也对自己的家乡和父老乡亲充满了深厚的感情,是这份情感,让放牛娃变得勇敢。"

看着孩子们认真的眼神,我又说道:"我们要学习放牛娃这份勇敢的精神,那勇敢是不是就等于要牺牲自己呢?"

孩子们又变得疑惑了,于是我又说道:"其实放牛娃不是勇敢地牺牲了自己,而是勇敢地保护了村里的人,牺牲是他没有想到也不愿意的事情,是战争时代的残酷。我们可以学习放牛娃勇敢的精神,在保证自己生命安全的前提下,去面对困难和挑战,勇敢地表达自己、保护自己、保护家人、保卫祖国,让生命变得更加精彩。"

看着孩子们似懂非懂的表情,我知道他们还在消化我说的话,或许他们还并不明白这些话语的含义,但是没关系,通过这次绘本的学习与讨论,勇敢的种子已经种在他们的心里,慢慢地生根发芽,只等在未来的某时某刻爆发出惊人的力量。

我的梦,中国梦——《最爱做的事》

中山市特殊教育学校　程志军

共研

了不起的梦想

——绘本《最爱做的事》简介

《最爱做的事》由徐鲁撰文、谭力群绘画,由中国少年儿童新闻总社、中国少年儿童出版社出版,讲述的是我国当代著名科学家袁隆平的成长故事。"他为水稻低头,全世界农科界向他低头",袁隆平一生都致力于杂交水稻的研究、应用和推广,始终耕耘在农业科研的第一线,不仅解决了无数人的吃饭问题,更为中国粮食安全、农业科学发展和世界粮食供给做出了杰出贡献。

绘本故事以第一人称"我"的视角,从追忆"梦想"中娓娓道来,袁隆平心中一直有两个最大的梦想,一个叫"禾下乘凉梦",一个是杂交水稻"覆盖全球梦"。追溯这两个梦时,书中描绘了他心目中的母亲。在幼小的袁隆平心目中,他母亲是世界上最美丽、最智慧的母亲。"稻谷黄了的时候,母亲会带着孩子们来到田野边,呼吸稻谷飘香的气息。美丽的晚霞,映照着母亲的脸庞。"正是在母亲的熏陶下,他从小感受大自然,体恤穷苦人,在心中确立了梦想的方向。

然而这注定是条艰难的路。在母亲的支持与理解下,袁隆平放开手做自己最爱做的事情,风雨兼程,奔波于试验田与实验室之间,通过不断的钻研和尝试,最终成功了。追踪袁隆平发明杂交水稻的足迹,我们不难看到伟大的科学精神,更有伟大的人格魅力。他一生只做一件事,是一种专注中的执着、执着中的伟大! 所以,像袁隆平这样的人,是一个纯粹的人,是一个幸福的人,是一个伟大的人。

当然,这本书中所蕴含的价值和品质远不止于此,翻看难民逃荒、田间耕作和与外国友人交流的插图,无须浓墨重彩,就足够吸引眼球,唤起读者对农耕文化的兴趣,感叹粮食生产的不易,得以珍惜粮食,感恩当下。

"感谢您,先生,您用一粒种子改变了世界,让干旱的沙漠变成了粮仓!""不,这不是我个人,这是所有中国人送给世界的礼物。"其实,袁隆平还想告诉所有读者:这粒种子是他最亲爱的母亲小时候为他播下的,他带着梦的"种子"去了远方,却将梦想与奋斗的"种子"留给了后人。

点亮梦想　健康成长

——《最爱做的事》教学设计

一、设计理念

《义务教育道德与法治课程标准（2022 年版）》提出要培养学生热爱伟大的祖国，具备积极向上、锐意进取的人生态度。《培智学校义务教育课程标准（2016 年版）》提出要培养学生热爱祖国、热爱人民、热爱中国共产党，促进形成积极的生活态度和正确的价值观。基于以上国家课程标准的要求，结合"爱祖国"的单元目标及内容，课程以绘本《最爱做的事》为载体，以体验式学习理论为活动设计依据，引导学生通过沉浸式阅读理解绘本主人公最想做的事。帮助每个学生在成长阶段思考最爱做的事，激发出梦想的力量；引导学生在学习和生活中践行为梦想奋斗直至成功的决心与毅力。

二、教学对象分析

培智学校中年段的学生经过前一阶段的学习，已经具备一定的知、情、意、行等方面的能力。一方面，学生还比较缺乏主动的自我发展意识；另一方面，大量的榜样效益和育人环境的影响，也能激发学生奋进的精神状态。但梦想与现实之间往往缺乏一面有效和鲜明的旗帜，袁隆平的成长故事很具典型性和说服力，是引导学生在新时代通过奋斗去实现心中所求的鲜活事例。"点亮梦想，健康成长"这一主题学习，能帮助学生建立梦想，激发出壮志昂扬的精神面貌。

三、教学目标

（一）知识与技能目标

1.知道袁隆平最爱做的事是什么，能说出不同时期他如何通过行动去实现梦想（少年、青年、中年、老年）；*

2.能理解母亲对袁隆平的梦想起到了重要作用；**

3.能使用句式描述"我的梦想是_____，我能为梦想_____。"***

（二）过程与方法目标

1.能通过听读掌握故事的大概内容；*

2.能够通过思考，理解母亲对袁隆平的爱及他为梦想不懈奋斗的精神；**

3.能够借助思维导图复述袁隆平实现梦想的过程。***

(三)情感态度与价值观目标

1.在阅读《最爱做的事》中感受梦想的力量；*

2.初步建立起个人的梦想与祖国强大的联系；* *

3.在现实生活中建立梦想，与国家共成长。* * *

四、教学重点、难点

(一)教学重点

理解绘本所描绘的关于袁隆平的成长故事，并通过阅读激发学生思考自己最想做的事是什么？梦想又是什么？

(二)教学难点

袁隆平是如何实现梦想的？是什么让他实现了梦想？

(三)教学策略

1.综合运用朗读、提问、预测等阅读策略，帮助学生提取书中信息，理解故事内容。

2.利用思维导图提供视觉辅助，帮助学生理解和记忆袁隆平实现梦想的过程。

3.用学生生活场景搭支架，通过联结学生的实际生活，激发学生爱国之情；用情境体验来帮助学生理解梦想力量的强大。

4.进行异质分组教学，将能力不同的学生分为一组，提出适当的学习要求，安排不同的学习任务。

5.提供个别化支持，提供个性化的学习材料，利用图片、步骤图帮助个别口语不佳的孩子参与课堂沟通活动。

五、教学准备

1~2课时。《最爱做的事》13本、PPT课件、《最爱做的事》讲读视频、个别化学习阅读作业单。

六、教学过程

(一)联结生活，导入情感主题

1.听读，播放视频《最爱做的事》。

2.问答：主人公是谁？他最爱做的事是什么？

3.思考：他的梦想是什么？是如何去实现梦想的？（两个梦想：一是禾下乘凉梦；二是杂交水稻覆盖全球梦。要坚持不懈、勇往直前）

引出核心概念:梦想很伟大,要将梦想与祖国变好联系起来。

【设计意图】联结教材与学生的生活经验,用学生的生活经验搭支架逐步引出主题"点亮梦想,健康成长"。

(二)沉浸阅读,体验书中情感

1.阅读和体验。

教师引导学生自己读绘本,感受书中传达的情感。(爱国爱父母)

2.思考和表达。

● 集体讨论:阅读的过程中你有什么感觉?(开心、感动)找出最打动你的那一页,并说一说为什么?

● 分组朗读,再次感受绘本所传达的梦想伟力。

3.提取和分析。

● 他的梦想实现了吗?袁隆平是如何一步步产生梦想并把它实现的?(寻找书中信息回答问题)

提示:串联故事发展脉络,帮助学生完整理解故事。

● 妈妈爱袁隆平吗?妈妈在袁隆平实现梦想的过程中起到了什么作用?

【设计意图】通过多种形式的阅读,营造沉浸阅读的氛围,让学生感受梦想伟力;通过提问策略,帮助学生理解故事背景,锻炼信息提取能力并激发树立梦想。

(三)深入分析,激活情感表达

1.用思维导图搭支架,展示做"最爱做的事"的过程。

向学生提出问题:

● 最爱做的事是什么?

● 利用思维导图做故事框架图,回顾梦想的产生与实现过程。

2.由"实现梦想的难"反衬"梦想的伟大"。

分组讨论(将学生异质分成两组,强调轮流表达,引导学生用语言、动作等方式参与表达)。

● 如果是你来培育水稻,你能实现吗,为什么?(主教负责第二组、协同负责第一组)

要求:学生能找到原文对应的内容(文字或图片),主要理解袁隆平在实现梦想过程中面临的困难和所展现出坚持和毅力,说一说坚持体现在哪儿。

● 请学生分享自己找到的内容,"袁隆平做了……"

● 小结:原来实现梦想这么不容易,但梦想又是伟大的,有了梦想并为此而努力,你就会获得成长。

提示:梦想可以各种各样,重要的是引导学生学习袁隆平那样为了实现梦想而努力奋斗,将自己的梦想与祖国强大融合在一起。

【设计意图】运用图片搭支架,引导学生通过观察图文信息,回答问题,学习"推测"这一阅读策略。借助思维导图帮助学生复述主人公如何去做"最爱做的事"的过程。用分组探究的方式鼓励学生感受为梦想坚持的伟力,并激发自身产生符合实际的梦想,由此开启新的篇章。

3.小组讨论:实现梦想带来的影响。

影响1:让百姓能吃饱(粮食)

影响2:让国家变得富强(解决了全世界的最大难题)

影响3:袁隆平的生活(没有改变)

【设计意图】用层层对比说明实现梦想的伟大;也说明了实现梦想要求有始终如一、坚持不懈的精神。

(四)讨论与总结,泛化情感表达

1.问题讨论。

你们有自己的梦想吗? 你会怎么去实现它?

发展句式:我的梦想是_____,我能为梦想_____。

2.总结拓展。

借助板书及绘本思维导图回顾袁隆平的一生:袁隆平在妈妈的熏陶下,从小读诗,感受大自然,体恤穷苦人,体验劳动。他最爱做的事就是不断钻研,培育出优质高产的水稻,让全世界不再有饥饿。这是一条艰难的路,责任重大。妈妈知道这个选择会很艰苦,但是她尊重孩子的选择。正是妈妈在袁隆平心中播下了种子,他才能放开手做自己最爱做的事情,通过不断的钻研,不断的尝试并最终取得成功,给世界带来了福利。为了实现梦想,主人公袁隆平一直在努力,从未停止探索的步伐。

(鼓励学生点亮自己的梦想,通过努力获得成功,让自己的成长也融入进民族复兴、祖国强大的过程当中去)

鼓励家长开展亲子互动和课外实践活动,如与小孩问答"你最爱做的事情是什么?"(无论是做什么事情,只要是对国家、对社会有益的事就行);参观科技展或观看相关题材电影。

【设计意图】设置分层阅读作业,引发学生思考。

七、教学反思

教学过程中师生通过共绘思维导图帮助学生较好地理解了故事内容;通过创设情

境、任务驱动等策略有效激发了学生表达动机。课堂上学生参与度高,能够说出故事大概,学生对绘本所展现出的农耕文明的场景特别有兴趣,提问较多,教师因势利导拓展了残障学生不易接触的这部分知识内容,并且通过系列阅读活动,让学生理解主人公为了实现梦想所付出的努力。更重要的是要让部分同学能够很快激发出奋进的力量,用语言和行为向老师和同学表达出自己的梦想和为梦想能做出的努力。家校共育方面,应以绘本《最爱做的事》为载体,开展形式多样的实践探索和亲子互动活动,如师生共演绘本剧、参观科技馆等实践活动,进一步帮助学生建立梦想,加强实现梦想的决心。

共演

热爱祖国　自立自强

——《最爱做的事》戏剧教学设计

一、设计思路

《教育部关于全面深化课程改革　落实立德树人根本任务的意见》中指出了"核心素养体系"一词,明确了学生应具备的适应终身发展和社会发展需要的必备品格和关键能力,突出强调个人修养、社会关爱、家国情怀,更加注重自主发展、合作参与、创新实践,这对培智教育的课程改革也尤为重要。绘本是一种基于儿童心理发展特点的阅读体裁,不仅能激发学生的学习兴趣,培养学生的阅读习惯,还能有效提升学生的观察能力和想象能力,促进学生核心素养的发展。绘本教学不应简单停留在语言文字的感悟上,还要能从图画中读到文字所未给予的内容,在共读、共演等过程中培养学生优秀的爱国思想、自主能力、品德思想、内在修养和社会情怀等,这是绘本教学核心所在。

绘本《最爱做的事》通过超写实的水彩画和深情款款的文字,讲述了我国当代著名科学家——"杂交水稻之父"袁隆平的科研成就和成长故事,其中饱含了他对母亲的眷念和感恩。本次戏剧活动的设计旨在让绘本的内涵内化于学生内心,与生活实际相联系,从文本过渡到生活,从而得到情感的升华,让绘本教学做到"绘声、绘色、绘形、绘心、绘演"。

二、教学对象分析

本绘本剧教学设计以某培智学校八年级班级为施教对象,共有 12 名特殊孩子,其中 4 名为孤独症儿童,6 名智力障碍,2 名唐氏综合征。根据他们的学习能力分为

（ABC）三组，A 组学生有 4 人，本组学生的认知能力、语言理解及语言表达能力较好，学习积极性较高，参与活动和表演的意愿强烈，能和老师有较好的互动；B 组学生有 5 人，他们有一定的认知能力、理解能力，能模仿 A 组学生完成互动和表演，需要老师适时进行辅助和提醒；C 组学生有 3 人，此组学生能力较弱，但对集体表演活动有热情，需要协同教师进行个别辅助。

三、教学目标

1.能根据绘本剧情，用声音、动作、姿态等再现故事情节；

2.能感受自然之美，对农业、农耕文化有新的认识；

3.能通过表演的过程，感受到梦想的力量，能振奋自己；

4.能接纳同伴的参与，在体验游戏中能展现团队合作，并体验快乐。

四、教学准备

青禾苗、黄禾苗、单车、放大镜、头巾、斗笠、锄头、电子课件、白纸、圆珠笔、彩笔、音乐、灯光等。

五、教学过程

（一）暖身活动

1.共忆故事发展脉络。

此组活动是帮助学生在回忆故事发展脉络中能感同身受，身临其境主人公当时的成长环境。教师出示电子绘本照片（无文字），请学生逐一说出图片呈现的故事，师生问答过程中，教师重在引导学生理解图片背后所蕴含的情怀和精神。例如，绘本第 7 页呈现的是闹饥荒的场景，教师要引导学生理解袁隆平悲天悯人、体恤穷苦百姓的心肠，这也是激励袁隆平萌生梦想、做他最想做的事的根本动力——消除人类饥饿。

2.绘制思维导图。

此组活动安排在上一个活动的之后，它通过与学生共绘的形式，将故事的发展脉络以图像的形式呈现出来。这样的做法能让学生在整体上把握绘本，更好地理解绘本所要传达的精神内核。教师提供材料，邀请学生进行分组，按照故事发展的先后顺序，首先选出图片确定主题，然后学生通过画图、描色、确定主题，最后看思维导图简述绘本所呈现的内容。

（二）主体活动

复习活动结束，在学生充分理解故事所传达的内容和精神后，教师采用舞台剧演出的形式，将剧情演出来。这个过程要进行精心的选择，因《最爱做的事》文字较多，需要提炼和精简，以确定主题活动的递进性和逻辑性，故而本教学设计按照梦想发展的三部曲共设了梦想的萌芽、梦想的发展、梦想的实现三个篇章。

1.梦想的萌芽。

声起："有一个可敬的科学家，他有两个梦想，一个是禾下乘凉梦，一个是杂交水稻覆盖全球梦，下面我们一起来演出这两个梦的缘起和圆满。"

老师要做好人员分工，重点是引导好少年袁隆平及其父母的扮演者、田间劳作者的形象塑造和氛围营造。

"稻子黄了的时候，看上去沉甸甸的"（书第5页），学生扛着第一背景板走过；"可是战乱和自然灾害，粮食总不够吃"（书第7页）学生扛着第二背景板走过；"饥荒年代，妈妈让我盛满一碗自己舍不得吃的米饭，端给了小妹妹和老奶奶"学生扛着第三背景板走过（书第9页）；"谷子来自田地，只有劳动才能有收获"（书第11页），学生扛着第四背景板走过；学生扮演少年袁隆平头戴斗笠（书第12页），插秧、锄草、收割，念出《悯农》：锄禾日当午，汗滴禾下土。谁知盘中餐，粒粒皆辛苦。（在故事演绎过程中，可以适当利用灯光和音效烘托气氛）

2.梦想的发展。

本组活动要突出中青年袁隆平在田野里坚守梦想时所展现出的那种持之以恒、百折不挠的勇气和毅力。分白天篇和夜晚篇，着力表现出袁隆平的辛勤与思考，教师要引导学生把握好人物的专注力和思考状态，要用旁白表现出人物内心的活动。白天篇，清晨袁隆平起早骑车下田，中午袁隆平反反复复地精耕细作，通过系列动作，如飞速骑车、弯腰锄草、不断寻找好禾苗、下蹲观察、田间研讨等再现主人公为坚持梦想所做的努力。夜晚篇，通过袁隆平星光下查找资料、熬夜苦思等画面，为主人公最终取得研究突破做好铺垫。（在故事演绎过程中，可以巧用灯光和音效烘托气氛）

3.梦想的实现。

本组活动要突出老年袁隆平在辛勤研究和锲而不舍的坚持后，终尝收获的甜蜜。旁白："终于袁隆平找到了天然杂交的水稻，终于'南优2号'水稻杂交品种孕育成功！"（书第27页），学生扛着第五背景板走过。"皇天不负有心人，妈妈，我成功了，我培育出了产量优质的杂交水稻！"（书第31页），学生扛着第六背景板走过。"梦想再起，水稻有高粱高，稻穗扫帚长，稻粒花生米粗，人能稻穗下乘凉"（书第29页），学生扛着第七背景板走过，学生扮演其他农民。"不，这不是梦，全世界都不再挨饿，人人都能吃上香喷喷的米饭"（书第33页），学生扛着第八背景板走过。"沙漠也能种上水稻，这是中国人送给世界的礼物"（书第35页），学生扛着第九背景板走过。

最后一幕是暮年的袁隆平依旧活跃在田野里,"梦还在,最想做的事,一辈子都会坚持下去"(书第 37 页),学生扛着第十背景板走过。(适当利用灯光和音效烘托气氛)

4.分享与升华。

梦想的力量有多大?《最想做的事》告诉了我们答案,通过了两节课的听说读演,我们一起认识了袁隆平勇于创新的科学精神和心怀天下的人生志趣,我们也要拥有梦想,热爱祖国,自立自强。

(三)延伸活动

1.阅读绘本《科学家故事 100 个》;

2.亲子交流本次绘本教学的收获与感想。

孕育梦想　孕育希望

梦想,让人勇于拼搏;梦想,让人充满激情;梦想,让人不断前进。

说起"梦想",让人不由得想起了《最爱做的事》这一绘本,它讲述的是我国当代著名科学家袁隆平的成长故事。初读绘本,思绪飞速将我拉回到了少年时期,我的整个童年都是在湖南农村度过,对于农耕,我是最熟悉不过。从浸谷种、育秧苗、犁田、耙田、插秧、施肥、杀虫、收割到晒谷,每一道工序我都曾认真操作过。假如今天我和祖辈一样在老家务农,那我肯定也是一个地道的农民。所以,时至今日,我一直认为《最爱做的事》传达的不仅仅是关乎爱国、梦想等思想主题,它更是传递了朴素的劳动情怀和农耕文化教育。

这样一本绘本也特别适合特殊孩子。我班有一轻度孤独症男孩,特别喜欢看书,刨根究底提问,但参加劳动时,又总是马虎随意。他沉浸于文字的阅读,却不能脚踏实地把简单的事做好。于是,我决定和他共读《最爱做的事》,看看能发生些什么变化。

巧合的是这个男孩也是湖南人,也是在湖南农村长大,于是我们的话题就多了起来。绘本配有优美的插图,文字虽较多,但丝毫没有给男孩带来阅读困难。待他看完第一遍,我就开始了提问。

"这本书讲了一个什么故事?"

男孩的记性比较好,很快就把故事的大概说了出来,于是我进一步问道:

"袁隆平爷爷有两个梦,是什么?"

男孩把书翻到了那一页，回答道："一个是禾下乘凉梦，一个是杂交水稻覆盖全球梦。"见已经引出想要的主题，我就继续追问道：

"那你有梦想吗？"

男孩看了看我，若有所思，见他没有回答我，我就接着问他：

"袁隆平爷爷是如何实现梦想的？"

也许是初读，还记不住故事细节，男孩的回答比较零散，我就要他细读第二遍，这次男孩回答得很果断。

"袁隆平爷爷不怕困难，刻苦钻研，他为了实现梦想，在火热的太阳下，在春雨淅沥的稻田里，在中东地区的沙漠里……都有他坚持的身影，我还看到了他妈妈对他的支持，在漫长又艰辛的路上，经过了不断的努力，终于培育出了杂交水稻。"

"是啊，袁隆平爷爷太伟大了，他攻克了无数的难关，才培育出了杂交水稻，并把它献给了全球，让世界不再有饥饿，让每一个人都能吃到香喷喷的米饭。这就是梦想的力量，我希望你也有梦想，并努力实现它！"

男孩显得很激动，快速回答道："老师，我有梦想，我将来想工作，自食其力，做个对社会有用的人。"

听到男孩能这么说，我心不禁为之一颤，"好，非常好，请记住你今天的梦想，脚踏实地，把身边能做到的事先做好。朝着梦想努力，你也一定能够实现！"

北京奥运会主题曲《北京欢迎你》有一句歌词"有梦想谁都了不起"。有人说残障学生连自我照顾都成问题，还谈什么梦想。但果真如此吗？事实上，每学期开展的班会课，学生都能从榜样身上汲取奋进的力量，"你与其怨天尤人，还不如用自己最大的努力去克服这点"。生而残障，也不能被剥夺了拥有梦想的权利，一本书，一段对话，就能孕育一个梦想、一个希望。

思考篇：

共读　共享　共成长

我喜欢我自己

潮州市潮安区育智学校　庄微

　　成长在新时代的孩子们,自幼就能接触到便捷的电子技术产品,电视、手机、电脑……彩色的屏幕、变幻的动画、丰富的声音都给孩子们各种感官以刺激,这虽然能让他们充分感知并获取信息,但也在一定程度上限制了头脑的思考。而绘本正是一种新形式,图片为主文字为辅,一方面通过多样的色彩图画吸引孩子们的兴趣,一方面辅以文字方便孩子们理解图画,展开想象和学习,"绘本中高质量的图与文,对培养孩子的认知能力、观察能力、沟通能力、想象力、创造力和情感发展等,都有着难以估量的潜移默化的影响",绘本之于普通儿童有如此作用,对于特殊儿童来说,他们的成长同样需要绘本。

　　学期初,教室里购置了书柜和书籍,对于新事物,孩子们总有着新奇感,每到下课,许多孩子都迫不及待去取一本书翻看。一番观察下来,我发现他们大多对书本中的图画有着浓厚的兴趣,于是我便计划引导他们养成端正看书的好习惯、学会读书中的内容。

　　佳佳是对书本兴趣最浓厚的一位学生,在其他同学对书本的关注慢慢减淡时,他每天下课都兴致勃勃地去找书翻看,还喜欢向老师同学们"分享"他所看到的内容,"老师! 汽车!""老师! 国旗!""哇! 小鸟!"……抓住他这个兴趣点,我决定找出一本有趣的绘本故事书,带着他一起阅读。

　　佳佳具有一定的认知能力,能辨认常见的事物,但是识字量少,日常经常只是两字或三字连说,几乎没有自主说出过完整的句子,理解能力和语言表达能力还需要慢慢提升。绘本里精心提炼的文字表述,正好能帮助佳佳学习语言表达。那内容上该如何选择呢? 在选取绘本的过程中,《我喜欢我自己》这本绘本的内容引起了我的注意和思考。绘本中的主角是猪小妹,以"我"作为主体,从猪小妹的视角出发,先总述我最要好的朋友是我自己。那我是谁? 我有什么样的特点? 接下来的内容便对此展开了描述,从我会做哪些好玩的事、我怎样照顾自己、我的身体有什么样的特征、遇到困难时我如何调节四方面对"我"进行了介绍,其中"我"所做的事都是在"我"想、"我"喜欢的基础上进行的,绘本中图画色彩绚烂清新,也充分表达了背后所隐含的自主意识和"喜欢"的情绪。佳佳入学一年多,在班级氛围和学校生活的影响下,他的自主意识在逐渐提升,遇到自己不喜欢或不想要的事物,从被动接受到学会了说"不",而对自我的认知还不是很深刻。这本绘本正好符合佳佳的成长需求。

绘本内容上得到了契合,不过,文字理解上还需要根据佳佳的能力来加以调整。于是,我将这本绘本反复阅读了几次,适当调整了语句难度。带着满满的期待,我开始了与佳佳的三次共读。

第一次,主要是我讲他听。书本一拿出来,封面上的小猪立马引起了佳佳的注意,"诶!小猪!哼哼~"他立马撅起鼻子和嘴巴,模仿出小猪的声音,"哼哼~这是我们今天故事的主角,猪小妹!""这本书的书名叫作《我喜欢自己》……"顺着佳佳的关注点,我成功地将他引导进了故事中。翻开书本第一页,猪小妹的形象跃然纸上——胖嘟嘟的身材、笑盈盈的脸,穿着花裙子,正欢快跳着舞蹈。"这是谁呀?""小猪!""哼哼~我是猪小妹~我喜欢我自己!",模仿着想象中猪小妹的声音,我读出了这本书的第一句话,"呵,呵呵呵……"佳佳开心地笑出声。翻开第二页,"我会画画!",第三页"我会骑车!",第四页"我会读书!",第五页"我自己刷牙",第六页"我自己洗澡",第七页"我有卷卷的尾巴"……第一遍,通过模仿语气说出的每句话和绘本中的图片,我希望引导佳佳由听和看直观感受整本书的意境,集中起他的注意力,调动他的些许经验和想象。

果不其然,第二天,当我问他要不要再读一遍这本书时,他咧开了嘴,大声说出"要!"我放慢了节奏,带着他一起读,一页一页仔细看,一句一句慢慢读。"哼哼~我是猪小妹~","你是谁?"我问他,"佳佳!呵呵呵……","我是佳佳"抓着他的手拍了拍胸脯,我引导他说出了这句话。"我会画画!"呈现书本第二页时,我说出了这句话。同样的,"我会骑车!""我会读书!",我将猪小妹的技能一项一项亮了出来。"你会做什么呢?""额……"瞬间,佳佳似乎陷入了沉思,见他久久未回答,我便轻轻拿出了事先准备的佳佳的生活照,"诶!佳佳!"他兴奋地指出了照片中的自己,"佳佳,你会做什么呀?""擦黑板!""我会擦黑板!"我再次引导他用"我"说出了自己的本领。后面的内容依旧如此,我以猪小妹的口吻读出了"我"的本领、"我"自己做的事情、"我"的长相、遇到困难时"我"怎么做,而佳佳,在生活照的帮助下,也逐渐认识到了自己的特点。

过后,我带着他,把生活照一张一张慢慢贴到空白册上,做出了属于他自己的绘本。最后一次共读,佳佳高兴地翻看自己的绘本,每看一页,都激动地说出自己的名字和自己会做的事,"我会擦黑板""我会做手工"……我带着他,再次一句一句说出属于他自己的话。

随后的日子里,佳佳对书本的兴趣越发浓厚,经常取一本书,走到我跟前,兴致盎然地说"老师,要看书"……在一次课上分配劳动任务时,当我问起谁会擦黑板时,"我会擦黑板!"佳佳的声音响亮又坚定,虽然咬字并不是很清晰,但这是他说过的"最清晰"的一句话了。

这就是阅读的力量吧!"不读绘本的孩子不会怎么样,但读了绘本的孩子一定会不一样:他们的心灵会充盈起来,他们的眼睛里会多一些亮晶晶的东西,他们的脑子里会多几个问号,他们的脸上会多几丝笑容……更重要的是,多年以后,当他们回忆起和爸爸妈妈、老师一起读绘本的时刻,一丝愉悦会从心底蔓延,温暖他们的整个胸怀和生命!"尽管佳佳现在还没有清楚地明白"我"是怎样的,但阅读绘本给他带来了语言表达上的进步和理解的提升,相信他带着阅读的经历,在精彩纷呈的日常体验中,有一天一定会领悟到自己的与众不同,会喜欢自己!

共读书，伴成长，营造书香班集体

中山市特殊教育学校 马晓雅

很小的时候我就听过苏联著名文学家高尔基的名言："书籍是人类进步的阶梯。"不久之前，在江老师的讲座上我又听到美国著名的儿童文学作家苏斯博士所说的名言："你可以在任何地方找到魔法。坐下来放松一下，你需要的只是一本书！"这句话放在我们班的小朋友身上真的是太贴切了。

特殊学校一年级5班，对！这就是我现在所带的班级，班里一共有12名学生，其中孤独症有7名。回想入学之初，常规差，难坐定，情绪问题多，每次上完课班级老师都疲惫不堪，聚在一起忍不住哭笑不得地感叹：我们这哪是在上课啊？分明是在打地鼠！后来偶然发现班级学生在集体课堂上无所事事的时候就会站起来跑来跑去，但是当他们拿到一本书时立即就静了下来，会坐下来随意地翻看。看到这一幕我惊喜极了，心想我们或许可以以此为契机，逐步引导班级孩子适应学校生活，进而促进各方面的发展。

一、创设阅读环境，营造读书氛围

温馨舒适的阅读环境能激发学生的阅读兴趣，增加自主阅读的动机和频率。因此在班级环境创设之初，班级老师就决定一定要想方设法打造出一片阅读区，供学生阅读。寻找漂亮的书架，铺上舒适的地垫，摆上温馨的小座椅，布置周边的墙面，一个温馨舒适的阅读区终于完成了。在书架上摆放孩子们喜欢熟悉的好书，这种视觉上的冲击和影响，对孩子们的感召力比起大人苦口婆心的说教，效果要好得多。现在每天早上吃完早餐回到教室，喜欢书籍的孩子们就会主动地进入阅读区，挑选自己喜欢的书本翻看。班级老师也会加入其中跟能力较弱的孩子一起阅读。每当看到这样的画面，我常常陶醉其中，不能自拔。

二、借用合适绘本，适应学校生活

一年级的新生初入学校，规则意识淡薄，问题行为突出，而绘本中所特有的明快的画面，可爱的形象，简单的语言很适合智力迟缓的孩子进行阅读，选择合适的绘本进行共读可以让孩子们尽快地适应校园生活。我选择了《小熊宝宝绘本》系列与班级孩子共读。其中《你好》让孩子们懂得跟熟悉的人打招呼；《大声回答"哎"》让孩子们明白在别人叫你名字的时候要懂得回应；《排好队一个接一个》让孩子们知道人多的时候要排队,不争抢;《收起来》让孩子们学会玩具玩完之后要送回家……通过一系列的绘本阅读,在好看好玩中将规则意识渗透进去,让孩子们逐步建立课堂常规,规则意识,逐步适应学校集体生活。

恒恒是班级的一名孤独症学生,自控能力差,爱跑不听指令,注意力短暂,但每当他拿起一本书就马上安静了下来。鉴于他的规则意识差,又很喜欢大卫系列的书,我就用《大卫,不可以》作为切入点,打开他对我的防备之心,接着一步步地跟他聊书中的内容。他也慢慢地愿意跟随我的引导回应我。后来我把收集到的恒恒课堂上的不良行为的照片打印出来给他看。刚开始他看到自己的照片很兴奋,我就问他:"恒恒,你看其他同学都在哪里?""他们是不是都在自己的座位上?""恒恒你独自跑去按空调,这样做可以吗?"恒恒听后,模仿《大卫,不可以》里面的句式立即回答:"恒恒,不可以。"听到这样的回答,我开心极了,真希望他能说到做到。不过总的来说,比起入学之初的他,现在已经是进步很多了。

三、巧用适当支持,培养良好习惯

学生慢慢地喜欢上阅读,老师是看在眼里喜在心里。但他们常常会将不想看的书本随手乱丢。每次带着学生整理图书时我就在琢磨假如能运用一些恰当的支持,或许他们也能将图书放好呢!因此,我根据班级学生的认知水平利用他们熟悉的颜色或水果图案进行配对,将书本与它们的位置一一对应起来。并在课堂中教授他们图画书摆放的规则,在平时的自主阅读时间具体指导他们如何归放。经过一段时间的训练,现在孩子们慢慢地能将图画书放在跟书本有一样标识的位置上,美其名曰"找朋友"。即使有时候还会有错乱,但经过老师的及时指正这种情况在逐渐好转。现在孩子们在翻阅完一本书后会在书架上找到书本的好朋友,将其放在一起,良好的阅读习惯在潜移默化中慢慢形成。在这过程中孩子们的观察力、专注力也在逐步地提升。

诚诚是我们班唯一的一名唐宝,性格倔强,但动手能力强,特别喜欢帮忙做事情。当他发现有小朋友把书本放错位置会赶紧拉着老师过来指给老师看。于是我伸出大拇指用夸张的口吻赞美他说:"诚诚,你太厉害啦!老师没发现的错误你都发现啦!以后你就当我们班的图书管理员吧!"从此之后,诚诚就成为了我们班的图书管理员,并且当得十分起劲,这也使得诚诚很有成就感。在此动力下,诚诚也在悄悄改变,最大的变化就是他的语言表达明显多了起来,与老师越来越亲近,犯倔的时候也越来越少了。

四、共读互读亲子读,发展语言能力

国家图书馆社会教育部主任王志庚先生曾说过:"大声朗读是培养婴儿学会阅读

和表达的最有效的措施，没有之一。"而低幼绘本中简单、重复的语言也是特殊孩子学习语言的好材料。比如《小熊宝宝绘本》《可爱的鼠小弟》《大卫系列绘本》等。因此，早读时我经常运用电子绘本给孩子大声地朗读图画书。当学生熟悉了一本图画书后，我会请能力好的学生给能力弱的同学读。放学后或周末在家时请家长带着孩子进行亲子读。多种多样的阅读形式，不仅让孩子们逐渐爱上阅读，享受阅读，语言能力也在逐渐提升。

"尊重生命尊严，创造生命价值"，让特殊孩子跟普通孩子一样享受阅读正是在践行这一神圣的诺言。而作为与孩子们共读的老师，我们所要做到的就是给他们提供想象的空间，表达的机会，给予他们肯定和赞赏的目光，真正地做到阅读点亮童心，书香伴随成长！

共读红色绘本,传承红色基因

——以绘本《小英雄去战斗》为例

中山市南朗街道云衢小学　杨素卿

"一个人可以没有家,但不可以没有自己的祖国。"因此,爱国主义教育是每个国民必修课程,作为班主任,如何引领孩子们在幼小的心灵播下爱国的火种呢?

"阅读是一种力量——一种强壮精神的力量,一种健康成长的力量。"而绘本阅读就是儿童读物中一朵奇葩,是儿童乐于阅读的最佳媒材。这个学期,我们四(6)中队,以共读红色绘本,推进爱国主义教育为核心,开展了系列主题活动。我精选了红色绘本之一——《小英雄去战斗》作为我们中队的共读绘本。绘本中的小鱼儿是抗战时期一个历史性的人物,年龄与孩子们相仿,他顽皮、机灵、勇敢、热爱祖国,面对鬼子毫不退缩,用智慧和勇气打败了鬼子,孩子们一定会很喜欢小鱼儿这位主人公,喜欢这样丰富生动,曲折动人的抗战故事。

一、在共读中赋予儿童生命温暖的底色

主题班会,演绎红色故事——《小英雄去战斗》。

(一)绘本呈现

为了创设更好的气氛,我先播放《抗日小英雄》音乐作铺垫,引导学生从图画的细微处观察,结合文字导读,表达自己的感受,如在鬼子威逼利诱小鱼儿这个场景时,我引导学生认真观察画面上小鱼儿和鬼子的动作、神态,思考他们分别在想些什么? 他们的对话是什么? 让学生自由表达自己的想法和观点,有的学生回忆起红色影视中的情节,感同身受地讲述当时中国老百姓被侵略者欺压,日寇对中国抗日人民迫害的情景,身为中国人,大家都有热爱和平、保卫祖国的决心。

(二)故事讨论

鼓励学生提出疑问,如有的学生提到:为什么那时候孩子们都不能学中文,只能学日语? 下面是课堂上大家主要思考和讨论的问题。

1. 鬼子进村后,他们会做什么?

2. 小鱼儿想到了什么办法,在鬼子不注意时逃脱的? 你知道什么是反射现象吗?

3. 你怎么理解"英雄"这两个字?

4.为什么说"少年强,则国强"?

(三)小品演绎

1.学生课外时间组织排练《小英雄去战斗》绘本故事:查阅相关资料、写剧本、选角、揣摩角色、布置场景等工作。

2.中队活动:学生先表演《小英雄去战斗》故事,表演者与观众分享自己的感受。接着开展自我认知智能延伸教学:处理突发事件能力。根据小鱼儿勇敢、机智的个性特点,我向学生提出:我们在现实生活中面对陌生人对你献殷勤,你会怎么办? 如果你被绑架,你会怎么办? 学生讨论应对办法,并现场演一演,增强学生自我保护的防范意识。

在演绎故事的活动中我发现班级中的小卢,性格胆怯,识字能力弱,平时较少主动与同学交流,就算交流,其"词汇水平"有限、语言叙事能力也很弱,为了帮助小卢自信地参与绘本共读的活动,我特意为他安排了一位爱心小伙伴,先帮助和鼓励他读故事。虽然一开始小卢很不情愿,但慢慢地,我发现他通过跟读故事,由开始只会一个字一个字读,到后来能顺利地读一句话、一段话,再到整本绘本一口气读下来,确实让我吃惊,家长也觉得不可思议。通过读故事,小卢认读了许多字,脸上有了笑容。为了继续增强小卢的自信心,我鼓励他与阳光小伙伴进行讲故事表演,我做他们的辅导老师,小卢经过这次的表演经历,竟爱上了读绘本,家长反映,现在不仅喜欢看绘本,还喜欢读一读,遇到不会的字,主动问家长,小卢经过这次共读活动,确实进步了不少。

二、在共读中守护儿童的爱国情感体验

为了守护儿童的爱国情感体验,我们组织了如下活动:

(一)亲子共赏

1.讲一讲。组织学生与家人分享《小英雄去战斗》故事和感受,续讲故事。

2.写一写。学生续写小鱼儿后来参加抗战的故事,先在家里与家长讨论与创作,再在班里进行朗读或讲述。

3.赏一赏。每个星期推荐亲子观看革命红色电影。

(二)亲子共绘

我心中的英雄。对"英雄"一词的理解同学们也由狭义的勇敢杀敌,为国牺牲到更全面地理解为在普通人中能够做出重大的事情或带领人们做出了巨大的有意义的事情的人。由此,在绘画创作活动,"我心中的英雄":邱少云、白衣天使、钟南山爷爷、屠呦呦奶奶、袁隆平爷爷……一个个生动的人物形象跃然纸上。

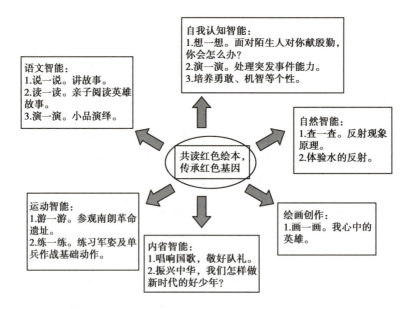

自我认知智能:
1.想一想。面对陌生人对你献殷勤,你会怎么办?
2.演一演。处理突发事件能力。
3.培养勇敢、机智等个性。

语文智能:
1.说一说。讲故事。
2.读一读。亲子阅读英雄故事。
3.演一演。小品演绎。

自然智能:
1.查一查。反射现象原理。
2.体验水的反射。

共读红色绘本,传承红色基因

运动智能:
1.游一游。参观南朗革命遗址。
2.练一练。练习军姿及单兵作战基础动作。

内省智能:
1.唱响国歌,敬好队礼。
2.振兴中华,我们怎样做新时代的好少年?

绘画创作:
1.画一画。我心中的英雄。

（三）亲子共觅

"纸上得来终觉浅,绝知此事要躬行。"我们利用南朗革命名人丰富资源,进行追寻红色记忆活动。南朗共有 34 个革命遗址,分落在不同的村落,家长与孩子一起追寻每个遗址的红色故事,了解中国共产党的发展史,同时也让孩子们实实在在地领略祖国发展的新面貌。在亲子共赏、共绘、共觅的活动中,红色基因在每个家庭中浸润。

三、在共读中让儿童汲取爱国的精神力量

"少年强,则国强。"振兴中华,就要培养新时代的好少年。共读红色绘本,最重要是从绘本中提炼红色精神,引领班集体的学生"听党话,跟党走"思想意识,从而争当新时代的好少年。我从学生日常生活中的点滴入手,把爱国之情融入他们的一言一行,用自己的实际行动诠释爱国的情怀,开展了课后拓展活动。

（一）心系国防

我们班学生纪律意识淡薄,特别是男生,做事总是拖拖拉拉,站没有站相,我曾想了许多办法,但收效甚微。借助这次爱国主义教育的主题系列活动,我们开展了"做新时代有纪律的好少年——爱我中华,心系国防"活动。我和学生先上网了解了国防的基本知识,然后全班一起学习最基本的军姿和单兵作战基础动作,进行一次军姿比赛。学生们练习站、蹲、坐的军姿,以及卧倒、匍匐前进的单兵作战基础动作,经过一个星期的练习,评比出动作标准的"小军人"。学生在练习中纷纷表示每个动作要做到标准,就要付出很多努力与坚持,在比赛结束后,我们给每个"小军人"颁发奖状,并激励全班同学将这种自律性延续。经过这一活动,整个班级的精神风貌发生了很大改变,特别

是男生的纪律意识增强了。

（二）争当先锋

习近平爷爷说："从小学先锋、长大做先锋，努力成长为能够担当民族复兴大任的时代新人！"于是我们开展了"争做新时代的好少年，身边的榜样我来学"主题分享会。学生先收集身边的先锋模范资料，然后在班级分享。通过这次活动，学生们认识到，做新时代的好少年，主要从这三点去努力：树立远大理想，锤炼品德修为，练就过硬本领。

学红军精神,树远大理想

——以绘本《倔强的小红军》为例

中山市南朗街道云衢小学　段俊平

爱国主义教育是每个学生必修课程,如何对孩子进行爱国主义教育,哪种教育方式学生乐于接受,是每个老师、家长需要思考的问题。读红色绘本对小学生来说是一种精神力量,是促使孩子在精神上健康成长的心灵鸡汤。老师该如何引领孩子们阅读红色绘本,激发学生心中的爱国情怀呢? 我们发现,和孩子们共读红色经典绘本,并开展系列主题活动是激发孩子们红色基因的有效方式之一。老师和家长与孩子们共读爱国主义教育绘本,能够让他们感受红军战士坚定的信仰和情怀,从小树立远大的理想。

《倔强的小红军》这个绘本故事赞扬的是小红军林宇一心为别人着想,把生的希望留给别人,把困难和死的危险留给自己的高贵品质。共读这本绘本,孩子们一定会被这位善良、勇敢、为他人着想的小红军感动。

一、读封面,渲染故事的背景

彭懿著的《图画书这样读》教会了老师们怎样给孩子们读绘本。首先,引导孩子们看封面。好的封面,是一本图画书的灵魂,它一眼就能抓住孩子们的注意力,让孩子们产生想好好看一下的冲动。在阅读时,先让孩子们观察封面上人物的表情、衣着——帽子上的红五星,有补丁的蓝色军服,手里的拐杖,沉重的背包,肩上的水壶和挎包,都表现出小红军的沉重负担,从小红军脸部的表情和手部的动作看出这时的小红军非常辛苦和难受。远处的高山和一大片草地可以看出这是渺无人烟的地方,小红军已经走了很久很久。孩子们观察封面之后,能感受到当时的艰苦条件和故事背景,这吸引着孩子们的好奇心,他们开始推测故事的情节。这时带领孩子读绘本故事的名称《倔强的小红军》并提问:你们知道什么是红军吗? 关于红军的故事,你们了解多少?"倔强"到底是什么意思呢? 为什么这本绘本叫《倔强的小红军》呢? 一系列的问题牵引着孩子们去听绘本、读绘本。

二、完整地听故事,发挥想象空间

《图画书这样读》中说,绘本故事有三个故事:第一个故事是文字讲述的故事,第二个是图画讲述的故事,第三个是图画和文字相结合而产生的故事。在激发出孩子最大好奇心时一定要让孩子听完整的故事。老师跟着配乐声情并茂地讲故事是孩子们听完整个故事的最佳方法。听故事之前,老师的过渡语很重要。"如果没有红军战士艰苦斗争,就没有我们今天幸福的生活。今天,我们一起来听《倔强的小红军》,感受革命英雄坚定的信仰与情怀,故事中的小红军到底是怎样倔强的?我们一起来听故事吧。"

听配乐故事,要求听完整,这也是图画故事中的三个故事中的第一个故事——文字故事。文字故事让孩子感受故事的完整,让孩子有发挥各种想象的空间。孩子们非常认真地听,自由想象各种场景。听文字故事唤醒故事的一半生命,另一半生命由孩子们自由把握,暂时让孩子们自由去想象。这也是通过听绘本培养孩子们的想象力、训练专注听的能力。

为了检测孩子听故事的能力,在听完第一篇故事后,老师以提问的方式引导学生回顾故事内容:故事发生在什么时候? 故事中的小红军是谁? 他们经过的是什么地方? 带着问题让孩子们认真地看绘本上的每一幅图画,用眼睛去欣赏图画里的故事,用心去思考故事的内容。孩子们边看会边小声地议论,细细体会故事所表达的各种情感。

简单的问题孩子们听一遍看一遍基本能掌握,但是故事深层的含义孩子们并不理解,这时需要图片的解读,没有图片的解读,不能激发孩子们心底的情感,达不到故事的教育目标。这时候再提出有一定深度、需要学生开动脑筋总结归纳的问题。如故事中的环境怎么样? 发生了什么事? 小红军后来怎么样了? 激发孩子再看故事、再读故事的愿望。这时开始讲绘本的第三个故事——图文结合故事。

三、图文结合讲故事,体会真情实感

让学生看图画、读文字,走进绘本故事里,走进作者的内心世界,理解故事的精髓,体会故事主人公的精神世界。

首先引导孩子们一页一页地看图画,看图画中的场景,图画中的人物表情、动作和故事内容之间的关系,孩子们用自己的话讲述图画所表达的内容,以及自己对图画故事的理解,然后再让孩子们用图画所表达的故事感情读出文字内容。从看图讲故事到用情读故事,孩子们的情感慢慢融入故事情感当中,孩子们走进故事里去了,而不是站在故事外边听故事了。

四、反复读绘本,红色精神渐体现

要把一本绘本故事看透彻,必须让孩子反复多看几遍,包括文字和图画。在反复

阅读中,可以给孩子这样导读,故事中哪些地方体现了小红军的倔强?这一路上,他都做了些什么?让学生自己反复再读绘本。孩子在读的过程中,读懂"感动",读懂"倔强",读懂了无私的帮助。孩子通过听读,再图文解读,最后自读的过程,完全的理解故事内容,体会到小红军一路上的坚强和勇敢,体会到一路上小红军是怎样瞒过班长、瞒过战友,将困难留给自己的可贵品质,体会他一路上自己挨饿还不断地帮助战友的高贵品质。反复读故事,包括师生读、孩子们自己读、在学校和同伴一起读、在家和爸爸妈妈一起读等多形式地读。

在反复读绘本故事中,乐于助人的行为在班级出现。嵋同学,一位智力发育迟缓的小女孩,识字能力弱,语言表达能力弱,对阅读没有兴趣,为了帮助嵋同学也能参与绘本共读的活动,嵋同学的同桌"阳光小伙伴"每天带着她一起读故事,不但同桌帮助她,班级还形成了接力小组,轮流帮助嵋同学。同伴的感染力非常强,嵋同学通过跟读故事,由开始的只会一个字一个字地读,到后来能顺利地读一句话、一段话,再到整本绘本能读下来,让人十分吃惊,家长也觉得不可思议。通过读故事,嵋同学的自信心增强了。此外,"阳光小伙伴"还带着她进行讲故事表演。经过这次表演的经历,她竟爱上了读绘本。课间,学校的阅读角,总能见到她和同伴的身影,这就是绘本的力量。

五、讨论与表演,升华思想感情

在反复研读绘本《倔强的小红军》之后,孩子们分成小组选择自己喜欢的一个问题开始讨论。老师提供以下讨论的问题。

1.你觉得故事中的小红军是一个怎样的人?

2.故事中哪几个地方让你很感动?

3.小红军肚子很饿很饿,看到战友们都在吃东西,他心里是怎么想的?怎么做的?如果你是小红军,在这种情况下你会怎么做?

4.这个故事让我们懂得了什么?我们在学习生活中,我们应该怎么做?

老师参与到孩子们的小组讨论中,适当指导,小组反馈之后,最后老师小结。在讨论、反馈、小结之后,孩子们懂得了要学习红军的吃苦耐劳、不怕牺牲、为他人着想的高贵品质;懂得了现在的美好生活来之不易,这是许许多多像小红军一样的战士牺牲了自己的生命换来的,我们要好好珍惜现在的幸福生活,好好学习,将来为祖国做出贡献。

六、画一画,英雄人物跃纸上

经过一段时间的共读活动,"我心中的英雄"在孩子们心中油然而生,王二小、抗疫英雄、钟南山爷爷、张桂梅老师、解放军战士、消防员叔叔、未来的我……怀着对英雄的敬佩之情，孩子们开始自己的创作，一个个生动的人物形象跃然纸上。孩子们都说，要像他们一样，长大了为祖国做出贡献。

　　一次次的共读，激发了孩子们爱上了红色绘本。《闪闪的红星》《小英雄王二小》《董存瑞炸碉堡》《黄继光》《邱少云》等绘本让孩子们爱不释手，百看不厌。在共读过程中，孩子们心中的爱国主义精神、伟大理想在稚嫩的心中开始萌芽。

"我与祖国共成长"主题共读故事
行思研学·逐美中山

——实践德育新途径初探

中山市南朗街道云衢小学　徐美红

"读万卷书,行万里路",从木牍、竹简、缣帛、纸张到数字化载体,穿越数千年,翻新的是介质,绵延的是阅读,选择一本书,提前开展阅读,然后到作品中描写的典型场景,如风土人情、名山大川,亭台楼阁、轩榭廊舫、乡土原野中去求证、寻访,这就是将"读万卷书"和"行万里路"完美结合的行思研学。

近年来,我和女儿行走的足迹回归到中山这片土地上,我们由近及远地寻找由青山与绿野、花海与稻香、祠堂与碉楼共同组成的中山亮丽的风景线与传说,让女儿用眼睛、耳朵、心灵研读中山,了解本土文化,行走的过程中也留下了很多值得一辈子去慢慢咀嚼的印记。

女儿就读小学一年级时,我把"行思研学"的做法推广到她的班级,组织家委购买了中山系列《Hello,中山》手绘图书24册,并展开了图书漂流的活动,男女同学分别安排在单、双周借阅,每人每次一周时间,这样的活动,不仅为父母创造与孩子沟通的机会,分享读书的感动和乐趣,还带给孩子欢喜、智慧、希望、勇气、热情和信心,赢得了一(3)班同学家长的认可和支持。

作为"行思研学·逐美中山"项目的重要参与者,笔者对项目实践推广情况予以探讨,以期为今后全校性"行思研学"的研究提供参考和借鉴。

一、"增强道路自信"——追寻乡村"红色"印记,传承红色底蕴

在中山这座春有百花秋有月,夏有凉风冬无雪的城市中,积聚了丰富的红色文化遗产。孩子在共读中聆听党史,在行走乡村古道和红色革命遗址中,感悟革命精神,从小在心中烙上红色印记,增强道路自信。

云衢小学一(3)班追寻乡村古道中的"红色"印记第一阶段的路线是:南朗翠亨村(杨殷故居)——红色旅游精品线路——中山火炬区大环村(张惠长旧居)。

杨殷同志是共产党早期重要领导人之一,他是坚定的无产阶级革命家,著名的工人运动领袖,被评为100位为新中国成立作出突出贡献的英雄模范之一。南朗镇革命英雄杨殷故居位于古朴静谧的翠亨村。为深切缅怀杨殷烈士,引导学生感悟烈士追求

真理、英勇斗争、舍己为党的崇高风范，孩子们在杨殷故居的木棉树下，聆听杨殷的外孙女崔静薇讲述家风的故事，绘制木棉花树画作，从中感受他作为一名父亲对女儿的关怀之情，作为一名英雄，为革命舍生取义的信念与情怀。

南朗镇左步村，是孙中山的祖居地，也是革命家欧初、漫画家方成的家乡。南朗推出首批红色旅游精品线路、红色旅游智慧导览系统，还配套推出了南朗红色旅游宣传手册、红色旅游手绘地图、红色旅游公交专线等，为左步村的红色研学提供了要素供给。这里可以深耕红色资源，深挖红色名人文化，了解他们过去的英雄事迹。欧初曾经是抗日游击队珠江纵队第一支队长，在参加抗日期间参加并指挥多次游击战，欧初的故居，曾为中共左步村支部的活动据点，走进他的故居，孩子可以感受到他生活的简朴节俭。

中山火炬区大环村委会旁边，有　座接近百年历史的破旧西式古宅，这座古宅是曾有飞行将军之称的张惠长旧居。这座历经风霜的古宅，虽被丢空近半个世纪，今天依然能捕捉到些许当年的"气势"。张惠长出生于1898年，跟随孙中山筹建航空事业，曾返回家乡两任原中山县县长。后因支持国共合作，被国民党软禁台湾，直到1980年，与世长辞，享年82岁。孩子在行走中，了解了革命先烈的奋斗史，让红色基因融入孩子们成长的年轮里，把红色火种播撒进心中。

二、"增强民族自信"——深挖乡村"文化"富矿，点染文化底色

"只有观世界，才有世界观"，文化是根，传承和弘扬中华优秀传统文化，对祖国悠久历史深厚文化的理解和接受，是爱国主义情感培育和发展的重要条件。教师要深挖乡村"文化"富矿，引导少年儿童了解中华民族的悠久历史和灿烂文化，自觉延续文化基因，增强民族自信。

作为中山人了解中山特色文化，很有必要。《hello，南朗》蕴藏着南朗的文化地图，我们按图索骥，能触摸到前人的精神足印，对于孩子来说，纸墨书香、弥漫在字里行间、跳跃在掌心指间的触感，共同营造出一方带着暖光的精神角落，民族的文化血脉，正是在这一缕书香中得以传承。

（一）中山民间传统习俗——在视觉化中荡漾

中山是国家历史文化名城，发祥于中山的香山文化是中国近代文化的重要源头，中山市沙溪申明亭鹤凤舞《hello，沙溪》、中山长洲醉龙《hello，石岐》、黄圃龙船《hello，黄圃》、小榄菊花会《hello，小榄》等传统习俗流传很广。

共读《hello，南朗》，我们能了解到崖口飘色是具有中山地方特色的传统民俗和民间艺术，五月五过端午，五月六看飘色。中山崖口飘色从清朝乾隆年间兴起到现在，已

经有 300 多年的历史。崖口飘色(枭色)原为民间岁时祭祀活动,具有浓烈的地方民间艺术色彩,多为二层飘,较有特色的"秋千色"。2008 年,崖口飘色被国务院列为第二批国家级非物质文化遗产,是中山市第一个国家级飘色项目。跟着《hello,南朗》看飘色,让孩子感受当地人民群众在长期生产劳动和生活实践中共同创造、积累、传承的非物质文化遗产,充分表现了人民群众在历史进程中逐步形成了优秀文化价值观念和审美理想,以及民间文化的创造力。

这种行思间追寻传统习俗,犹如是在孩子们的心中埋下一颗种子,在他们成长的历程中,种子不经意地生根发芽,伴随着他们从懵懂到成长。这终将也成为他们中华民族血脉中不可分割的精神部分。

(二)中山手工传统技艺——在味觉坐标中搅动

一座城市的美食,浓缩着这座城最纯粹的味道。中山美食分布广泛,中山各镇区都有自己的拳头产品,典型代表莫过于风靡国内外的石岐乳鸽《hello,石岐》、东升脆肉鲩《hello,东升》、三乡濑粉《hello,三乡》、小榄菊花宴和小榄炸鱼球《hello,小榄》、古镇海洲鱼饼《hello,古镇》、沙溪扣肉《hello,沙溪》、民众碌鹅《hello,民众》等,各镇区特色美食林林总总,丰富多彩。

跟着《hello,火炬区》走进中华老字号,观看"咀香园杏仁饼的前世今生"微课堂,参观非遗文化长廊,了解中华老字号咀香园杏仁饼的发展历程。在杏仁饼 DIY 体验区内,聆听老师介绍制作杏仁饼的饼模、敲饼锤等工具以及制作杏仁饼的主要流程。在DIY 杏仁饼的环节,遵循古法的技艺,在工作台上,敲起古朴的模具,体验流传百年的杏仁饼制作技艺,再品尝新鲜出炉的杏仁饼。通过特色活动的体验,能够让孩子通过视觉、触觉和味觉来感受咀香园美食的制作,增进亲子之间沟通交流的特殊时光,镌刻着中山这个城市一代人的味觉记忆。

(三)中山地方特色民歌——在听觉中沉醉

经典的民歌,犹如一颗颗散落于民间的明珠,拂去岁月的轻尘,它们依然摇曳生辉。中山咸水歌、三乡民谣、东乡民谣、客家山歌、鹤歌等,是中山非物质文化遗产,其中,中山咸水歌最具代表性。清人屈翁山的《广东新语·诗语》中记载:"疍人亦喜唱歌,婚夕两舟相合,男歌胜则牵女衣过舟也。"可见咸水歌早在明末清初就很流行。

跟着《hello,南朗》行走于翠亨湿地文化 B 馆(疍家人与疍家屋),聆听疍家人口耳传唱的咸水歌,感受疍家人的精神风貌和独特的民风民俗,呈现新时代新湾疍家人开启岸上新生活的美好与精彩。

(四)香山茶韵叠翠——在"家国情"中氤氲

中山市古称"香山县",史志记载,五桂山盛产"异花神仙茶"。此茶是一种野生茶叶，香闻十里，人们称它"隔山香"。"家是最小国，国是千万家。"家庭是每个人精神成长的沃土，家国情怀的逻辑起点在于家风的涵养、家教的养成。跟着《hello，南朗》走进古色古香的茶东村，古韵斑驳的陈氏宗祠群落本是陈氏宗族祭祀祖先、寻根谒祖的重要场所，近年，陈氏宗祠又被赋予新的功能，作为全国文物保护单位，是中山市家风家训传承基地。我们一（3）班家委主席杨清平是中山市家风家教实践基地志愿讲解员。他组织班级亲子在茶东陈氏宗祠开展"好家风伴我成长"亲子行思研学，并宣讲陈氏宗祠背后的家文化底蕴及其培育出来的优秀人物，学生跟随"沉浸式"气味实景演出《茶东家国情》，穿越数百年，从《里仁抗倭》《陈家大婚》《添丁发财》中，感受到"立志、守信、尽孝、重义、为善"家风家训内化于心，外化于行。学习使学生心中种下家风家训的种子，正向引导学生向有朝气、有志气、有正气的新时代接班人奋进。

三、坚定文化自信——见证乡村"蝶变"新颜，激荡振兴底气

在中山这块人杰地灵的土地上，蕴藏着丰富的文化遗产，发展至今，又植入了现代因素。近年来，翠亨快线交通项目建成，城市道路不断升级提速，居民出行愈加方便；中山纪念图书馆、中山市博物馆新馆相继落成并投入使用，中山公共文化设施日益完善成熟；随着深中通道的建设、粤港澳大湾区发展战略的推进，为南朗经济发展提供新动能。有着600多年历史左步村打造独具特色的"稻田+乡村生态游+音乐节"的文旅模式；打造横门"开渔节"，整合横门渔业、渔船、渔村、渔俗文化资源，开展出海巡游、品尝海鲜、观赏渔俗、体验渔事展现渔乡风情魅力，崖口村打造现代农业、乡村休闲旅游体验功能于一体的生态农业型村庄等。在微风和畅的日子，学生实地行思研学，体验山水田园慢生活，了解美丽乡村历史文化发展脉络，在耳闻目睹中感受家乡巨变，让学生制作反映乡村振兴，美好的家庭生活等内容的手抄报与摄影作品，进一步让学生在行思与活动中，唤醒"知乡、爱乡、建设家乡"的乡土情怀，乡村文化新生活在坚定文化自信中，前景可期。

总之，作为新老中山人，我们秉承"博爱、创新、包容、和谐"的中山人精神，在微风和畅的日子，带着孩子们走出家门，在行思研学中体验山水田园慢生活的网红"打卡点"，了解中山这座最具幸福感城市的历史文化发展脉络，一起见证全国最具幸福感城市的幸福密码吧！

学习英雄故事,传承英雄精神

——以共读《小英雄王二小》为例

中山市南朗街道云衢小学　梁兆连

　　了解党的百年奋斗历程,让浓郁的爱国主义书香飘满校园,这是我们每一位教育者义不容辞的责任。爱国主义教育神圣庄严,如果单纯地说教,则会显得枯燥无味;让孩子自己阅读,会因识字有限、理解能力等因素让阅读效果大打折扣。如何让低年级的孩子们易于接受呢? 绘本阅读成了最好的纽带。

　　这学期,我在班级开展了爱国主题绘本阅读,选取了适合低年段孩子阅读的一系列爱国主题绘本。如《红星闪闪放光彩》《向雷锋叔叔学习》《倔强的小红军》等。我和孩子共读了《小英雄王二小》,绘本讲的是抗日战争时期,日本侵略者来村子"扫荡"时要王二小带路,王二小用自己的机智与勇敢把鬼子带到了八路军的伏击圈,消灭了鬼子,安全转移了群众,最后王二小牺牲了的故事。故事赞扬了小英雄王二小遇到敌人沉着镇定、勇敢、随机应变和舍己为人的爱国精神。故事告诉我们在生活中遇到困难的时候,也要勇敢地去面对,不当逃兵。下面谈一谈我们的阅读故事。

一、小眼睛,会观察

　　儿童文学家彭懿在《图画书阅读与经典》中指出,"绘本是用图画与文字共同叙述一个完整的故事,是图文合奏的。在绘本里,图画不再是文字的附庸,而是图书的生命,甚至有很多绘本是一个字也没有的无字书。"而好的绘本,不仅绘画精美、形象、构图、色彩能使读者在视觉上引起愉悦,而且每张图画都有丰富的内涵,图与图之间能呈现出独特的叙事关系,这就为我们培养学生敏锐的观察能力提供了契机。绘本的图画中,无论是动植物还是人物都往往被赋予了丰富的表情和肢体语言。因此,我们可以有目的、有顺序地引导学生从五官的变化、手脚动作等去观察。比如王二小拿着红缨枪去放哨,王二小是个放牛娃,12岁加入了儿童团,每天一边放牛一边放哨。老师可以引导学生,王二小放牛的任务是什么? 儿童团是干什么的? 通过观察,孩子们了解了英雄王二小的任务,知道了王二小从小就想为八路军、为人民做好事。他是个勇敢的儿童团员,面对凶恶的敌人,王二小一点都不害怕,表现得非常勇敢、机智,不怕牺牲! 孩子们还能体会到敌人狡猾、凶恶,对人民群众残暴不仁。他们用稚嫩的眼睛发现了细微的图画和人物信息,感受到王二小和八路军的高大形象。

二、小脑袋,会思考

当拿到绘本时,封面最能吸引孩子思考:这个坐在牛背上的小男孩是干什么的? 他盯着远方想了解什么? 又或者他已经看到了什么,怎么这样紧张? 而在阅读过程中,让学生对故事进行猜测更会激起学生强烈的阅读欲望。比如王二小在放牛时是怎样观察敌情的? 我设计了这样的问题:当王二小发现日军时,王二小怎么想的? 怎么做? 小朋友们纷纷回答:快点找个地方躲起来;跑回家告诉爸爸妈妈;赶紧去告诉八路军等。当读到绘本中的答案时,都会给小朋友在思想上、情感上带来很大的冲击与震撼,王二小会担心八路军伤员,王二小会替八路军想办法消灭日军。这些爱国的情感慢慢渗透幼小的心灵,他们也会向小英雄王二小学习。小姚说:"我要为班级多做好事,不乱丢垃圾了!"小唐说:"我要听老师、家长的话,上课认真听讲,按时完成作业,不让妈妈操心。"小练说:"我不再踩草地了,爱护花草我们都有责任。"这些稚嫩的话语告诉我们,小英雄王二小的爱国精神已经播撒在孩子们的心田里了。

三、小脑瓜,会想象

想象就是让学生根据已知内容,推测未知内容。设置这样的环节,意在培养学生大胆猜想的能力。"儿童天生就是幻想家。"好的绘本不仅仅在讲述一个故事,同时也是在帮助小朋友们提升观察力,丰富他们的想象力。教师在绘本的阅读指导过程中,通过情节推想,让孩子的思想与绘本所包含的内容进行碰撞,擦出思维的火花。在整体感知的基础上,我们还可以选择一到两个情节发展的转折点,启发孩子进行想象、分析和推理。比如想想敌人怎样跟王二小说? 王二小怎样回答? 王二小是怎么帮助八路军消灭敌人的? 又是怎样带敌人进八路军的埋伏圈的。为了帮助孩子们想象,激发孩子读书热情和感受王二小哥哥的英雄形象,我创设了一个情境,让几个孩子演一演敌人和王二小当时对话的情景,然后由大家评一评。在大家的说、演、评、议中,小朋友们发挥无穷的智慧,把敌人的丑陋和王二小的英雄形象都想象得形神兼备。

四、小嘴巴,会描述

绘本的价值和魅力在于:它没有单一的教条,却能满足孩子的成长需要;没有成堆的说理,却能启发孩子的深入思考。特别是王二小被敌人杀害时,小朋友们都非常难过,都不愿让王二小哥哥牺牲。我当时就问:孩子们,王二小为了救八路军,为了救乡亲们牺牲了。你想对王二小说什么? 孩子们有的说:王二小,你真勇敢! 有的说:八路军叔叔一定会为你报仇的! 有的说:我们一定要把敌人赶出中国! 小朋友各抒己见,对王二小的爱和对敌人的恨表现得淋漓尽致。我又顺势引导学生:小朋友们,现在我们是一名小学生,力量有限、知识有限。但是我们可以为爸爸妈妈、为班级、为学校做一些力所能及的事。如果认真学习,能掌握许多的知识。长大就能为家乡、为祖国做贡献了。孩子们一听纷纷举手发言,有的说:"我胆子很小,晚上要爸爸妈妈陪睡觉,从今天晚上开始,我要自己睡觉,做一个勇敢的孩子。"有的说:"我要向王二小哥哥学习,在学校做值日时,认认真真地扫地,让同学们有一个干净的课室学习。"还有的说:"我要认真学习,长大孝顺爸爸妈妈。"简单的话语看出孩子们心中已经萌发自己也要当一名这样的小英雄。

五、小小手,会创作

幼儿在看绘本时,不仅会联想到现实的生活、其他的文学作品、还会把自己想象成这个作品中喜欢的角色。低年级学生正处于喜爱涂鸦的年龄阶段,具有模仿、简单再现,以及直观、具体的特点。绘本中强烈的色彩刺激能激起他们的欣赏兴趣,吸引他们的注意力。我们可以引导学生这样做:阅读完绘本后,照着绘本把自己认为最精彩、最有趣的画面描摹出来,用画笔将其中最吸引自己的画面加上自己的想象移到画纸上;也可以根据绘本原来的风格,根据绘本中潜在的情节,让学生尝试续画,自创图画。故事读完后,孩子们跃跃欲试,纷纷拿起笔和纸,创作绘本并为自己的绘画配上文字,然后同伴之间相互欣赏。孩子们的创作十分精彩:有的学生描绘了王二小放哨的画面;有的学生进行了续画,如八路军消灭敌人后,受伤的八路军生活得怎样?乡亲们是否过上幸福的生活?谁接替王二小放牛,继续为八路军放哨?这些想象的内容让绘本阅读不仅仅只局限在绘本本身,而是使得绘本阅读更加丰满、更加立体。

自古英雄出少年,英雄少年的精神激励和教育着每一位孩子从小听党的话,爱祖国,爱人民,爱科学,努力成为社会主义现代化建设的合格人才,做共产主义事业的接班人!

红色故事传承红色基因

——以绘本《雷锋的故事》为例

中山市南朗街道云衢小学　李和娣

红色基因是忠诚,爱党爱国,矢志不渝。红色基因是忘我,无私奉献,无怨无悔。红色基因,凝聚力量,引领未来。自从有了晚托,跟孩子们一起阅读的机会就更多了。我经常和孩子们一起阅读红色故事,在阅读的红色故事书籍中,孩子最感兴趣的是《雷锋的故事》这本爱国主义题材书籍。雷锋——一个普通人的名字,又是一个全世界人都熟悉的名字,人们都记住他、学习他,是因为这个平凡的人一生做了许多平凡的事,却表现出了高尚的情操,伟大的精神。雷锋同志的一生很是平淡,可又是那么的无私。他在平淡的生活中创造了不平淡的人生。

一、师生共读,激发阅读兴趣

在与孩子们共读《雷锋的故事》这本书时,我一拿出书来,孩子们看见封面上写着大大的《雷锋的故事》,就争先恐后地说着:我知道雷锋最喜欢做好事;我知道雷锋会帮助老奶奶过马路;我知道雷锋会帮助迷路的小朋友找家……个个都想把自己知道的有关雷锋的小故事告诉大家。趁着孩子们兴奋的心情,我马上接起话题:是啊,人们流传着这样一句话:"雷锋出差一千里,好事做了一火车。"小威马上说:"火车?好长的火车,雷锋做的好事有火车那么长,那么多!"小洪说:"李老师,雷锋是在火车上做好事吗?"我摸摸孩子们的头,对他们说:"雷锋经常坐火车去外地出差,他出差机会多了,为人民服务的机会就多了,去到哪里就到哪里做好事,做了很多很多的好事。"有一次雷锋外出在沈阳站换车的时候,一出检票口,发现一群人围着一个背着小孩的中年妇女,原来这位妇女从山东去吉林看丈夫,车票和钱丢了。雷锋用自己的津贴费买了一张去吉林的火车票塞到大嫂手里,大嫂含着眼泪说:"大兄弟,你叫什么名字?是哪个单位的?"雷锋说:"我叫解放军,就住在中国。"几个孩子听了这个小故事,都异口同声地说:"雷锋好伟大哟。做了好事都不告诉别人名字。"看见书本的封面,孩子们已经知道了雷锋不少的事情。我顺势说:"我们来轮流读书里的故事吧。"孩子们兴奋极了,都举手赞成。然后,我和孩子们就开始轮流读故事了:

我:一个星期天,雷锋叔叔的战友王大力把所有战士们的袜子和衣服都洗了,雷锋叔叔正在晾衣服时,发现自己的旧袜子不见了,他就到处寻找。

小皓：这时，王大力说："雷锋，你有那么多存款，还这么舍不得买一双袜子。你瞧，你这双袜子穿在脚上不嫌难受？"

小文：雷锋叔叔说："只要不耽误我的工作就可以啦！"

小伟：王大力又说："那你不觉得难看吗？"

小琪：雷锋叔叔回答道："咱们军人不是把袜子穿给别人看的。"

我：雷锋每个月只有6元钱奖金，他却把钱存在银行，一年一年过去了，雷锋把省下来的钱全都捐给灾区人民，可是他自己却舍不得买新袜子。

二、快乐分享，领悟雷锋精神

和孩子们一起读完故事后，我让孩子们分享了自己想说的话，有的孩子说：雷锋钱好少哦；有的说：雷锋的生活好辛苦；有的说：雷锋好有爱心；有的说：雷锋很节约；还有的说：雷锋一个月才6元，我都比他钱多……是啊！雷锋一个月只有6元都不舍得用，要存进银行，可见雷锋是多么的勤俭节约。等孩子们都发表了自己的想法后，我让他们从自身想想，生活中哪些方面要学习雷锋勤俭节约的呢？

小皓说："我以后不乱买玩具了，而且玩玩具的时候小心一点玩，就不容易弄烂，还能玩久一点，就不用买新的了。"

小瑶说："以后妈妈叫我穿姐姐的衣服，我不会嫌弃了，因为姐姐的衣服没有烂，我是可以穿的，不一定要买新的了。"

小威说："我在学校吃午餐的时候再也不浪费粮食了，要全部吃完。不能浪费农民伯伯种的粮食，而且爸爸妈妈交了钱，没吃完就是浪费了爸爸妈妈的钱，爸爸妈妈赚钱很辛苦的。"

小熙说："李老师，我以后专门负责检查教室的灯和风扇有没有关，好不好？因为我发现有几次我们出去上体育课都没有关教室的灯和风扇，这样会浪费很多电的。"

小曼说："我以后上厕所洗手的时候会开小一点水洗手，洗完就关好水龙头，不浪费用水。"

……

孩子们分别从节约粮食、节约用电、节约用水、不乱花钱买玩具等日常生活中自己经常做过的事滔滔不绝地分享自己的想法。雷锋勤俭节约的精神深入了孩子们的心灵。

三、开展活动，争做当代雷锋

我鼓励孩子们不但要学习雷锋勤俭节约的精神，还要像雷锋一样在生活中多做好人好事。我们可以做些什么呢?有的孩子说:我们可以在公交车上给老人、行动不方便的人和抱小孩的人让座。有的说:在家里,我们可以帮助家人干家务活。还有的说:看到小朋友摔跤了要马上扶起来……是啊!在我们的校园里,就有着许许多多的小雷锋,你看,每天管理我们晨读的小班干,主动捡起遗漏在地上的果皮纸屑的同学,早上来到学校打扫卫生的同学,这些都是小雷锋。其实我们身边也有很多小雷锋,我们在班级开展"学雷锋"活动,比一比看谁做的好事多。孩子们一致拍手叫好。

因此,针对班级近段时间乱丢垃圾的现象,我定的第一项学雷锋活动是"不让垃圾落地,弯弯腰,捡起来"的校园卫生活动,并制作一个登记表,一面登记自己做的好事,一面登记同学做的好事。这个活动开展以来,我发现乱丢垃圾的现象少了,因为一丢垃圾,旁边的同学就会提醒他"垃圾不落地"。之前在自己桌椅下的纸屑如果不是自己的就不会捡起来的现象也没有了,因为他们记住了"弯弯腰、捡起来"。自从开展了这个活动以后,学校、班级的卫生有了新的变化。现在,只要有人看见了纸屑,马上会自愿去捡起来。这不正是体现了"勿以善小而不为,勿以恶小而为之"的雷锋精神吗?我每天鼓励孩子们用鹰一样的眼睛互相发现谁为大家做了好事,每天课前用几分钟时间让孩子们分享今天自己做了什么好事或者看见谁做了什么好事,鼓励孩子们都争做新时代的"小雷锋"。

现在的孩子生活情况改善了许多,他们很难体会到解放前夕的生活是多么艰辛。雷锋同志的一生太过匆忙,太过短暂,他从未享受一天奢侈的生活,却把一生都奉献给了党,奉献给了人民。他勤俭节约的精神是我们教育指导孩子的好题材。所以我特意选了这个故事跟同学们共读,让孩子们从故事中领悟雷锋精神,从而付诸行动。

四、以身作则,传承红色基因

我发现:和孩子们一起阅读《雷锋的故事》,讲解给孩子们听,能让孩子们更加了解雷锋精神,帮助孩子们从小就学习雷锋同志从身边的每件小事做起,从小就有一颗爱心。和孩子们一起阅读《雷锋的故事》,我也深深体会到不但要教育孩子学习雷锋同志,作为老师也应该学习雷锋同志,以身作则,做孩子们的标杆、榜样。只有从自身做起,孩子们才会做得更好,学得更好,将来成为对国家有用的人。

少年儿童是祖国的未来,民族的希望。通过形式多样的教学活动讲好红色故事,少年儿童能在潜移默化中走近、了解党史,汲取红色故事中的精神,内化为自己成长的精神食粮。教师要充分挖掘红色资源,把红色故事讲活、讲实,让少年儿童零距离地深入接触身边的红色故事,让红色的种子根植心中,把红色精神融入自己的精神血脉,让红色基因代代相传。

以红色绘本为载体低段聋生
爱国主义教育案例研究

中山市特殊教育学校 高微微

《聋校义务教育课程标准(2016 年版)》中明确提出了要培养聋生热爱祖国、热爱人民、热爱中国共产党的情感。但实践中发现,聋生由于听力受损,传统的思政课程教学资源和教学方式,学生的学习兴趣不高,学习到的爱国主义知识是浅显的、碎片化的,很难完整理解爱国主义这个抽象的概念。2019 年以来,伴随中共中央、国务院制定印发《新时代爱国主义教育实施纲要》,涌现了许多优质的红色主题绘本。红色主题绘本围绕历史真实故事,以图文合奏的绘画手段,把抽象、复杂的革命故事和革命精神化为简单、形象的绘本。红色主题绘本非常适合聋生心理、语言和认知发展的水平,但低年段聋生手语和书面语的水平都无法开展自主阅读,因此,笔者在教学实践中尝试开展以信息技术为手段,以红色绘本为载体,通过制作双语讲读视频,营造丰富多彩的共读活动,引导学生在绘本欣赏和感悟中建立强烈的爱国主义认知和情感,进一步促进聋生的全面发展。

一、共读内容

本次共读的红色绘本是《闪闪的红星》。《闪闪的红星》由李心田著,是正东动漫编绘的爱国主义教育系列绘本之一。绘本讲述的是在革命红色摇篮江西柳溪镇的山村里,乡亲们受尽了恶霸胡汉三的欺压,潘冬子一家人积极参与革命,在游击队和红军的帮助下最终消灭了恶霸胡汉三的故事。绘本配图虽然是动漫设计,但用丰富的色彩、个性鲜明的人物造型、简洁精练的文字、完整的故事情节展现了中华儿女坚定的理想信念和崇高的爱国主义精神,是非常符合低年段聋生认知发展水平和身心发展规律的读物,让聋生可以通过图画阅读生动直观地理解和感受潘冬子的小英雄事迹,让聋生的爱国主义情感不由得随着故事缓缓流淌。

二、共读对象

本次共读对象是二年级聋生,全班共 13 人,其中有 8 名学生佩戴人工耳蜗,有 4 名学生是听力障碍伴随智力障碍,语训效果比较好的只有 2 人,日常教学以手语、口语相结合的方式。低年级聋生正是培根铸魂、启智润心,帮助孩子们树立爱国主义的启蒙期。

三、共读活动

(一)制作双语讲读视频,丰富聋生阅读资源

调查显示,二年级聋生大多数不能独立阅读,家长也不能使用手语和孩子无障碍沟通,为此,笔者探索制作同时呈现图片、声音、手语的红色绘本故事讲读资源。一是为了满足学生不同的阅读需求,将绘本《闪闪的红星》以三位一体的方式呈现在学生面前,提高聋生的阅读兴趣和阅读质量;二是给家长提供手语示范,引导家长学习手语,解决家长与学生共读活动时存在交流困难的实际问题,加深亲子之间的沟通,提升共读效果。

(二)引导亲子绘本阅读,营造良好共读氛围

亲子共读就是家长与孩子一起阅读,亲子共读是儿童早期阅读的一种重要形式,既有利于营造良好的家庭阅读氛围,又有利于增进亲子感情,亲子共读对于聋生来说尤为重要。因此,在《闪闪的红星》绘本亲子共读活动中,首先,引导家长与孩子一起观看绘本故事讲读视频;其次,邀请家长和孩子一起开展绘本共读活动;再次,和家长一起交流阅读分享中存在的困惑和心得;最后,引导家长参与到聋生爱国主义教育实践中,以身示范,更好地帮助聋生深入理解爱祖国、爱人民的情感。

(三)教师指导绘本精读,培养聋生观察能力

聋生由于缺少听的渠道,观察成为发展个体认知的重要方式。刚步入二年级的聋生对于文字阅读和理解的能力有限,而绘本阅读不仅是文字在讲故事,图画也传达着丰富的信息,培养聋生的阅读观察力,是进行阅读与理解,并进行想象与创造的重要基础。因此,笔者抓住聋生天生观察敏锐的优势,带着学生打开"观察"的味蕾,通过观察图画中不同人物的形象、动作、表情等,初步获取人物的基本信息,并对获得的信息进行合理的推断与猜想,通过分析和比较明确人物的特点和人物之间的关系,在故事情节中理清小英雄的人物形象。以观察图画为切入点的阅读方式,不仅大大调动了聋生的阅读兴趣,还培养了聋生绘本阅读的观察力,从而重点突破"红军""共产党""红五星"等关键词的深度理解,既丰富了聋生的文化、情感体验,又潜移默化地提升了聋生对红色文化深刻的认知程度,从而激发聋生的爱国主义情怀。

(四)同伴分享绘本阅读,共享课间阅读乐趣

分享阅读最早由新西兰教育家赫达维提出,本文中提到的同伴分享阅读,是指在一个轻松愉悦的环境中与同伴一起阅读一本书,并交流、讨论、分享绘本内容。已有研究结果表明,同伴分享阅读的方式更符合幼儿的阅读兴趣,有助于幼儿阅读注意力的保持,可以提升幼儿语言交流与表达的能力。因此,笔者在教室里摆放《闪闪的红星》

以及其他爱国题材的绘本,营造红色绘本阅读的氛围,鼓励学生在课间的时候一起交流、讨论、表演、分享、纠错,当同伴分享阅读遇到分歧或者困难的时候,笔者充分发挥阅读支架的作用,适当地抛出问题,与学生一起讨论。实践表明,同伴分享阅读在一定程度上解决了不同阅读水平的学生在阅读中遇到的困难,更容易突破阅读瓶颈,深入对红色绘本内容的理解,相互促进,共同进步。

(五)绘本故事创作表演,传承红色英雄故事

输入和输出是绘本阅读的两个重要阶段,考虑到二年级聋生手语和书面语的表达能力水平有限,笔者选择聋生更擅长的表演方式,以简单的对话、表情、动作等形式对人物角色分明、故事情节生动的绘本内容进行创作表演,呈现出他们对于绘本故事的理解。学生可以把整个故事内容完整的表演出来,不仅满足学生好动、爱表演的天性,还加深对"智慧""勇气"等关键词的理解和记忆,锻炼了学生的表达能力,让绘本中小英雄的故事深深地印刻在脑海中,从而实现对红色精神的传承。

四、共读效果

(一)聋生爱国主义教育情真意切

通过共读活动,不仅从情感、认知等方面提升了聋生对于"国、家"的认识,更在聋生内心种下了爱国主义情怀的种子,学生在跟着家长逛书店的时候,会主动购买爱国题材的绘本,并主动要求带到班级来和同学们一起分享。

(二)家长教育参与意识积极主动

在共读过程中,家长经常和老师讨论如何用手语表达绘本中的内容,如何引导孩子开展红色绘本阅读,如何引导孩子通过阅读拓展字、词、句的学习,家长从心理和行动上都更愿意主动和孩子交流、互动,家长弘扬红色精神的意识和行动也越来越积极。

(三)教师教育教学反思深刻有效

正如虞永平教授的话:共读的"共"不是时间和空间上在一起,更是成人与儿童之间的心灵交融、理解和互生的过程。笔者最大限度发挥聋生"观察家"的天赋,引导学生自由的发挥想象,大胆地模仿人物动作,在此过程中,学生眼里有光、充满活力。实践证明,只要给予聋生想象的空间、表达的机会和赞赏的目光,他们一定会展现出更多的惊喜,收获喜悦,点亮童心。看到学生在共读中的收获与成长,笔者也忍不住制作出更多的适合学生的绘本讲读资源,从《我和我的祖国》到《我爱五星红旗》,从《小小游击队员》到《向雷锋叔叔学习》,笔者渴望用真心与热情换取学生对阅读的喜爱,对学习的向往,对祖国的热爱。

绘本成为聋儿最有温度的语言

中山市特殊教育学校 张小辉

有人说：书，是百花园，将人带入梦幻一般的天堂；书，是翅膀，能让人遨游神奇的天空；书，是飞奔的骏马，能让人在辽阔的大草原上自由飞翔；书，是生命之源，能滋润枯干的心灵。对于聋儿安安来说，绘本成了他最有温度的语言。

8岁聋儿安安，是本学期插班到听力部二(1)班的新生。瘦小的个子与他的年龄似乎不相符。他植入了人工耳蜗，听觉补偿效果良好，其他人大声地说话他能听清，只是他的语言表达不够清晰。由于前庭功能失调，安安在课堂上难以集中注意力，会不时地在教室里跑来跑去，我告诉他上课时不能随意离开座位，要求他回到座位上，奈何他吼叫的声音比我的声音还大，皱眉蹙眼，挥动着拳头，并用食指指着我，似乎在向我示威，还把课桌上的书本、作业本扔了一地。暂时没有更好的办法能让他安静下来，我只能将冲出教室跑到走廊的安安拉回座位，整节课我都在上演着"猫捉老鼠"的游戏，疲于奔命。如何让安安静下来跟着班上孩子一起学习，成了我亟待解决的难题。如何才能真正走进孩子的心里，走进孩子的世界，真正找到教育孩子的方法呢？我苦思冥想着……

苏霍姆林斯基说："让学生变聪明的方法，不是补课，不是增加作业量，而是阅读，阅读，再阅读。"我希望能培养孩子们的阅读兴趣，尝试大课间时带他们到三楼阅览室看书。在带去阅览室前，我有过顾虑：担心安安会捣乱，会把整理好的图书乱扔，会坐不住，到处乱跑。俗话说得好，"亲身下河知深浅，亲口尝梨知酸甜"，凡事总要一试。于是我便抱着尝试的态度将安安和班上孩子带到了阅览室，告诉他们阅读的注意事项后，孩子们便开始各自挑选自己喜欢的图书，并找到座位坐下来阅读。此时，我看见安安也学着其他同学的样子在书架上随意地拿起了一本绘本，翻了两页。担心他会撕掉绘本，正打算去阻止他的时候，惊讶地发现安安拿着书坐到旁边的榻榻米地板上安静地看了起来。我猜测这是一种假象，估计他很快就会到处乱跑、乱扔其他图书，于是我站在一旁悄悄地观察他，五分钟、十分钟、二十分钟过去了，他居然没有离开榻榻米半步，一直埋头认真地看着绘本。安安静静看书的样子真的太棒啦！我不禁感叹道，看来我的担心是多余的。安安似乎对绘本有种与生俱来的热爱，阅读绘本时居然十分老到，看完一页接着翻到下一页。我走到他身边坐下，原来吸引安安的是一本色彩艳丽，充满诗情和创意的绘本——《好饿的毛毛虫》，我指着绘本里的图片问他："这是什么？""毛毛虫。"他的眼睛始终没有离开绘本，但却用不太清晰的语音回答了我。我激动极了,又试着问"毛毛虫吃了什么?""草莓。""吃了几颗? 我们一起来数一数吧。"我指着绘本里的草莓图片引导他。"1、2、3、4"安安伸出手指不紧不慢用他那稚嫩且自信的声音表达道。就这样,我一边引导他看图,一边让他认字,不会读的字,我便会在旁边教他读,并采用通用手语加以辅导。阅读结束的时候,他望向我的眼神似乎有了些许的温柔,那是绘本带给他的独特魅力,一种含有别样温度语言的魅力。

有了前期的尝试,我打算让安安及孩子们接触更多的绘本,在课堂中引入绘本的教学。为了让聋生了解中国共产党建立的光辉历程,关注聋生学习需求,落实立德树人目标,我与学生一起共读了绘本《闪闪的红星》,希望通过学习此绘本,能让机智勇敢的冬子等光辉形象走进孩子的心灵,用英雄人物的平凡人生和感人事迹去熏陶、感染聋生,从而珍惜当下幸福生活,感受英雄坚定的信仰与情怀。上课伊始,我先播放电影《闪闪的红星》精彩片段让学生欣赏,以激发学生学习绘本的兴趣,让学生先感知其一,再通过交流激其情,营造出轻松愉悦的课堂氛围,为新授作铺垫。低年级聋生在阅读文字内容时往往表现为兴趣不佳,加上识字量少,阻碍了阅读能力的发展,以视频为主的多媒体教学正好符合聋生视觉代偿功能优势,于是课前我与同事制作了绘本《闪闪的红星》手语视频,以帮助学生形象直观感知故事内容。或许安安被形象的画面吸引了,还没等我播放完手语视频,他就冲到讲台前,指着电脑屏幕的图片,表达他想看这本书,我把绘本递给了他,只见他拿到书立刻回到座位上,嘴角渐次上扬,眉梢全是笑意。只要绘本在手,安安就特别安静。我想,绘本里可能蕴藏着他的另一个世界:清风朗月,海阔天空,春华夏林,净水流深……安安凝神静气里,似乎有种能量在他身上聚集,有个烂漫的天地在绘本上跳动。因为喜欢,所以他会参与和绘本有关的活动。与孩子们共读完绘本后,我便引导他们用演一演的方式来回忆故事内容,激发阅读兴趣。《闪闪的红星》里,有的同学扮演冬子,有的扮演游击队员,有的扮演胡汉三,孩子们在轻松活泼的课堂里演绎情境,安安也乐在其中,注意力异常集中,好几次他激动得鼓起掌来,甚至冲到讲台前,和同学们一起参与角色扮演。延伸活动是升华学生与文本交流、师生情感交流、协作的重要途径,于是我让孩子们分组合作比赛折立体的红五星,采用手工折纸作为延伸活动之一。安安的精细动作不太灵活,我正犹豫着该把安安分到哪一小组时,阳光组的同学主动把安安邀请到他们的小组里,一双双小巧手不厌其烦地教安安如何折叠出红五星,在同学们的帮助下,一颗包含着小组同学智慧结晶的红五星折叠好了。安安似乎很兴奋,拿起红五星看了又看,我让安安把红五星贴在黑板上,并继续观察他接下来的举动。只见安安拿起一支粉笔,在红五星周围的黑板处开始画了起来,不一会儿就画出了大小不一的线条,刚开始我以为他在乱涂乱画,正当我纳闷画的是什么时,其中一位同学打着手语说:闪闪的,发光的。一"语"点醒梦中人，安安笔下的线条不正是红五星发出的耀眼光芒吗？没错，安安画的就是"闪闪的红星"，那光芒是有温度的，是安安对冬子光辉形象的独特理解。也许他无法用准确的语言和手语与我们交流绘本的内容，也许他画的图案并不是那么完美，但他却用自己特有的方式诠释着他对绘本的喜爱。同学们看了安安作画后，纷纷也拿起笔在自己的空白纸上画了起来，这不就是绘本的力量所在吗？这节绘本课的延伸活动既锻炼了学生的动手能力，又升华了爱国主义情感，将红五星的精神发扬光大，内化于心，外化于行。在轻松愉悦的氛围中结束了《闪闪的红星》绘本课，孩子们却意犹未尽，他们用手语告诉我还想听红军的故事，还想看相关的绘本。一周后，两个孩子从书店里购买了10本爱国主义题材的绘本《鸡毛信》《倔强的小红军》《少年游击队》等带到班级来与同学们分享，安安和其他孩子立刻拿着喜欢的绘本回到座位读了起来。我从他们稚嫩的笑脸上，充满求知渴望的眼神里看到了绘本所带来的魅力，也促使我在"摸着石头过河"中继续探寻绘本阅读的突破口。

"问渠哪得清如许，为有源头活水来。"渠水清澈荡漾，这都是因为汩汩的源头活水永不枯竭，而孩子们课外阅读的源头活水就是兴趣。为了进一步享受阅读乐趣，我和班级老师带着孩子们布置起了班级图书角，在图书角边上摆放小沙发，在窗台上放几盆绿植，将各类绘本书籍分类整理，安安和同学们认认真真将绘本一本一本摆上书架。看着整齐温馨的图书角，大家笑得合不拢嘴。每周一次的"漂流阅读"也成了学习常规，每逢周五下午，安安和孩子们便会自觉排好队从教室的图书角里挑选自己喜欢的绘本带回家，下周一，又将家里的好书带回学校。如果遇到喜欢的图书，同学之间不仅能互相推荐，还能主动与大家一起分享绘本里的知识和道理，让图书动起来，活起来。

清晨，一缕阳光洒在教室的窗台上，柔柔的，微风不燥，温度刚刚好，一群孩子簇拥着安安捧着绘本，津津有味地阅读着、讨论着，洋溢在孩子们脸上的笑容，如十里春风，美好而温暖，这一幕触动了我，我要努力让孩子们遨游在浩瀚的知识海洋中，不断地汲取营养，茁壮成长，让绘本成为聋儿最有温度的语言！一切刚刚好，一切刚刚开始，一切正在进行时……

在绘本阅读中感受温情

——陪孩子们阅读《大家教给我的》

中山市特殊教育学校　张一强

我从没有想到过绘本在特殊孩子的眼中如此有魅力，直到我拿起绘本，坐在孩子们中间，用夸张的语气，有趣的声音为他们讲述绘本中的故事……过程中，我看到的是一双双新奇的眼神，停留在绘本的每个页面，一副副期待的表情，等待着绘本接下来的讲述……

如果说将绘本带进特殊孩子的课堂是一种尝试，时至今日，我深以为幸运。一本本独具特色，内容新颖，文字趣味又简明，图画清新又可人的绘本与其说是我在带领着孩子们感受阅读的温度，倒不如说是图画书带领着我们师生共同感受阅读的温情。

现在想来，我和孩子们的共读故事要从五味太郎说起。

对绘本有所了解的读者们对五味太郎先生一定不算陌生，他的绘本作品可以说是日系绘本中独具特色的一种了，无论是仅有巴掌大的小书集，还是方方正正的趣味知识绘本，都能够将其中的内容伴随着简洁、清晰的讲述，通过流动的呈现画面娓娓道来。五味的作品有一种特有的轻快感，画面静中含动，细节尽在作者笔下自然流露。《大家教给我的》就是这样一本值得师生们在共读的时光里一起品味的绘本，通过共读这本书，我们感受到了书内书外的涓涓温情。

在我们班级，除了每日晨读时光外，每周四节的生活语文课，我都会特地安排一节课来陪伴孩子们进行绘本阅读。一学期的坚持已经让孩子们形成了初步的阅读习惯，作为陪伴阅读的老师，我也通过共读逐步摸索和形成自己的陪伴阅读风格。2021 年10 月中旬的一天，我无意中在一大摞绘本书籍中翻到了这本外表乍一看不那么吸引眼球，图画内容甚至有些略显"古板"的绘本——《大家教给我的》。因为感觉作者的名字蛮有趣，又看到书名略带有一丝神秘感——大家教给我的，大家都有谁？教给我的，教给我什么？这样的疑问不觉然吸引着我翻开了这本书的页面。一口气读下来，我竟然被故事的内容深深吸引，脑海中也随着故事线索的推进，浮现一幅幅生动的画面，合起书本，我竟能够将整本书的内容全部回想出来！清晰记得在看到书中最后的那一页内容时，我顿时感受到了作者内心那种如孩童般天真的向往，以及将孩子眼中的一切自然流露于笔下的，将读者轻轻拽进一个温情世界的魅力。于是，我决定尝试将这本打动我的绘本带去我的班级，与孩子们一起分享。

"同学们，这周的绘本阅读课，老师想给大家介绍一本新书。它的名字叫——《大家教给我的》。你们看看这本书的封面都有什么呢？"我将绘本拿起，展示给孩子们看。

"小女孩！""树！""屋子。""还有小山！"

我没有想到孩子们已经将封面的线索搜罗了出来。欣慰之余，我便给孩子们卖起了关子："那……你们知道这个小女孩要去哪里吗？想不想知道她会遇到谁？"班里喜欢阅读的孩子们欣然点头，还有几个孩子看着我的眼睛等待答案。于是，和孩子们围绕着这本《大家教给我的》绘本的共读时光开始了。

"怎么走路，是小猫教给我的。"班里识字的沛峰读出了第一句，并模仿起了书中小女孩走路的样子。

"怎么越过……"我赶忙提醒他们正确识读——"栅栏"，孩子们立马跟读——"是小狗教给我的"，看到小狗和小女孩跳起来，班里的健成也兴奋地跳了一下。

"怎么跑步姿势优美，是小马教给我的。"在我的带领下，孩子们前后拉成一圈围着座椅开心地跑了一圈。

"怎么散步心情愉快，是小鸡教给我的。"好动的子希牛气十足地模仿起大公鸡大摇大摆散步的样子。

"藏猫猫的时候……，是小兔子教给我的。"看着整页的芦苇丛，我和孩子们一起寻找藏起来的小兔子，发现它的一刻，我们都开心地叫道"在这里！"

最有趣的是读到"打败坏蛋的方法，是大猩猩教给我的"时，班里的大姐大子恩一脸认真地学起书中铆足劲儿出拳的大猩猩，开始向张老师出拳……

读到"各种各样的知识，这些人会教给我"，我问孩子们，这些人是谁呢？孩子们看到书中人物的样子，用手指了指我，还有孩子说出了班级老师的名字。

最后，当读到"我有那么多好朋友，所以一定会成为一个出色的人"时，我鼓励孩子们拉住身边同学的手，引导他们去包容，接纳身边的同学，一起努力做最棒的自己……

整本书的阅读过程中，每当出现一个新的角色，我都会兴奋地拿起粉笔，在黑板上将形象画出来，当读到最后一页的时候，黑板上已经被书中的角色占满了空间——这本书的思维导图也在我们的见证下诞生了。那一刻，我心里冒出来一个想法，孩子们有没有人能够在黑板提示下，将绘本的内容尝试讲述一遍呢？保险起见，我在第一遍阅读后，首先结合思维导图开始"表演"了起来，每当一个角色出现，我都会用相应的动作和声音去呈现，然后在过程中和每个孩子进行互动，让他们对角色形成印象……

"现在老师想请同学来给我们讲讲，大家教给了我什么？有没有同学来试试呀？"

令我意想不到的是，班里有几个孩子竟然愿意举手来尝试，于是我怀着保守的信心，请手举得最高的子恩上来展示：只见她学着我拿起小教棍，在我的提示下看着黑板上的角色,一边表演,一边说出绘本对应的内容……讲到知识那部分时,子恩竟看着我,说:"张老师教会了我。"说到"我一定会成为一个出色的人"时,子恩挺起了胸膛,非常自信地拍了拍自己,然后一脸开心地回到了自己的座位。孩子们为子恩的表现送上阵阵掌声,我也为子恩的表现激动不已。

回想这次绘本共读,不得不说原本只是一次不太有底气的尝试。只是因为自己被《大家教给我的》这本书所打动才决定带给孩子们。没有想到一节课的共读,却让我发现了孩子们对书本内容的欣然接受,看到了孩子们在趣味中对绘本的理解,也发现了孩子们在共读过程中与老师之间的情感建立。

这次尝试让我对如何运用绘本更好地走进生活语文课堂有了新的追问和思考:也许并不是每一本绘本都能够达到理想的阅读效果,但我们如何定位孩子们的阅读需求,如何把准孩子们的阅读兴趣之脉,如何运用孩子们喜欢的方式呈现绘本的内容,以及如何通过绘本传递出蕴含其中的"真、善、美"等,这些都需要我在与绘本共处的过程中去摸索、总结,同时也能够促使我坚定为孩子们开展绘本阅读,陪伴共读的信心。

我想,这次共读的尝试是在无意中给了我一个方向,也是在无形中给了我鼓励,共读的经历告诉我,特殊儿童的绘本阅读仍有一定的挑战,但在正确方向下的坚持和尝试一定会收获值得欣慰的成果,其中的温情也会在时间的陈酿中更加浓烈。

阅读阳光照耀绘本窗户

潮安区育智学校 黄华鸿

绘本,是一个窗户,是一个可以让孩子洞见新世界的窗户,著名散文作家池莉曾说:"如果把生活比喻为创作的佳境,那么阅读就像阳光。"绘本阅读,就像阳光般,照进每一个特殊孩子的窗户。

阳光照耀着窗户的光是神奇的。6岁的乐乐是一个多动症孩子,皮肤白皙,喜欢与人互动,每天与人见面的第一句话都是"跑步",时时刻刻都想跑步,有时还会为了发泄,踢踹课桌椅。怎样才能让他安静下来呢? 也许在绘本的阅读中,乐乐也可以自由地奔跑,自由地飞翔。

一开始乐乐会排斥,但当《小熊的神奇画笔》中,小熊的画笔开始挥动时,乐乐开始安静下来。他开始在期待,期待着像故事中的小熊一样将狼涂没了,画出弹簧跳跳杆跳过蛇,画出多汁的肉将狮子引走,画出游泳裤游过湖,画出苹果树与巨人做朋友,画出花朵让蜜蜂采蜜,画出龙堵住天上的洞,画出降落伞自由降落,画出动物和乐器参加拯救动物派对一般,用神奇的画笔为自己画出一个自由的空地,让他可以无拘无束地奔跑,自由自在地放飞自己。每次读故事的时候,乐乐总是出奇安静,让我不由得一起进入到神奇画笔创造的世界中,投身到神奇的世界中。他逐渐变得安静,逐渐开始能够控制自己的动作行为,一步一步塑造出适合的行为。

阳光照耀着窗户的光是我们的。8岁的其其是一个"唐宝宝",认知水平和运动能力都比同班的同学出众些,但其其像《那是我的》中强大的大象一般,只有"我",没有"我们"。

《少年游击队》中虎子、二娃和海娃团结协作,勇敢埋伏游击日本兵,最受其其偏爱。每当听到日本兵残害我国人民的时候,其其都想"奋起反击"。"游击队是一个集体团队,所有人力量集合到一起,才是最大的",我会如此提醒他。尽管脸上满是愤怒,但他听后总会一副若有所思的样子。我知道这细微的表情,可能会是其其改变的一个开始,在爱国和保国的思想中,其其开始萌发了团结协作的想法,"我们"开始进入其其的心里。

时间的书

深圳市宝安区星光学校　周雨亭

自幼时起，父母就给我订阅了不少儿童读物，令我印象最深的是《大灰狼画报》。有趣的故事配上精美的图画，即便不识字，也不能阻拦我阅读的兴趣。每个月一拿到新刊，我就会自己从头到尾翻阅好几遍，再让父母给我讲一遍，最后我也会加入进来，一起讲故事。那些睡前的故事时光，是我童年最温馨的记忆之一。

长大后，我一直保持着对绘本的喜爱，工作之后更是幸运地成为一名绘本教师。但初次走上讲台，面对这些特殊的孩子时，从小就自诩为故事大王的我，还是觉得无所适从。那时的我不了解孩子们的能力水平，不知道适合他们的学习方式，还没来得及建立良好的师生关系，也并未找到适合自己的上课节奏。因此最开始的几节课，几乎都是我一个人的独角戏。我选择的绘本篇幅不长，文字不多，图画也比较简单，但我不知道应该如何讲述，才能让孩子们更感兴趣，更好地理解，更好地参与。为了缓解课堂的沉默与尴尬，只能一个人讲得飞快，一节课就讲完一个故事，而孩子们似乎什么也没有学到。

绘本课每周只有一节，但好在我任教了几个班级的绘本阅读课。我开始试着总结每节课上孩子们表现得较好的地方，又是什么引发了他们的兴趣，哪些活动可以促进他们参与的热情。久而久之，我逐渐找到了自己的风格。我会在绘本课上给孩子们准备纸质书，但更多的是利用电子白板，在电子绘本的基础上，加入动画特效、音效、孩子们及他们熟悉的老师、家人们的照片、视频、配合各种教具，以及自身夸张生动的表演并邀请孩子们进行表演。我用丰富的语态神情和孩子们进行互动，并给无口语的孩子准备辅助沟通系统提供相应的支持，努力让每个孩子都参与进来。就这样，孩子们的参与积极性一天比一天更高，学到的东西也越来越多。每次绘本课结束时，都会让我产生由衷的幸福感和成就感。

在绘本课之外，孩子们对绘本的热情和喜爱也越来越高了。班级阅读角的绘本在刚开学时曾无人问津，课间孩子们只喜欢在玩具区玩玩具，慢慢地，他们也开始主动看书了，尤其是上课刚学习过的绘本。一年级下学期时，我给孩子们讲了《我妈妈》，睿睿很喜欢在下课时拿着《我妈妈》过来找我，让我和他一起读。他稚嫩的小手指着绘本说"妈妈""妈妈喝水""鱼"……而他刚来学校的时候，还只会说"睿睿"这两个字。

新校区建成后，因为家里离得远，很多孩子只能在学校住宿。因此，我也主动开设了绘本阅读的第二课堂，在课后和孩子们一起读绘本。两个可爱的唐氏综合征小女孩是我的第一批学生。她们很喜欢绘本，每周四的课后是我们最快乐的时光。我们仨会一起读一读，一起点一点，一起相视而笑。我还给她们准备了各自的小卡片和印章，激励她们相互竞赛，两个孩子还会互相提示，互相鼓励。在这个过程中，我既因为感受到了孩子们的进步而欣慰，也被孩子们的单纯温暖而治愈。

书中或许没有黄金屋，但是握着孩子的手一起在纸上摩挲时，总有些改变正悄然发生。可能是淡淡的纸墨香气，可能是一个再简单不过的汉字，可能是美妙的图案或鲜活的色彩，总之，一定有些什么，把和孩子一起共读的时光变得柔软而又充满魔力。

我曾在日记里写，每个孩子都是一本独特的生命之书，我会认真地读。有一些章节，我会和他们共同谱写。每一个特别的他们，也都成了我生命之书里浓墨重彩的一行行字。就像四季给树木画上年轮，像河流给大地刻上沟壑，我们也在朝夕相处的每一天，改变了彼此的轨迹与模样。

我愿以虔诚的心，继续翻阅这本时间的书。

阅读

——遇见更好的自己

中山市特殊教育学校　潘虹

读一本好书,遇见更好的自己。

都说阅读是一件非常美妙的事,是只需一个人、一本书、一束光、一个角落就可以做成的事儿,然后就是收获源源不断的快乐与知识……

刚入学的琪琪虽然已经满 9 岁了,但是与同龄孩子的身高、体重都差了好大一截,她敏感、胆小、不愿说话,每每课间都是一个人坐在位置上,不去和同学一起玩耍,就那样坐着发呆,遇到一丁点儿小事常常就是哭,止不住的那种嚎啕大哭,又委屈、又无助,为此她的家人十分担心她在学校会被同学欺负。每次遇到这样的情况,我和冷老师都会先给她一个拥抱,然后边安慰她边开导她,她开始慢慢地对我们一点点敞开她的心扉,偶尔她会主动想和我们说些什么,哪怕是一两个词,也是好的。

教室里的阅读角有一本《我喜欢自己》,封面是一只穿着黄绿色裙子的小猪,翻开书,你会发现这是一只自信、可爱、勇敢、兴趣广泛的小猪。我记得那天是星期一的下午,班级的绘本共读时段,冷老师从书架上随手拿起了这本《我喜欢自己》,顺势坐到了琪琪身旁翻开这本书,"我喜欢自己、我有一个最要好的朋友……",冷老师阅读一遍之后发现琪琪的目光一直注视着她手里的这本书,于是冷老师向琪琪发出了共读邀请,琪琪腼腆地点了点头,还把椅子往冷老师的身旁挪了挪。自此,琪琪开启了愉快的阅读之路。

"我不会骑车""我也喜欢画画""我会刷牙"。

"我也有舞蹈服""莎莎老师教我们画画""我弟弟会骑自行车""我有蛀牙的,妈妈带我看医生的"。

从开始的点头摇头示意到后来可以一字一句地清晰描述,琪琪在一遍遍地阅读这本《我喜欢自己》时会说出自己或身边发生过的和小猪类似的经历。这本书像一把自带魔法的钥匙一样为琪琪打开了新世界大门。阅读让她逐渐变得勇敢又开朗、活泼又自信。新学期开学时琪琪的妈妈告诉我们,琪琪正在学中国舞,假期还考了级,语言表达也丰富了很多,在家还会主动扫地、叠衣服、和弟弟一起看书,家里人都说没想到她变化这么大,感到很欣慰。

阅读带给琪琪的不仅仅是一本书的能量,它还让琪琪正视了自己的不完美,也让琪琪找回了等待已久的那份自信。阅读的过程有时是陪伴在孩子们身边的一个影子,静候他们的成长;有时是一道光,照亮了孩子们前进的方向。

班级的阅读角里还有《好饿的毛毛虫》《大卫不可以》《大卫上学去》《大卫惹麻烦》《菲菲生气了》《跑跑镇》《睡睡镇》《母鸡萝丝去散步》《小牛的春天》《爸爸去哪儿了》《巴士到站了》等绘本,每一本都被孩子们一遍又一遍地翻阅着,他们爱不释手。正是因为阅读,让孩子们遇见了更好的自己。

共读　共研　共演　共绘　共成长

——"我与祖国共成长"第五单元"我爱祖国"实施案例

中山市南朗街道云衢小学　段俊平

绘本综合了图画、文字两种表达形式,而且绘本的故事大纲十分简单,每一个绘本故事都有它其中的寓意。学生可以通过阅读绘本故事从中懂得道理。比起老师、家长单纯的说教,绘本故事的情节会让孩子产生浓厚的兴趣,并引起积极的思考,这对学生的德育教育起到润物细无声的效果。而学校是实施爱国教育的主要场所,教师应培养学生的爱国情感,让学生了解祖国的人文历史、祖国的大好河山等。

"我与祖国共成长"绘本阅读第五单元"我爱祖国",精选的课程内容包括绘本《11只灰雁往南飞》《牧童》《最爱做的事》。这三本绘本有表达祖国美好河山的,有反映战争残酷和小主人翁机智勇敢的,也有讲述科学家在逐梦之旅中不懈努力,造福人类的科学精神的。这三个故事内容是培养学生爱祖国、爱学习最好的教材。

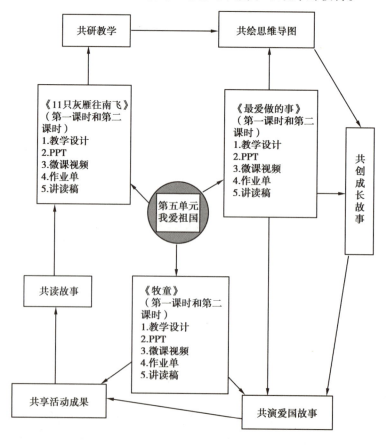

制作这三本绘本的教学资源包括第一课时和第二课时教学设计、微课录制、PPT、讲读稿、作业单等一系列的课程资源的开发与制作。同时还包括团队的老师们研究教学设计、打磨课例，带领学生共读绘本、共绘绘本思维导图、共创成长故事等系列活动。两年时间，老师们一起研讨、实践；一起探索、改进；一起成长，顺利地完成了所有的课程资源，并利用所有的资源在学校开展相应的系列实践活动。在制作资源的过程中，团队的老师们一路思与行，不断反思与总结经验，在共读绘本、共研教学设计、共绘思维导图、共创成长故事、共演爱国故事、共享活动成果 6 个方面取得了相应的成果。

一、共读绘本故事

（一）夯实理论功底，巧借专家指导

绘本是一种非常好的读物，爱读绘本的老师们都知道。绘本简洁的文字，生动有趣的画面，很容易吸引孩子们注意力，但不会读绘本，一本绘本可能几下子就翻完了。怎样引导孩子去读绘本再爱上读绘本呢？首先得从老师了解绘本、学会读绘本开始。为了解决这个问题，我们采取了以下措施。

1.阅读理论书籍：首先和老师们分别阅读了《打造儿童阅读环境》《图画书的力量》《说说图画》《儿童图画书的叙事艺术》《特殊儿童的绘本课》《图画书这样读》等理论书籍，让老师们全新地了解绘本，学会读绘本。

2.专家指导：有了一定的理论基础，这时，借着学期初开家长会的机会，便邀请了绘本阅读指导专家为全校师生和家长们开设专题讲座："阅读——为孩子种下一颗幸福的种子"，指导家长和老师如何对孩子进行绘本阅读。这场讲座，打开了老师、家长和学生们绘本阅读的一扇门，在老师、家长和孩子们怎样阅读绘本上起到了很好的指导作用。

（二）创设共读环境

班级阅读环境建立。打开了绘本阅读之门，师生们对绘本有了一些了解，这时候班级的图书柜专门设立了一个绘本区，投放了一批绘本，孩子们早晨来到学校就可以阅读绘本。学校阅读区和资源教室阅读环境建设学校的阅读区和资源教室是绘本阅读的阳光天地，学校购置了许多绘本投放在这些地方，"阳光小天使"可以带着班级的"星星孩子"来这里进行绘本阅读。除了学校随班就读学生有足够的绘本阅读外，我还每周设立了一天开放日，班级推荐一名"阅读之星"于周三下午的素质托管时间到资源室阅读绘本，表演绘本。

（三）开展生生共读、师生共读

学生有了绘本阅读的兴趣后，就开始生生共读和师生共读活动。共读的书目是第

五单元的三本绘本《牧童》《最爱做的事》《11 只灰雁往南飞》。在师生共读活动中,老师们利用做好的课程资源,给孩子们进行绘本第一课时和第二课时的讲读和教学,老师们把共读时间安排在《道德与法治》课和班会课时间,形式各自把握,完成相应的作业单,然后老师布置生生共读作业单,把学生分成共读小组,小组之间共读绘本,共绘思维导图。

(四)其他系列活动

1.亲子共读:在共读活动开展后,孩子们对一系列红色绘本非常喜欢,这时给家长推荐书目,进行亲子共读。共读活动在不同的年级、不同班级进行着。

低年级共读后老师们组织复述故事,完成共读作业;高年级共读后进行故事表演,在表演故事时,让特殊孩子都参与其中的角色,普特儿童一起表演,非常融合,这就是绘本的感染力和魅力所在,普通儿童和特殊儿童都在绘本中得到感悟。

●讲一讲。组织学生把自己阅读的故事分享给同学、家人听,也可以把故事进行续编。

●写一写。学生续写故事,先在家里与家长讨论与创作,再在班里进行朗读或讲述。家长根据老师推荐的书目和孩子进行亲子阅读。每年寒暑假,老师发给学生一张阅读卡,让学生记录自己的阅读内容,用"书香家庭"和"阅读之星"的评比活动促进学生自主阅读。这样,学校就形成了一股阅读绘本的热潮。通过亲子共读活动,学生与家长沟通交流增多了,家长也有意识地引导孩子阅读其他的红色革命故事读本,给他们讲革命故事,爱国故事,孩子的爱国情感就这样悄悄地萌芽并迅速成长。

●画一画。通过共读红色革命故事,一个个英雄人物印象跃然脑中,因此,组织学生进行"我心中的英雄"绘画,在绘画活动中,邱少云,白衣天使,钟南山爷爷,屠呦呦,袁隆平爷爷……一个个生动的人物形象跃然纸上。

2.亲子户外实践活动。

"纸上得来终觉浅，绝知此事要躬行。"在共读红色绘本之后，孩子们对红色文化、红色故事有了一定的了解，我们便挖掘当地革命名人资源，拓展红色传统文化，进行追寻红色记忆活动。南朗共有34个革命遗址，分落在不同的村落，家长与孩子一起追寻每个遗址的红色故事了解中国共产党的发展史，同时孩子们也实实在在地领略祖国发展的新面貌。

二、共研教学设计

在研磨教学设计的整个过程，老师们分别设计出每一个绘本故事的教学设计，包括第一课时和第二课时，然后大家互相之间交流分享，提出自己的疑惑和建议，互相借鉴和学习，然后再修改自己认为不足的地方，使原来的教学设计不断完善。最后进行试教，团队老师们一起听课、评课、磨课，使每一篇教学设计符合本年段的孩子。

三、共绘思维导图

在共读活动之后，五、六年级学生举行了一次共读绘本、共绘思维导图活动。孩子在绘制思维导图的目的是让他们充分体会其中的乐趣，将其和绘本阅读结合，轻松的将一个绘本故事完整地复述出来。

（一）教方法

刚开始，老师让孩子们学习思维导图方法，手把手教学生画思维导图，在这里我们充分发挥美术老师的作用，把画思维导图这项作业分配给学校五、六年级的美术老师。美术老师先教会学生几种思维导图的画法，如圆圈图、气泡图、弧形图、流程图等，再教会学生进行色彩搭配、怎样书写文字。最后，让学生根据故事内容选择合适的思维导图形式。

（二）重指导

孩子们对画思维导图兴趣很高，在小组内分工合作。老师在学生绘图时提醒孩子如何运用线条、颜色把故事中的内容情节表示出来。

（三）促发展

孩子在画思维导图时会不断的去阅读绘本、观察绘本中的图画，理解绘本中的各个环节的内容，再用思维导图中的线条、图画和色彩表现出来。这个过程促进了孩子观察力、记忆力、想象力的发展，孩子完成作品后，可以直接看着思维导图进行复述故事。

四、共创成长故事

沉淀了一段长时间绘本阅读活动和共创思维导图之后，孩子们对绘本从陌生到熟悉，并变得非常喜欢了，也开始有了创作的欲望。于是我们开展制作原创绘本的活动。中低年级开展亲子原创绘本制作活动，高年级可以和同学合作。我们先把制作绘本的方法写出来给同学们参考。孩子们兴趣高，收集了好些原创绘本，内容也非常丰富，有来自孩子平时生活所见所闻的《钟南山》《冠状病毒灭亡计划》《战疫记》《我不怕病毒》《勇敢的战士》等，有生活中的题材《手影》《可爱的拼音字母》《散步》《和弟弟一起长大》《好朋友》《爱书的孩子》等，有非常有童趣的《写诗的虫子》《小蝴蝶找朋友》《瓢虫马戏团》《有"魔法"的书》《小树旅行记》等，也有红色故事绘本《我爱大地》《五颗星星的故事》等。有些画得非常精美。故事内容也不错。

（一）共演爱国故事

在绘本教学中，我们有一个环节是小组演绎绘本故事中的一个环节。孩子们会选定自己喜欢的其中一个情节,然后在小组内练习,再上台进行演绎,这也是为表演绘本剧打基础的。

(二)选主题,定角色

学生们课外时间进行故事的排练,这也是孩子们最喜欢的活动之一。学生们自己选择自己喜欢的角色,揣摩角色的形象,查阅相关资料,每个场景,想象人物心理与动作,语言,神态……小组成员共同确定排练的时间。

(三)揣摩角色情感

在表演中,同学们都特别认真。学生通过讨论和表演,体会故事中角色的情感,不断地调整表演动作,在表演过程中,学生们会有更深入地感受绘本故事所表达的意义。

(四)培养特殊孩子的能力

卢同学,性格胆怯,语言表达能力很弱,不爱交往。在共读中,有了同伴帮助和鼓励,他从不情愿,到慢慢地跟读,最后能读完一本绘本。能力增强,自信心也强了,接下来让他与阳光小伙伴进行绘本剧表演,一次次的排练中,阳光小伙伴一个个动作手把手地教,卢同学慢慢地进步,大胆上台了,也开始和同伴交流了。像卢同学这种孩子其实在好多班级都有,通过一段时间的绘本阅读,这些孩子各方面都在进步。

五、共享活动成果

(一)资源共享

在收集所有的课程资源之后,开始把资源按高中低年段分给班级,让老师们利用班会课,道法课等时间进行实践,效果也非常不错。

(二)拓展合适资源

除了把这次的课程资源进行实践,教师们还在班会课上充分利用其他绘本进行教学,如低年级收拾习惯养成班会课,就选择了绘本《全都收拾好》作为班会课素材,让孩子们学会收拾;在班会课文明用餐就选择了《细菌大作战》作为素材,让孩子养成饭前洗手、讲究卫生的好习惯;在心理课《生命的追求》运用绘本《一片叶子落下来》,让孩子们思考对生命有哪些新认识。这些绘本运用到教学中,孩子们非常喜欢,又起到非常直观的教育作用,对孩子们的德育教育起到润物细无声的作用。

共读、共研、共演、共绘、共成长。用绘本润泽孩子心灵,在绘本故事中浸润中健康成长。我们会继续努力给孩子搭建更好的平台,创造更好的机会。